U0962548

面向"十三五"教学课程改革立项教材
会计与财务管理专业规划系列教材

中小企业会计

主　编　孙世臣　梁振军
副主编　郭建华　李晓雄
参　编　左振龙　冯红英
　　　　郑　敏

中国商业出版社

图书在版编目(CIP)数据

中小企业会计/孙世臣,梁振军主编.—北京:中国商业出版社,2018.2

ISBN 978-7-5044-6232-9

Ⅰ.中…　Ⅱ.①孙…②梁…　Ⅲ.中小企业—会计—教材
Ⅳ.F276.3

中国版本图书馆CIP数据核字(2008)第113358号

责任编辑:常 勇

中国商业出版社出版发行
010-63180647　www.c-cbook.com
(100053　北京广安门内报国寺1号)
新华书店经销
北京银祥印刷有限公司印刷

*　*　*　*　*

787×1092毫米　开本:1/16　印张:13.25　字数:300千字
2018年2月第1版　2018年2月第2次印刷

*　*　*　*

定价:28.80元

(如有印装质量问题可更换)

编写说明

本书按照《小企业会计制度》的内容，密切联系小企业会计工作的实际，对小企业会计实务操作进行了全面、细致和深入浅出的讲解。本书在主要实务篇章后均附有典型例题和详细题解，以帮助小企业会计人员加深对小企业会计实务的理解，提高实务操作能力。

本书的特点是文字通俗易懂，便于操作，所选例题内容广泛，几乎涵盖小企业全部会计核算实务。在例题的编写上做到有的放矢，明确每一道题目要解答的主要问题，以便读者按需选择操练，或直接作为操作指南。另外，为便于小企业会计人员日常工作，提高工作人员的素质和解决问题的能力，本书介绍了财务报表实用填报方法。

本书共十章，其中第一章总论为黑龙江商业职业学院孙世臣教授编著；北京市供销学校左振龙编写第二章中对外投资、固定资产、无形资产部分；济南技术学院商贸分院郭建华编写第二章资产中的资产概述、应收款项和存货部分；华北机电学校梁振军编写第四章所有者权益和第六章费用核算；华北机电学校冯红英编写第五章收入和第七章利润核算；海南省商业学校李晓雄编写第三章负债和第九章非货币性资产交换；黑龙江商业职业学院郑敏编写第八章债务重组和第十章财务报表。本书由黑龙江商业职业学院孙世臣教授拟定提纲并进行全书总撰。

本书不仅适合小企业会计人员学习，而且也适用于没有会计基础的其他人员自学，同时也可作为会计专业学生的参考书和有关部门的培训教材。

编者

2018 年 2 月

总 序

当今世界科学技术在高速发展，随着我国新会计准则、新税法的颁布和实施，我国的会计与国际会计惯例基本接轨，我国即将建立起社会主义经济体制和与它相适应的中国会计核算规范体系。从会计教育改革与发展的大环境考虑，现在许多老版的会计教材都不能适应当前的教学所需，改革和建立会计教育的教学内容与课程体系，不仅非常紧迫而且十分重要，它关系到我们应培养什么样的会计人才，才能适应我国快速发展及对世界开放不断扩大的需要。为此，我们及时组织全国三十多所会计专业教学实力比较强的院校代表齐聚北京，针对当前会计人才的需求，对会计专业职业教育进行了研讨，与会代表决定依据中小企业人才需要的教育目标和人才培养定位编写此套教材。本套教材的特点是：

第一，“新”。该套系列教材，在内容和体系上立意新、整体性强，不仅是按新会计准则编写的，而且又专门针对中小企业会计的需要设计了一门课程——《中小企业会计》，这是过去会计类教材很少有的。

第二，“强”。该套教材具有较强的前瞻性，由于受中国经济改革越来越深入，金融、证券等资本市场越来越规范，财务与会计改革的节奏日益加快，会计专业教材的“经济寿命”越来越短等因素影响，本套教材在课程设计时，尽量使课程之间相互递进、相得益彰，符合教学规律，并且有一定的后续性。

第三，“巧”。该套教材总体结构比较巧妙，本着“必需、够用、可教、可学”的原则构思，以案例模块的方式编写，同时穿插具有趣味的会计小知识，力求改变会计教学中的“数字教学”方式，提高学生的学习兴趣，丰富教学内容。

新会计专业教材编写组

目 录

第一章 总论

学习目标：

(1)了解小企业会计核算的基本前提，包括会计主体、持续经营、会计分期、货币计量；

(2)掌握小企业会计核算的一般原则，包括可靠性原则、相关性原则、可理解性原则、可比性原则、实质重于形式原则、重要性原则、谨慎性原则、及时性原则；

(3)熟悉小企业会计概述、要素及会计等式。

第一节 小企业会计概述

一、小企业

(一)小企业概述

1. 概念

人类的社会活动大都是通过某些组织完成的，组织通常可以分为赢利性组织、政府及非赢利性组织。赢利性组织是指依法设立的以赢利为目的、从事生产经营活动的独立核算的经济组织。而政府及非赢利组织是指各级政府机构、不以赢利为目的的各类学校、医院、公共福利组织等。企业是构筑一个国家经济的基础，也是实现社会化生产、流通、分配和消费的基本环节。依据不同的分类标准，企业可有不同的分类，如按企业所处的行业不同，可将企业划分为工业企业、运输企业、邮政通信企业、商品流通企业、旅游饮食企业、施工及房地产企业等等；按企业的规模划分有大型企业、中型企业和小型企业。

《小企业会计制度》规定，小企业是指在中华人民共和国境内设立的不对外筹集资金、经营规模较小的企业。不对外筹集资金是指不公开发行股票或债券，但不包括向银行或其他金融机构借款的情况；经营规模较小的企业是指符合原国家经济贸易委员会、原国家发展计划委员会、财政部、国家统计局于 2003 年制定的《中小企业标准暂行规定》(国经贸中小企业[2003]143 号)中界定的小企业。不包括个体工商户和个人独资等非企业法人。

小企业具有一些共同的特点：一是规模小，投资少，投资与见效的周期相对较短，同样投资使用劳动力更多；二是对市场反应灵敏，具有以新取胜的内在动力和保持市场活力的能力；三是小企业环境适应能力强，对资源获取的要求不高，能广泛地分布于各种环境条件中；四是在获取资本、信息、技术等服务方面处于劣势，管理水平较低，死亡率较高。

2. 划分标准

在中华人民共和国境内依法设立的有利于满足社会需要，增加就业，符合国家产业政策，生产经营规模属于中小型的各种所有制和各种形式的企业即为小企业。中小企业的划分标准由国务院负责企业工作的部门根据企业职工人数、销售额、资产总额等指标，结合行业特点制定。它适用于工业、建筑业、批发和零售业、交通运输和邮政业、住宿和餐饮业。其中，工业包括采矿业、制造业、电力、燃气及水的生产和供应业。规定以外的其他行业的中小企业标准，国家有关部门将另行规定。中小企业标准具体为：

(1)工业

工业，中小型企业须符合以下条件：职工人数2 000人以下，或销售额30 000万元以下，或资产总额40 000万元以下。其中，中型企业须同时满足职工人数300人及以上，销售额3 000万元及以上，资产总额4 000万元及以上；其余为小型企业。

(2)建筑业

建筑业，中小型企业须符合以下条件：职工人数3 000人以下，或销售额30 000万元以下，或资产总额40 000万元以下。其中，中型企业须同时满足职工人数600人及以上，销售额3 000万元及以上，资产总额4 000万元及以上；其余为小型企业。

(3)批发和零售业

零售业中小型企业须符合以下条件：职工人数500人以下，或销售额15 000万元以下。其中，中型企业须同时满足职工人数100人及以上，销售额1 000万元及以上；其余为小型企业。批发业中小型企业须符合以下条件：职工人数200人以下，或销售额30000万元以下。其中，中型企业须同时满足职工人数100人及以上，销售额3 000万元及以上；其余为小型企业。

(4)交通运输和邮政业

交通运输业中小型企业须符合以下条件：职工人数3 000人以下，或销售额30 000万元以下。其中，中型企业须同时满足职工人数500人及以上，销售额3 000万元及以上；其余为小型企业。邮政业中小型企业须符合以下条件：职工人数1 000人以下，或销售额30 000万元以下。其中，中型企业须同时满足职工人数400人及以上，销售额3 000万元及以上；其余为小型企业。

(5)住宿和餐饮业

中小型企业须符合以下条件：职工人数800人以下，或销售额15 000万元以下。其中，中型企业须同时满足职工人数400人及以上，销售额3 000万元及以上；其余为小型企业。

本规定中，职工人数以现行统计制度中的年末从业人员数代替；工业企业的销售额以现行统计制度中的年产品销售收入代替；建筑业企业的销售额以现行统计制度中的年工程结算收入代替；批发和零售业以现行统计制度中的年销售额代替。交通运输和邮政业、住宿和餐饮业企业的销售额以现行统计制度中的年营业收入代替。资产总额以现行统计制度中的资产合计代替。

本规定适用于在中华人民共和国境内依法设立的各类所有制和各种组织形式的企业。

(二)小企业的重要性

小企业是最具创新活力，也是最具变化特性的群体。小企业总是不断出现，又不断被淘汰。在整个社会再生产过程中，成千上万的小企业表现为不断新生和不断倒闭的优胜劣汰过程。企业的大小不是绝对的、一成不变的。小企业可以成长为大企业，大企业也可以分立或分化为小企业。无论在发达国家，还是在发展中国家，小企业在国民经济中都具有重要的、不可替代的作用。在任何一个国家和地区，小企业在数量上都处于绝对优势。但小企业的重要地位，绝不是因为其在数量上的绝对优势，而是因为其提供了超过半数的就业机会，创造了相当份额的国民财富。

在我国，小企业的规模小、数量多。据不完全统计，在全国工业企业法人中，小企业占工业企业法人的95%以上。小企业最终产品及其服务价值占全国国内生产总值的近50%，随着社会主义市场经济的不断发展和完善，小企业在我们国家经济中的地位日益突出，并且成为最活跃、最具潜力的新的经济增长点之一。在我们社会主义市场经济中，小企业具有举足轻重的作用。

二、小企业会计与小企业会计制度

（一）小企业会计

1. 小企业会计概念

小企业会计是以公认的会计原则为依据，对已完成或已发生的交易与事项，运用一整套专门的会计方法，以货币为主要量度，按照确认、计量、记录和报告等程序，以财务会计报告为主要形式，定期、总括地提供企业财务状况、经营成果、现金流量等方面的会计信息的一项管理活动。

2. 小企业会计目标

小企业会计目标应与大企业会计目标（即财务会计目标）的侧重点有所不同。因为小企业一般不对外筹集资金，与公众利益并不直接相关，所以一般没有必要对外提供其会计报告，小企业的主管税务机关、内部管理者应是其会计信息的主要使用者。因此，小企业会计应向其主管税务机关、企业内部管理者，包括投资人以及作为债权人的银行或其他金融机构等及时提供真实、完整的会计信息。

（二）小企业会计制度

1. 小企业会计制度的适用范围及主要内容

符合《小企业会计制度》规定的小企业可以按照《小企业会计制度》进行核算，也可以选择执行《企业会计制度》。具体规定如下：

（1）按照《小企业会计制度》进行核算的小企业，不能在执行《小企业会计制度》的同时，选择执行《企业会计制度》的有关规定；选择执行《企业会计制度》的小企业，不能在执行《企业会计制度》的同时，选择执行《小企业会计制度》的有关规定。这种规定说明，小企业不能同时选择执行《小企业会计制度》和《企业会计制度》，而只能选择其一。

（2）集团公司内部母子公司分属不同规模的情况下，为统一会计政策及合并报表等目的，集团内小企业应执行《企业会计制度》。这说明，并不是所有的小企业都可以执行《小企业会计制度》，集团内的小企业必须执行《企业会计制度》。

（3）按照《小企业会计制度》进行核算的小企业，如果需要公开发行股票或债券等，应转为执行《企业会计制度》；如果因经营规模的变化导致连续三年不符合小企业标准的，应转为执行《企业会计制度》。

《小企业会计制度》由六部分内容组成。第一部分为总说明。主要规定小企业会计制度的制定依据、适用范围、应遵循的会计核算的基本原则，以及会计记账和报告的基本要求。非货币性交易和债务重组的处理原则等。

第二部分为会计科目名称和编号。为小企业主要规定了60个会计科目和56个明细科目，还规定小企业可以根据实际需要，对会计科目作必要的增减或合并。小企业可以增设的会计科目有：采用计划成本进行材料日常核算的小企业，可以增设“材料采购”和“材料成本差异”科目；预收款项和预付款项较多的小企业，可设置“预收账款”和“预付账款”科目；小企业内部各部门周转使用的备用金，可以增设“备用金”科目；小企业接受其他单位委托代销商品，可以增设“受托代销商品”和“代销商品款”；对外提供劳务较多的小企业，可以增设“劳务成本”科目核算所提供的劳务成本。小企业可以合并的会计科目有：低值易耗品及包装物较少的企业，可以并入“材料”科目；小企业可以根据自身的规模和管理等要求，将“生产成本”、“制造费用”科目合并为“生产费用”科目，并设置相关的明细科目。

第三部分为会计科目使用说明。按照会计要素的确认、计量、记录和报告的要求规定了60个会计科目的使用说明，它是《小企业会计制度》的核心部分。

第四部分为会计报表格式。规定小企业编报的基本会计报表为资产负债表和利润表，企业也可以根据需要选择编制现金流量表。增值税一般纳税企业还应编制应交增值税明细表。

第五部分为会计报表编制说明。详细规定了会计报表如何编制，报表各项目内容如何填列等。

第六部分为主要会计事项分录举例。为配合小企业较好地执行《小企业会计制度》，对小企业的主要经济业务事项的会计处理进行了分录举例。

2. 小企业会计制度与企业会计制度的关系

相同方面包括：

（1）制定依据相同

《企业会计制度》和《小企业会计制度》都是依据《中华人民共和国会计法》和其他有关法律法规制定的。

（2）会计核算基础工作的要求相同

《企业会计制度》和《小企业会计制度》都要求企业填制会计凭证、登记会计账簿、管理会计档案等，按照《中华人民共和国会计法》、《会计基础工作规范》和《会计档案管理办法》的规定执行。

（3）会计核算的前提条件相同

《企业会计制度》和《小企业会计制度》都要求企业的会计核算应当以持续、正常的生产经营活动为前提，划分会计期间，分期结算账目，会计期末编制财务会计报告。

（4）会计核算应遵循的基本原则相同

《企业会计制度》总则第11条和《小企业会计制度》总说明第11条都要求企业遵循客观性原则、实质重于形式原则、相关性原则、一贯性原则、可比性原则、及时性原则、明晰性原则、权责发生制原则、收入与费用配比原则、划分收益性支出和资本性支出原则、谨慎性原则和重要性原则。

（5）会计核算方法基本相同

① 会计科目设置基本相同。《企业会计制度》设置了85个一级科目，《小企业会计制度》设置了60个一级科目，其中有58个一级科目不仅与《企业会计制度》的名称相同，而且核算内容也基本相同。

②计算方法基本相同。如资产计价方法都以取得时发生的货币支出，或以形成前所发生的料工费支出，或以换出非货币资产的账面价值加上应支付的相关税费，或以重组债权的账

面价值，作为资产的入账价值。短期投资、应收账款、其他应收款和存货等流动资产都要计提减值准备，并且估计资产损失的方法也相同。资产增减，负债增减，所有者权益增减，收入的分类及其确认，费用的分类归集，利润形成等的账务处理基本相同。

③提供财务报告的内容和要求基本相同。如都要求定期编报“资产负债表”、“利润表”，同时提供会计报表附注，但《小企业会计制度》要求在会计报表附注中披露的内容相对更为简化。

不同方面包括：

(1)适用范围不同

《小企业会计制度》适用于在中华人民共和国境内设立的不对外筹集资金、经营规模较小的企业(不包括以个人独资及合伙形式设立的小企业)。符合《小企业会计制度》规定的小企业，按照制度规定可以选择执行《企业会计制度》。若选择执行了《企业会计制度》，就不能同时选择执行《小企业会计制度》的有关规定。而《企业会计制度》的适用范围，按照《企业会计制度》的规定，除不对外筹集资金、经营规模较小的企业，以及金融保险企业外，在中华人民共和国境内设立的企业(含公司)，执行《企业会计制度》。从《小企业会计制度》的规定看，符合《小企业会计制度》规定的小企业也可执行《企业会计制度》。

(2)会计科目设置不同

《小企业会计制度》比《企业会计制度》少设了 25 个一级科目。原因主要有如下两个方面：第一，小企业经济业务相对简单，因此可将《企业会计制度》中的部分科目进行归并，如应收股利和应收利息合为应收股息科目，原材料和包装物归并为材料科目等。第二，小企业会计核算简化或者没有某科目所要反映的经济业务，从而可少设。如资产科目少设了自制半成品、分期收款发出商品、各项长期资产的减值准备、未确认融资费用和待处理财产损溢；负债科目少设了应付股利、预计负债、应付债券；所有者权益科目少设了已归还投资；损溢类科目少设了补贴收入、以前年度损溢调整。

(3)账务处理不同

①资产清查的处理不同。《小企业会计制度》中没有设置“待处理财产损溢”科目，小企业在财产清查中发生资产的盘盈或盘亏时直接进行处理。笔者认为这种处理方法简明扼要，与资产负债表中所反映的内容相符。而《企业会计制度》中的资产负债表中已取消了资产待处理项目，企业在编报前必须将待处理的资产进行处理，因此财产清查还要通过“待处理财产损溢”科目核算，笔者认为这是一种多余。

②计提长期资产减值准备。长期资产的可收回金额较难确定，计提减值准备时需要进行较多的职业判断，而小企业会计人员少，高素质的会计人员更少，所以《小企业会计制度》仅要求对短期投资、存货和应收款项计提跌价或坏账准备，不要求对固定资产、无形资产等长期资产计提减值准备。

③简化长期投资的核算。小企业投资的业务比较少，按重要性原则对长期股权投资采用简化了的成本法或简化的权益法核算。

按《小企业会计制度》中成本法的规定，股权持有期间内，企业应于被投资单位宣告发放现金股利或利润时确认投资收益。按被投资单位宣告发放现金股利或利润中应由本企业享有的部分，借记“应收股息”科目，贷记“投资收益”科目。制度中不要求严格区分投资前被投资企业实现的利润的分配还是投资后被投资企业实现的利润的分配，但如果在投资当年取得被投资单位分派的属于以前年度实现的利润，则应冲减投资成本。《小企业会计制度》权益法简化核算主要体现在如下两个方面：

第一，取得投资时不单独核算股权投资差额。《小企业会计制度》中权益法的规定，以现金取得长期股权投资时，按实际支付的全部价款（扣除已宣告但尚未领取的现金股利）入账，不单独核算股权投资差额，不对该差额进行摊销。

第二，不对被投资单位除净损溢外的其他所有者权益变动进行处理。《小企业会计制度》中权益法规定："采用权益法核算的小企业，长期股权投资的账面余额应根据小企业享有被投资单位所有者权益份额的变动，对长期股权投资的账面余额进行调整。"但在长期股权投资科目的具体解释中只要求在被投资企业实现利润或发生亏损时，小企业按应享有的份额或应分担的份额增加或减少长期股权投资，同时增加或减少投资收益，而没有规定对被投资单位除净损溢外的其他所有者权益变动进行处理。由于《小企业会计制度》的长期股权投资科目没有设三级科目，也无法反映是否要对被投资单位除净损溢外的其他所有者权益变动进行处理。笔者的理解是为了简化核算，不对其进行处理。

④简化了专门借款费用的核算。《小企业会计制度》对于借款费用的核算，要求企业在固定资产开始建造至达到预计可使用状态之前发生的专门借款费用，均可资本化计入固定资产成本，而不必与资产支出数挂钩。这简化了借款费用资本化的计算手续，但可能会导致资本化金额夸大，进而多计固定资产价值，少计本期利润，但长远看又会经未来时期的折旧费用予以抵销。

⑤简化了融资租赁固定资产的计量。《小企业会计制度》规定，融资租入固定资产以合同或协议约定应支付的价款和使固定资产达到预定可使用状态前发生的其他有关必要支出，作为其入账价值，这避免了计算最低租赁付款额过程中涉及的职业判断及对未来现金流量折现等较为繁琐的计算。

⑥简化了所得税的账务处理。《小企业会计制度》规定，小企业计算出当期应交的所得税，借记"所得税"科目，贷记"应交税费——应交所得税"科目。可见，所得税的账务处理采用了本期所得税费用按照本期应税所得与适用的所得税税率计算的应付税款法，即本期所得税费用等于本期应交的所得税，时间性差异影响所得税的金额均在本期确认所得税费用或在本期抵减所得税费用，而不作为资产负债表中的一项负债或一项资产加以反映。这简化了时间性差异的核算。

⑦其他资产核算方法的简化。《小企业会计制度》还简化了一些资产的转移价值核算方法。如低值易耗品的价值摊销要求采用一次摊销或分次摊销法，没有要求按五五摊销法；短期投资期末按总成本与总市价孰低计量，不需要分项比较计量，在短期投资转让时可不结转其已提的跌价准备。

⑧待转资产价值核算不同。《企业会计制度》中的待转资产价值科目核算内容是外商投资企业待转的接受非现金资产捐赠的价值。外商投资企业接受非现金资产捐赠时，按确定的实际成本，借记非现金资产类科目，贷记"待转资产价值"科目；年终企业按"待转资产价值"科目的账面余额，借记"待转资产价值"科目，贷记"应交税费——应交所得税"科目和"资本公积——其他资本公积"。财政部在《关于执行〈企业会计制度〉及相关会计准则问题解答

(三)》中将“待转资产价值”科目的运用扩展为执行《企业会计制度》的所有企业。

而《小企业会计制度》中的待转资产价值科目核算内容是小企业接受捐赠待转的资产价值，其核算内容不仅包括了小企业接受的非现金资产捐赠，还包括了接受现金资产的捐赠。其账务处理为:小企业接受货币性资产捐赠时，借记“现金”或“银行存款”科目，贷记“待转资产价值”;接受非现金资产捐赠时，按确定的实际成本，借记非现金资产类科目，贷记“待转资产价值”科目;期末如果接受捐赠待转的资产价值全部计入当期应纳税所得额，按“待转资产价值”科目的账面余额，借记“待转资产价值”科目，贷记“应交税费——应交所得税”科目和“资本公积”，期末如果接受捐赠的非现金资产金额较大，经批准可以在规定期限内分期平均计入各年度应纳所得额，分期进行上述转账处理。这使小企业的“待转资产价值”科目核算内容更全面，核算也更趋于合理。增加了以应收债权融资或出售应收债权的会计处理。根据财政部2003 年5 月15 日发布的关于企业与银行等金融机构之间从事应收债权融资等有关业务会计处理的暂行规定，《小企业会计制度》及时地增加了以应收债权融资或出售应收债权的会计处理，用以规范企业与银行等金融机构之间从事的融资业务的会计核算。

(4)财务报告方面的不同

《小企业会计制度》只要求小企业提供资产负债表和利润表两张基本报表，而且报表的内容比较简单。如根据小企业业务比较简单，有些业务发生的可能性很少的情况，删除了若干项目。像资产负债表中资产项目中减少了预付账款、应收补贴款、递延税款借项等项目，负债中减少了预收账款、应付股利、专项应付款、递延税款等项目，所有者权益中减少了已归还投资项目。利润表中减少了补贴收入项目等。

3. 小企业会计制度的主要特点

《小企业会计制度》的主要特征为:简便易行、通俗易懂。它是在遵循一般会计核算原则的条件下，借鉴国际惯例，结合我国小企业的实际情况加以制定的，充分体现了小企业自身及其会计信息使用者的需求和特点。

(1)考虑到长期资金的金额较难确定及计提长期资产减值过程中需要较多的职业判断等情况，小企业会计制度中仅要求对短期投资、存货计提减值准备，对应收款项计提坏账准备，不要求对固定资产、无形资产等长期资产计提减值准备。

(2)考虑到小企业投资的情况较少，完全运用《企业会计制度》中关于长期股权投资的核算规定可能存在困难，关于小企业对被投资单位具有重大影响的投资，仅要求按照简化的权益法核算。

(3)对于借款费用的核算，要求小企业在固定资产开始建造时起至达到预定可使用状态之前所发生的专门借款的借款费用，均可资本化计入固定资产成本，而不必与资产支出数相挂钩。

(4)对于融资租入的固定资产，由于在计算最低租赁付款额过程中涉及的职业判断及对未来现金流量折现等问题，小企业会计制度中对于符合融资租赁条件的固定资产，按租赁协议或者合同确定的支付租赁款及使用固定资产达到可使用状态前发生的其他有关必要支出(如运输费、途中保险费、安装调试费以及融资租入固定资产达到预定可使用状态前发生的借款费用等)确定其入账价值。

(5)对于《企业会计制度》中提供的一些可选择的会计处理方法，结合小企业实际，选择了其中比较符合小企业特点的方法，如要求小企业采用应付税款法核算所得税，不要求（但允许）小企业采用计划成本进行材料的核算等。

(6)从会计报表体系来看，考虑到小企业信息使用者的需求，仅要求小企业提供资产负债表和利润表两张基本报表，对小企业中的一般纳税人要求编制应交增值税明细表，而现金流量表编报难度相对较大，只要求企业按需要选择编制。

此外，对于小企业可能发生的非货币性交易和债务重组在制度的总说明中作出了规定，简化了这些在《企业会计制度》中原本比较复杂的会计处理事项，较好地满足了小企业的实际需要。

第二节　小企业会计核算的基本前提和一般原则

一、小企业会计核算的基本前提

(一)会计主体

会计主体，是指企业会计确认、计量和报告的空间范围。为了向财务报告使用者反映企业财务状况、经营成果和现金流量，提供与决策有用的信息，会计核算和财务报告的编制应当集中反映特定对象的活动，并将其与其他经济实体区别开来，才能实现财务报告的目标。

在会计主体假设下，企业应当对其本身发生的交易或者事项进行会计确认、计量和报告，反映企业本身所从事的各项生产经营活动。明确界定会计主体是开展会计确认、计量和报告工作的重要前提。

首先，明确会计主体，才能划定会计所要处理的各项交易或事项的范围。在会计工作中只有那些影响企业本身经济利益的各项交易或事项才能加以确认、计量和报告，那些不影响企业本身经济利益的各项交易或事项则不能加以确认、计量和报告。会计工作中通常所讲的资产、负债的确认，收入的实现，费用的发生等，都是针对特定会计主体而言的。

其次，明确会计主体才能将会计主体的交易或者事项与会计主体所有者的交易或者事项以及其他会计主体的交易或者事项区分开来。例如，企业所有者的交易或者事项是属于企业所有者主体所发生的，不应纳入企业会计核算的范围，但是企业所有者投入到企业的资本或者向所有者分配的利润，则属于企业主体所发生的交易或者事项，应当纳入企业会计核算的范围。

会计主体不同于法律主体。一般来说，法律主体必然是一个会计主体。例如，一个企业作为一个法律主题，应当建立财务会计系统，独立反映其财务状况、经营成果和现金流量。但是，会计主体不一定是法律主体。例如，就企业集团而言，母公司拥有若干子公司，母、子公司虽然是不同的法律主体，但是母公司对子公司拥有控制权，为了全面反映企业的财务状况、经营成果和现金流量，有必要将企业集团作为一个会计主体，编制合并财务报表，在这种情况下，尽管企业集团不属于法律主体，但它却是会计主体。再如，由企业管理的证券投资基金、企业年金基金等，尽管不属于法律主体，但属于会计主体，应当对每项基金进行会计确认、计量和报告。

(二)持续经营

持续经营，是指在可以预见的将来，企业将会按当前的规模和状态继续经营下去，不会停业，也不会大规模削减业务。在持续经营的前提下，会计确认、计量和报告应当以企业持续、正常的生产经营活动为前提。企业会计准则体系是以企业持续经营为前提，加以制定和规范的，涵盖了从企业成立到清算(包括破产)的整个期间的交易或者事项的会计处理。如果一个企业在不能持续经营时还假定企业能够持续经营，并仍按持续经营基本假设选择会计确认、计量和报告原则与方法.就不能客观地反映企业的财务状况、经营成果和现金流量，会误导会计信息使用者的经济决策。

(三)会计分期

会计分期，是指将一个企业持续经营的生产经营活动划分为一个个连续的、长短相同的期间。会计分期的目的，在于通过会计期间的划分，将持续经营的生产经营活动划分成连续、相等的期间，据以结算盈亏，按期编报财务报告，从而及时向财务报告使用者提供有关企业财务状况、经营成果和现金流量的信息。

小企业的会计核算应当以持续、正常的生产经营活动为前提。会计核算应当划分会计期间，分期结算账目，会计期末编制财务会计报告。本制度所称的会计期间分为年度和月度，年度和月度均按公历起讫日期确定。会计期末，是指月末和年末。

(四)货币计量

货币计量，是指会计主体在财务会计确认、计量和报告时以货币计量，反映会计主体的生产经营活动。

在会计的确认、计量和报告过程中之所以选择货币为基础进行计量，是由货币的本身属性决定的。货币是商品的一般等价物，是衡量一般商品价值的共同尺度，具有价值流通手段、贮藏手段和支付手段等特点。其他计量单位，如重量、长度、容积、台、件等，只能从一个侧面反映企业的生产经营情况，无法在量上进行汇总和比较，不便于会计计量和经营管理。只有选择货币尺度进行计量，才能充分反映企业的生产经营情况。所以，基本准则规定，会计确认、计量和报告选择货币作为计量单位。

在有些情况下，统一采用货币计量也有缺陷，某些影响企业财务状况和经营成果的因素，如企业经营战略、研发能力、市场竞争力等，往往难以用货币来计量，但这些信息对于使用者决策来讲也很重要，企业可以在财务报告中补充披露有关非财务信息来弥补上述缺陷。

二、小企业会计核算的一般原则

(一)可靠性原则

可靠性原则要求企业应当以实际发生的交易或者事项为依据进行确认、计量和报告，如实反映符合确认和计量要求的各项会计要素及其他相关信息，保证会计信息真实可靠、内容完整。为了贯彻可靠性，企业应当做到:

1. 以实际发生的交易或者事项为依据进行确认、计量，将符合会计要素定义及其确认条件的资产、负债、所有者权益、收入、费用和利润等如实反映在财务报表中，不得根据虚构的、没有发生的或者尚未发生的交易或者事项进行确认、计量和报告。

2. 在符合重要性和成本效益原则的前提下，保证会计信息的完整性，其中包括应当编报的报表及其附注内容等应当保持完整，不能随意遗漏或者减少应予披露的信息，与使用者决策相关的有用信息都应当充分披露。

（二）相关性原则

相关性原则要求企业提供的会计信息应当与投资者等财务报告使用者的经济决策需要相关，有助于投资者等财务报告使用者对企业过去、现在或者未来的情况作出评价或者预测。

会计信息是否有用，是否具有价值，关键是看其与使用者的决策需要是否相关，是否有助于决策或者提高决策水平。相关的会计信息应当能够有助于使用者评价企业过去的决策，证实或者修正过去的有关预测，因而具有反馈价值。相关的会计信息还应当具有预测价值，有助于使用者根据财务报告所提供的会计信息预测企业未来的财务状况、经营成果和现金流量。

会计信息质量的相关性要求，需要企业在确认、计量和报告会计信息的过程中，充分考虑使用者的决策模式和信息需要。但是，相关性是以可靠性为基础的，两者之间并不矛盾，不应将两者对立起来。也就是说，会计信息在可靠性前提下，要尽可能地做到相关性，以满足投资者等财务报告使用者的决策需要。

（三）可理解性原则

可理解性原则要求企业提供的会计信息应当清晰明了，便于投资者等财务报告使用者理解和使用。

企业编制财务报告、提供会计信息的目的在于使用。而要使使用者有效使用会计信息应当能让其了解会计信息的内涵、弄懂会计信息的内容，这就要求财务报告所提供的会计信息应当清晰明了，易于理解。只有这样，才能提高会计信息的有用性，实现财务报告的目标，满足向投资者等财务报告使用者提供决策有用信息的要求。

会计信息毕竟是一种专业性较强的信息产品。在强调会计信息的可理解性要求的同时，还应假定使用者具有一定的有关企业经营活动和会计方面的知识，并且愿意付出努力去研究这些信息。对于某些复杂的信息，如交易本身较为复杂或者会计处理较为复杂，但其对使用者的经济决策相关的，企业就应当在财务报告中予以充分披露。

（四）可比性原则

可比性原则要求企业提供的会计信息应当相互可比。这主要包括两层含义：

1. 同一企业不同时期可比。为了便于投资者等财务报告使用者了解企业财务状况、经营成果和现金流量的变化趋势，比较企业在不同时期的财务报告信息，全面、客观地评价过去、预测未来，从而做出决策。会计信息质量的可比性要求同一企业不同时期发生的相同或者相似的交易或者事项，应当采用一致的会计政策，不得随意变更。但是，满足会计信息可比性要求，并非表明企业不得变更会计政策，如果按照规定或者在会计政策变更后可以提供更可靠、更相关的会计信息，可以变更会计政策。有关会计政策变更的情况，应当在附注中予以说明。

2. 不同企业相同会计期间可比。为了便于投资者等财务报告使用者评价不同企业的财务状况、经营成果和现金流量及其变动情况，会计信息质量的可比性要求不同企业同一会计期间发生的相同或者相似的交易或者事项，应当采用规定的会计政策，确保会计信息口径一致、相互可比，以使不同企业按照一致的确认、计量和报告要求提供有关会计信息。

(五)实质重于形式原则

实质重于形式原则要求企业应当按照交易或者事项的经济实质进行会计确认、计量和报告，不仅仅以交易或者事项的法律形式为依据。

企业发生的交易或事项在多数情况下其经济实质和法律形式是一致的，但在有些情况下也会出现不一致。例如，企业按照销售合同销售商品但又签订了售后回购协议，虽然从法律形式上看实现了收入，但如果企业没有将商品所有权上的主要风险和报酬转移给购货方，没有满足收入确认的各项条件，即使签订了商品销售合同或者已将商品交付给购货方，也不应当确认销售收入。

(六)重要性原则

重要性原则要求企业提供的会计信息应当反映与企业财务状况、经营成果和现金流量有关的所有重要交易或者事项。

如果财务报告中提供的会计信息的省略或者错报会影响投资者等使用者据此做出决策的，该信息就具有重要性。重要性的应用需要依赖职业判断，企业应当根据其所处环境和实际情况，从项目的性质和金额大小两方面加以判断。

(七)谨慎性原则

谨慎性原则要求企业对交易或者事项进行会计确认、计量和报告时保持应有的谨慎，不应高估资产或者收益、低估负债或者费用。

在市场经济环境下，企业的生产经营活动面临着许多风险和不确定性，如应收款项的可收回性、固定资产的使用寿命、无形资产的使用寿命、售出存货可能发生的退货或者维修等。会计信息质量的谨慎性要求，需要企业在面临不确定性因素的情况下做出职业判断时，应当保持应有的谨慎，充分估计到各种风险和损失，既不高估资产或者收益，也不低估负债或者费用。例如，要求企业对售出商品所提供的产品质量保证确认一项预计负债，就体现了会计信息质量的谨慎性要求。

谨慎性的应用也不允许企业故意低估资产或者收入，或者企业故意高估负债或者费用，否则将不符合会计信息的可靠性和相关性要求，损害会计信息质量、扭曲企业实际的财务状况和经营成果，从而对使用者的决策产生误导，这是会计准则所不允许的。

(八)及时性原则

及时性原则要求企业对于已经发生的交易或者事项，应当及时进行确认、计量和报告，不得提前或者延后。

会计信息的价值在于帮助所有者或者其他方面做出经济决策，具有时效性。即使是可靠的、相关的会计信息，如果不及时提供，就失去了时效性，对于使用者的效用将大大降低，甚至不再具有实际意义。在会计确认、计量和报告过程中贯彻及时性，一是要求及时收集会计信息，即在经济交易或者事项发生后，及时收集整理各种原始单据或者凭证；二是要求及时处理会计信息，即按照会计准则的规定，及时对经济交易或者事项进行确认或者计量，并编制财务报告；三是要求及时传递会计信息，即按照国家规定的有关时限，及时地将编制的财务报告传递给财务报告使用者，便于其及时使用和决策。

在实务中，为了及时提供会计信息，可能需要在有关交易或者事项的信息全部获得之前即进行会计处理，这样就满足了会计信息的及时性要求，但可能会影响会计信息的可靠性；反之，如果企业等到与交易或者事项有关的全部信息获得之后再进行会计处理，这样的信息披露可能会由于时效性问题，对于投资者等财务报告使用者决策的有用性大大降低。这就需要在及时性和可靠性之间作相应权衡，以最好地满足投资者等财务报告使用者的经济决策需要作为判断标准。

第三节　小企业会计要素及会计等式

一、小企业会计要素

(一)反映小企业财务状况的要素

1. 资产

资产是指企业过去的交易或者事项形成的、由企业拥有或者控制的、预期会给企业带来经济利益的资源。根据资产的定义，资产具有以下特征：(1)资产应为企业拥有或者控制的资源；(2)资产预期会给企业带来经济利益；(3)资产是由企业过去的交易或者事项形成的。资产可以是有形的、也可以是无形的；可以是货币性的、也可以是非货币性的。按照我国《小企业会计制度》的规定，资产包括流动资产、长期投资、固定资产、无形资产与其他资产。

2. 负债

负债指企业过去的交易或者事项形成的，预期会导致经济利益流出企业的现时义务。根据负债的定义，负债具有以下特征：(1)负债是企业承担的现时义务；(2)负债预期会导致经济利益流出企业；(3)负债是由企业过去的交易或者事项形成的。

3. 所有者权益

所有者权益又称净资产，是指所有者在企业资产中所享有的经济利益。其金额为资产扣除负债后的余额，包括实收资本、盈余公积和未分配利润等。留存收益是企业历年实现的净利润留存于企业的部分，主要包括累计计提的盈余公积和未分配利润。

所有者权益具有如下特征：(1)所有者权益一般不需要由企业归还投资者，除非发生清算、减资的情况；(2)所有者权益随投资者的投资行为而产生，其数额的大小决定于投资规模及企业的经营状况；(3)投资者可以依据其在企业所有者权益中实收资本部分占有的份额参与企业的利润分配；(4)所有者权益置于债权人权益之后，企业清算时，所有者权益只有在清偿所有负债后才返还给投资者。

(二)反映小企业经营成果的要素

1. 收入

收入是指企业在日常活动中形成的、会导致所有者权益增加的、与所有者投入资本无关的经济利益的总流入。根据收入的定义，收入具有以下特征：(1)收入是企业在日常活动中形成的；(2)收入会导致所有者权益的增加；(3)收入是与所有者投入资本无关的经济利益的总流入。

2. 费用

费用是指企业在日常活动中发生的、会导致所有者权益减少的、与向所有者分配利润无关的经济利益的总流出。根据费用的定义，费用具有以下特征:(1)费用是企业在日常活动中形成的;(2)费用会导致所有者权益的减少;(3)费用是与向所有者分配利润无关的经济利益的总流出。

3. 利润

利润是指企业在一定会计期间的经营成果。通常情况下，如果企业实现了利润，表明企业的所有者权益将增加，业绩得到了提升;反之，如果企业发生了亏损(即利润为负数)，表明企业的所有者权益将减少，业绩下滑了。利润往往是评价企业管理层业绩的一项重要指标，也是投资者等财务报告使用者进行决策时的重要参考。利润包括营业利润、投资净收益、营业外收支净额等。

利润具有如下特征:(1)利润是企业在一定时期经营活动的财务成果，是全部的收入减去费用后的差额，如为负数则为亏损;(2)企业收入增加会对利润的形成产生正面影响，而费用的增加会对利润产生负面影响，因此要增加利润必须增加收入减少费用，或者多增加收入少增加费用;(3)利润的增加将会使所有者权益增加。

二、会计要素的相互关系(会计等式)

(一)资产=负债+所有者权益

一个企业的资产和权益(负债和所有者权益)，实际上是同一资金的两个不同方面，是从资金的占用形式和来源两个不同角度观察和分析的结果。有一定数额的资产，就有一定数额的权益，反之，有一定数额的权益，就有一定数额的资产。资产和权益这种相互依存的关系，决定了在数量上一个企业的资产总额与权益总额必定相等。即:

资产=权益

或　资产=负债+所有者权益　　(1)

上述会计等式，说明了资产、负债和所有者权益三大会计要素的内在关系，是设置账户、复式记账、试算平衡和编制资产负债表的理论依据，因此，又称之为资产负债表等式。

有时资产负债表等式也表述为:

资产-负债=所有者权益

(二)收入-费用=利润

收入、费用与利润的关系表示如下:

收入-费用=利润　　(2)

上述会计等式说明了收入、费用和利润三大会计要素的内在关系，是编制利润表的理论依据。因此，又称之为利润表等式。

(三)资产负债表等式与利润表等式之间的关系

等式(1)反映的是企业某一时点的全部资产及其相应的来源情况，是反映资金运动的静态公式。等式(2)反映的是某企业某一时期的盈利或亏损情况，是反映资金运动的动态公式，但用这两个等式还不能完整反映会计六大要素之间的关系。

等式(1)与等式(2)可合并为:

资产 = 负债 + 所有者权益 +(收入 - 费用)

或　资产 = 负债 + 所有者权益 + 利润　　　　　　　　　　　(3)

企业定期结算并计算出取得的利润，取得的利润在按规定分配给投资者(股东)之后，余下的部分归投资者共同享有，也是所有者权益的组成部分。因此上述等式又回复到:

资产 = 负债 + 所有者权益

由此可见，等式(1)是会计的基本等式，通常称之为基本会计等式或会计恒等式。等式(2)和等式(3)虽不是基本会计等式，但等式(2)是对基本会计等式的补充;等式(3)是基本会计等式的发展，它将财务状况要素，即资产、负债和所有者权益，以及经营成果要素，即收入、费用和利润，进行有机结合，完整地反映了企业财务状况和经营成果的内在联系。

本章思考题

1. 试述小企业、小企业会计、小企业会计制度的含义。
2. 小企业会计制度的目标是什么？小企业会计制度的适用范围有哪些？
3. 试述小企业会计制度与企业会计制度的关系如何。
4. 小企业会计的会计核算原则要求有哪些？
5. 试述小企业会计等式之间的关系。

第二章 资产

学习目标：

(1)掌握现金管理的主要内容和现金核算、现金清查；
(2)掌握银行结算制度的主要内容、银行存款核算与核对；
(3)掌握其他货币资金的核算；
(4)掌握应收票据、应收账款、预付账款和其他应收款的核算；
(5)掌握存货成本的确定、发出存货的计价方法、存货清查；
(6)掌握材料、库存商品、委托加工物资、低值易耗品的核算；
(7)掌握短期投资、长期股权投资、长期债权投资的核算；
(8)掌握固定资产的核算；
(9)掌握无形资产的核算；
(10)熟悉长期股权投资、长期债权投资的核算范围；
(11)熟悉固定资产、无形资产的概念及确认条件；
(12)熟悉其他资产的核算；
(13)了解应收款项、存货、长期股权投资、固定资产的会计处理。

第一节 资产概述

一、资产的概念及特征

(一)资产的概念

俗话说："巧妇难为无米之炊"，企业进行生产经营活动需要有人、厂房和设备，以及各种材料、动力等经济资源，但是经济资源并不都是资产。作为企业的资产，必须符合以下条件：

第一，必须是能给企业带来经济效益的经济资源，如已经报废的设备不是资产。

第二，必须为企业拥有或者控制的，如从外单位经营租赁来的厂房、设备不是企业的资产。

第三，能以货币计量，否则无法进行核算，如企业所占有的矿产资源、森林资源等价值难以计量，不能列入企业的资产。

第四，预期能给企业带来经济利益的流入，如企业的机器设备可以通过生产产品给企业带来经济利益。

概括地说，资产是指过去的交易、事项形成并被企业拥有或者控制的资源，该资源预期会给企业带来经济利益。

(二)资产的分类

资产是会计要素中最主要的要素。它以不同的实物形态分布于生产经营过程的各个环节，按其流动性可以分为流动资产、长期投资、固定资产、无形资产及其他资产。

1. 流动资产

流动资产，是指可以在1年或超过1年的一个营业周期内变现或被耗用的资产，主要包括现金、银行存款、短期投资、应收及预付款项、存货等。

(1)现金，又称库存现金，是指由企业出纳人员保管并存放在企业内部保险柜里的现钞(即钞票)，包括人民币和各种外币。

(2)银行存款，是指企业存放在银行的货币资金。

(3)短期投资，是指企业购入的、持有时间不准备超过1年(含1年)的各种有价证券，如股票、债券、基金。它们可以随时脱手变现。

(4)应收及预付款项，是指企业在日常生产经营过程中发生的各种债权，包括其他应收款、应收账款、预付账款等。它们一般会在一年内收回。

(5)存货，是指企业为生产或销售而储存的各种材料、在产品、产成品等。它们一般可以在1年内耗用掉或售出，同时收回款项。

2. 长期投资

长期投资，相对于短期投资而言，是指企业预期持有期限超过1年(不含1年)的各种投资，如股票、债券，以及其他企业联营的投资。它们只有在收回投资时才可以变为现金。

3. 固定资产

固定资产，是指企业使用期限超过1年的房屋、建筑物、机器、机械、运输工具及其他与生产经营有关的设备、器具、工具等。不属于生产经营主要设备的物品，单位价值在2000元以上，并且使用年限超过2年的，也应当作为固定资产。它们取得的目的是使用而不是为了出售，只有在若干年后报废清理或转让、变卖时才能收回部分现金。简单地说，使用期限较长、单位价值较高的劳动资料才是固定资产。

4. 无形资产

无形资产，是指能够由企业长期拥有或使用的、而没有实物形态的非货币性长期资产。如专利权、非专利技术、商标权等。

5. 其他资产

其他资产，是指除流动资产、长期投资、固定资产、无形资产以外的其他资产，如长期待摊费用。

资产的内容及其分类如图2-1所示。

- 资产
  - 流动资产
    - 现金及银行存款
    - 短期投资
    - 应收及预付款项
    - 存货
  - 权益性投资
    - 长期投资
    - 债权性投资
  - 固定资产
    - 房屋及建筑物
    - 机器设备
    - 运输设备
  - 无形资产
    - 专利权
    - 非专利技术 商标权
  - 其他资产 —— 长期待摊费用

图2-1

第二节　货币资金的核算

一、货币资金的概述

(一)货币资金的概念

货币资金是企业进行生产经营活动的前提条件。会计上所称的货币资金是指企业生产经营过程中以货币形态存在的那部分货币性资产，它包括企业的库存现金以及可以随时用于支付的银行存款和其他货币资金。其特点是具有较强的流动性、普通性和可接受性。

(二)货币资金内部控制制度

货币资金的内部控制制度是指单位内部为了保护其货币资金的安全完整和有效运用，保证货币资金收付的真实和合法，在分工基础上建立起来的相互联系、相互制约的管理体系。

1. 控制目标

内部控制目标是企业管理当局建立健全内部控制的根本出发点。货币资金内部控制目标有四个：

(1)货币资金的安全性。通过良好的内部控制，确保企业库存现金安全，预防被盗窃、诈骗和挪用。

(2)货币资金的完整性。即检查企业收到的货币是否已全部入账，预防私设“小金库”等侵占企业收入的违法行为出现。

(3)货币资金的合法性。即检查货币资金取得、使用是否符合国家财经法规，手续是否齐备。

(4)货币资金的效益性。即合理调度货币资金，使其发挥最大的效益。

2. 内部控制制度内容

(1)建立岗位责任制，确保不相容岗位相互分离、制约和监督。出纳员不得兼任稽核、会计档案保管和收入、支出、费用、债权债务账目的登记工作。公司不得由一人办理货币资金业务的全过程。

(2)对货币资金业务建立严格的授权审批制度。审批人员必须在授权范围内进行审批，超越权限的，必须按照公司相关章程、协议、合同的规定进行。经办人员对审批人员超越权限的审批应拒绝受理，并及时向其他有关人员通报。

(3)公司应加强与货币资金相关账户的管理，明确各种票据的购买、保管、领用、背书转让、注销等环节的职责权限和程序，并设立登记簿进行记录，防止空白票据的遗失与被盗用。

(4)公司应加强银行预留印鉴的管理。财务专用章应由专人保管，个人名章必须由本人或由其授权的人员保管。严禁一人保管支付款项所需的全部印章。

(5)加强对货币资金业务的监督检查。其他有关人员可一月或定期检查一次。

(6)月末现金盘点制度。

(7)月末银行存款调节对账制度。月末银行存款账面数应与银行对账单核对一致，并制作银行存款余额调节表。

(8)《资金日报表》制度。现金、银行存款每日变动情况应反映在日报表里，并报送其他有关人员，应及时监督资金状况。

3. 票据及印章管理

(1)有价证券的保管

有价证券的保管和现金保管基本一样，同时要对各种有价证券的票面金额和号码保守秘密。为掌握各种债券到期时间，应建立“认购有价证券登记簿”。

(2)空白支票及空白收据的管理

存有空白支票的企业必须明确指定专人妥善保管。要贯彻票、印分管的原则，空白支票和印章不得由一人负责保管。这样，可以明确责任，形成制约机制，防止舞弊行为。

空白收据一般应由主管会计人员保管。要建立“空白收据登记簿”，填写领用日期、单位、起始号码，并由领用人签字，收据用完后，要及时归还，不得弄虚作假，开具实物与票面不相符的收据，更不能开具存根联与其他联不符的收据，作废的收据要加盖“作废”章，各联要连同存根一起保管，不要撕毁、丢失。

4. 印章的保管

支票印鉴章一般应由会计主管人员或指定专人保管，支票和印鉴必须由两人分别保管。负责保管的人员不得将印章随意存放或带出工作单位。各种印章应与现金保管相同，不得随意放入抽屉内保管，不然极易使违法违纪人员有机可乘，给国家和单位造成不必要的经济损失。

二、现金

(一)现金的管理制度

1. 现金的概念

现金是货币资金的重要组成部分，是通用的支付手段，它可以随时用来购买其他资产和清偿债务，支付有关费用。由于现金是流动性最大的一种货币资金，小企业必须对现金进行严格的管理和控制，使现金能在经营过程中合理地、通畅地流转，提高现金的使用效益，保护现金的安全。

2. 现金的管理制度

由于现金是交换和流通手段，又可当作财富来储藏，其流动性最强，最容易被挪用和侵吞。因此，必须建立一套完善而严密的现金管理制度，以确保现金的安全与完整。

(1)现金的限额管理

根据规定，银行给每个开户企业核定库存现金的最高限度库存额，称为库存限额。各小企业现金库存限额应根据企业规模、业务量、日常零星开支现金需要量以及企业距离开户银行远近等条件予以核定。现金限额一般应为企业 3 ~ 5 天零星开支现金需要量，特殊情况下最多不得超过 15 天的现金需要量。库存现金限额一经核定，企业就必须按规定的限额控制库存现金，超过库存限额部分的现金必须在当天或次日上午由企业交银行，以保证现金的安全。

(2)现金收支的规定

企业收入的现金应于当天送存开户银行，当天送存有困难的，由开户银行确定送存时间。企业需要支付的现金，应从银行提取或从库存现金中支付，不得从收入的现金中支付，即不得“坐支”现金。因特殊情况需要“坐支”现金的必须报经有关部门批准，并在核定的范围和限额内进行，同时收支的现金必须分别入账。

(3)现金使用范围

除以下可用现金支付的项目外，小企业的一切付款需通过银行转账结算：职工工资、津贴；个人劳务报酬；根据国家规定颁发给个人的科学技术、文化艺术、体育等各种奖金；各种劳保、福利费用以及国家规定的对个人的其他支出；向个人收购农副产品和其他物资的款项；出差人员必须携带的差旅费；1 000 元以下的零星支出；中国人民银行确定需要支付现金的其他支出。

(二)现金的核算

1. 现金核算账户设置

为了总括地反映小企业库存现金的收支和结存情况，各小企业应设置“库存现金”科目。“库存现金”属于资产类账户，该账户的借方反映小企业现金的增加，贷方反映现金的减少，月末借方余额反映小企业实际持有的库存现金。

2. 现金收付核算

(1)现金收入的核算

小企业现金收入的主要内容有：从银行提取现金，职工出差报销时交回的剩余借款，收取个人的罚款等。收取现金时，借记“库存现金”科目，贷记“银行存款”、“其他应收款”、“营业外收入”等科目。

【例 2-1】从银行提现金 100 000 元，备发工资。作会计分录如下：

借：库存现金　　100 000

　贷：银行存款　　100 000

【例 2-2】职工张红出差借款 800 元，报销 600 元，剩余现金 200 元交回。

借：库存现金　　200

　管理费用　　600

　贷：其他应收款——张红　　800

(2)现金支出的核算

按照现金开支范围的规定支付现金时，借记“银行存款”、“其他应收款”、“应付工资”、“管理费用”等科目，贷记“库存现金科目。

【例 2-3】职工张红借支差旅费 800 元。作会计分录如下：

借：其他应收款——张红　　800

　贷：库存现金　　800

3. 现金日记账的设置与登记

小企业应当设置“现金日记账”，由出纳人员（或代理记账机构）按照经济业务发生的时间先后顺序，根据有关现金收付款凭证或提取现金的银行存款付款凭证，逐日逐笔登记。

现金日记账通常使用订本式账簿，采用设有“借方（或收入）”、“贷方（或支出）”、“余额（或结余）”三栏式结构的账页。

每日，出纳人员依据审核无误的现金收款凭证、付款凭证逐笔登记现金日记账，并结出余额，每日终了应将余额数与库存现金进行核对，以检查账实是否相符，做到日清日结。

填制时根据记账凭证及所附原始凭证填写“年、月、日”、“凭证编号”、“摘要”各栏。“对方科目”栏根据现金收、付款凭证中的贷方科目或借方科目填制。“借方”栏根据现金收款凭证或银行存款付款凭证中的合计金额填写，“贷方”栏根据现金付款凭证中的合计金额填写，收、支填写后及时结出余额。

有外币现金的小企业，应当分别设置人民币和各种外币“现金日记账”进行明细核算。

4. 现金清查核算

(1)现金清查的方法

为了保证账款相符，防止现金发生差错、丢失或被贪污、挪用，应对现金进行清查。现金清查包括出纳人员每日终了的清查核对和企业组织清查小组进行定期或不定期的清查。现金清查的基本方法是实地盘点，并将盘点后的实际库存数与现金日记账余额进行核对。

(2)现金清查的核算

现金清查后，应根据清查结果填制“现金盘点报告表”。凡现金实存数大于账存数，称为现金长款；现金实存数小于账存数称为现金短款。“长款”、“短款”实际上是库存现金的盘盈和盘亏。在没有查明长短款原因之前，应先记入“待处理财产损溢——待处理流动资产损溢”账户中，待查明原因后，根据批复意见进行转账。

【例2－4】:某企业在现金清查中，发现现金短缺100元。

借:待处理财产损溢——待处理流动资产损溢　　100

　　贷:库存现金　　100

经过调查，认为现金短缺,出纳员有一定责任，经单位领导批准，出纳员应赔偿50元，其余作为管理费用。

借:其他应收款　　50

　　管理费用　　50

　　贷:待处理财产损溢——待处理流动资产损溢　　100

三、银行存款的核算

(一)银行存款账户的管理

银行存款是企业存入银行或其他金融机构的货币资金。按国家规定，企业除了留存少量库存现金以供日常零星开支需要外，其余现金都应存入银行。因此，各小企业要根据自己业务的需要，在其所在地银行开设账户，并运用所开设的账户，进行存款、取款以及各种收支转账业务的结算。《银行账户管理办法》将企业的存款账户分为四类，即:基本存款账户、一般存款账户、临时存款账户和专用存款账户。

基本存款账户是存款人办理日常转账结算和现金收付的账户。包括存款人的工资、奖金等现金的支取 。

一般存款账户是存款人在基本存款账户以外的银行借款转存,与基本存款账户的存款人不在同一地点的附属非独立核算单位开立的账户。该账户可转账结算和存入现金，但不能支取现金。

临时存款账户是存款人因临时经营活动需要开设的账户，该账户可以办理转账结算和国家现金管理制度规定的现金收付。

专用存款账户是存款人因特定用途需要开设的账户，一般包括基本建设项目专项资金、农副产品资金等。

为了加强对基本存款账户的管理，小企业开立基本存款账户，要实行开户许可证制度，必须凭中国人民银行当地分支机构核发的开户许可证办理，各单位不得为还贷、还债和套取现金而多开立基本存款账户；不得出租、出借账户；不得违反规定在异地存款和贷款而开立账户。任何单位和个人不得将本单位的资金以个人名义开立账户存储。

小企业银行存款的收付存日常管理，主要环节有：根据经济业务的不同，选择适当的结算方式；填制相应票据收付的有关结算手续；审核每份银行存款收、付凭证，并在此基础上登记“银行存款日记账”，做到日清月结。出纳员还应定期将银行存款日记账与银行对账单核对，从而及时提供银行存款结存额的准确信息。

(二)银行结算方式及核算

银行结算方式是指单位、个人在与其他单位或个人的经济业务往来通过银行结算而使用的票据、信用卡和汇兑等结算方式进行资金结算的行为。小企业因各种业务办理结算，除使用现金结算外，大部分是通过银行办理转账结算。根据中国人民银行《支付结算办法》的规定，国内转账结算方式分为两类：一类是由银行通过记账形式划转款项，包括汇兑、委托收款、托收承付、信用证四种；另一类是票据化的结算方式，包括支票、银行汇票、银行本票、商业汇票。这些结算方式是银行存款收款凭证和付款凭证的填制日期和依据。

1. 支票结算方式及其核算

支票是出票人签发的，委托银行办理见票即付的票据。支票分为现金支票、转账支票、普通支票、划线支票。其中，现金支票只能提取现金；转账支票只能转账；普通支票既可提取现金又可转账；划线支票只能转账。单位和个人在一个票据结算区域的各种款项的结算，均可使用支票。支票的提示付款期为 10 天。在签发现金支票和用于提取现金的普通支票时，必须符合国家的现金管理的规定，严禁签发空头支票。

采用支票方式时，收款单位对于收到的支票，应填制进账单连同支票送交银行，根据银行签章退回给收款单位的收款凭证联和有关的原始凭证编制收款凭证，或根据银行转来由签发人送交银行的支票后，经银行审查盖章的收款凭证和有关的原始凭证编制收款凭证；付款单位对于付出的支票，应根据支票存根和有关原始凭证及时编制付款凭证。

2. 银行本票结算方式及其核算

银行本票是银行签发的，承诺在见票时无条件支付确定金额给收款人或持票人的票据。银行本票为定额本票和不定额本票。定额本票按票面又分为 1 000 元、5 000 元、10 000 元和 50 000 元四种。银行本票见票即付，单位和个人在同一个票据结算区域的各种款项的结算，均可使用本票。银行本票的提示付款期为 2 个月。

采用银行本票方式时，收款单位按规定受理银行本票后，应将本票连同进账单送交银行办理转账，根据银行签章退回给收款单位的收款凭证联和有关原始凭证编制收款凭证；付款单位在填送“银行本票申请书”并将款项送交银行，收到银行签发的银行本票后，根据申请书存根联编制付款凭证。小企业因银行本票超过付款期限或其他原因要求退款时，在交回本票和填制的进账单经银行审核盖章后，根据银行退回给收款单位的收款凭证联编制收款凭证。

3. 银行汇票结算方式及其核算

银行汇票是出票银行签发的，见票时按照实际结算金额无条件支付给收款人或持票人的票据。单位和个人各种款项的结算均可使用银行汇票。银行汇票可以用来转账，也可以用来提取现金。银行汇票的提示付款期为1个月。

采用银行汇票方式时，收款单位应将汇票、解讫通知和进账单送交银行，根据银行退回的进账单和有关的原始凭证编制收款凭证；付款单位应在收到银行签发的银行汇票后，根据“银行汇票申请书（存银联）”编制付款凭证。如有多余款项或因汇票超过付款期等原因而退款时，应根据银行的多余款收账通知编制收款凭证。

4. 商业汇票结算方式及其核算

商业汇票是出票人签发的，委托付款人在指定日期无条件支付确定金额给收款人或持票人的票据。商业汇票是期票，是延期付款的票据。商业汇票分为银行承兑汇票和商业承兑汇票。商业汇票的付款期限最长不超过6个月。收款人或持票人持有未到期的商业汇票可以到银行办理票据贴现来融通资金。

采用商业承兑汇票方式的，收款单位将要到期的商业承兑汇票连同填制的邮划或电划委托收款凭证，一并送银行办理转账，根据银行的收账通知，据以编制收款凭证；付款单位在收到银行的付款通知时，据以编制付款凭证。

采用银行承兑汇票方式的，收款单位将要到期的银行承兑汇票连同填制的邮划或电划委托收款凭证，一并交送银行办理转账，根据银行的收账通知，据以编制收款凭证；付款单位在收到银行的付款通知时，据以编制付款凭证。收款单位将未到期的商业汇票向银行申请贴现时，应按规定填制贴现凭证，连同汇票一并送交银行，根据银行的收账通知，据以编制收款凭证。

5. 汇兑结算方式及其核算

汇兑是汇款人委托银行将其款项支付给收款人的结算方式。单位和个人各种款项的结算均可使用汇兑方式，汇兑方式分为电汇和信汇两种方式，汇款人可自行选择。

采用汇兑结算方式的，收款单位对于汇入的款项，应在收到银行的收账通知时，据以编制付款凭证；付款单位对于汇出的款项，应在向银行办理汇款后，根据汇款回单编制付款凭证。

6. 委托收款结算方式及其核算

委托收款是收款人委托银行向付款人收取款项的结算方式。单位和个人凭已承兑的商业汇票、债券、存单等付款人债务证明办理款项结算，均可使用委托收款方式。委托收款人在同城、异地均可使用。委托收款结算款项的划回方式可分为邮寄和电报两种。

采用委托收款结算方式时，收款单位对于托收款项，根据银行的收账通知，据以编制收款凭证；付款单位在收到银行转来的委托收款凭证后，根据委托收款凭证的付款通知和有关的原始凭证，编制付款凭证。

7. 托收承付结算方式及其核算

托收承付是根据购销合同由收款人发货后，委托银行向异地的付款人收取款项，由付款人向银行承认付款的结算方式。

采用托收承付结算方式时，收款单位对于托收款项，根据银行的收账通知和有关的原始凭证，据以编制收款凭证；付款单位对于承付的款项，应于承付时根据托收承付结算凭证的承付支款通知、有关发票账单等原始凭证，据以编制付款凭证。如拒绝付款，属于全部拒付的，不作账务处理；属于部分拒付的，付款部分按上述规定处理，拒付部分不作账务处理。

8. 信用卡是银行向个人和单位发行的据以向特约单位购物消费和向银行存取现金，且具有消费信用的特制的载体卡片。信用卡按使用对象分为单位卡和个人卡，按信誉等级分为金卡和普通卡。凡在中国境内金融机构开立基本存款账户的单位可申领单位卡。持卡人资格由单位法人或其他委托代理人书面指定和注销。持卡人可持信用卡购物、消费。单位卡不得用于100 000元以上的商品交易、劳务供应款项的交易。单位卡不得提取现金。

在银行开立基本存款账户的单位和个人办理支付结算，应遵守有关法律规定，账户内必须有足够的资金支付。票据和结算凭证是办理支付的结算工具。单位、个人和银行办理支付结算，必须使用中国人民银行统一印制的票据凭证和统一规定的结算凭证。单位和个人办理结算时使用不符合要求的凭证，银行不予受理。

(三)银行存款日记账的设置与登记

银行存款日记账是出纳人员根据有关银行存款的收款凭证、付款凭证，按照经济业务发生的时间顺序，逐日逐笔地记录和反映银行存款的增减变化及其结果的账簿。

银行存款日记账一般采用订本式账簿，使用设有“借方(或收入)”、“贷方(或支出)”、“余额(或结余)”三栏式基本结构的账页。

登记银行存款日记账时，由出纳人员根据有关银行存款的收款凭证、付款作证，分别填写“年、月、日”、“凭证编号”、“摘要”各栏。“结算方式”栏根据所发生的经济业务的结算凭证的种类和编号填写。“借方”栏根据银行存款收款凭证或现金付款凭证合计行金额填写，“贷方”栏根据银行存款付款凭证合计行金额填写，“余额”栏根据借方或贷方金额计算结果填写，其结果表示银行存款的结存数额。期末，应将本单位的银行存款日记账与开户银行转来的对账单进行逐笔核对，以检验企业银行存款日记账的记录是否正确。

(四)银行存款清查的核算

1. 清查概念

为了防止记账差错，掌握银行存款实有数，出纳员应定期对银行存款进行清查，银行存款的清查一般采用核对账目的方法，即将本企业银行存款日记账与银行转来对账单逐笔核对。如果两者余额不符，可能有以下两个原因：一是出现未达账项；二是记账错漏。

2. 未达账项

所谓未达账项，是指企业与银行之间对于同一笔业务一方已经取得结算凭证登记入账，而另一方因未取得结算凭证尚未登记入账的款项。未达账项有以下四种：

(1)企业已记增加，而银行未收到结算凭证尚未登记；

(2)企业已记减少，而银行未收到结算凭证尚未登记；

(3)银行已记增加，而企业未收到结算凭证尚未登记；

(4)银行已记减少，而企业未收到结算凭证尚未登记。

出现任何一种未达账项，都使企业银行存款日记账与银行对账单余额不符。

3. 银行存款余额调节表

由于未达账项的产生是因为企业与银行取得结算凭证的时间不同，造成登记入账的时间差异。因此，对未达账项可以通过编制"银行存款余额调节表"进行调节。

余额调节的方法:计算检验"企业银行存款日记账余额 + 未达账项(3) - 未达账项(4)"是否等于"银行存款对账单余额 + 未达账项(1) - 未达账项(2)"。

【例 2 - 5】某企业 2007 年 9 月 30 日银行存款日记账的余额为 28 000 元，而银行对账单上的存款余额为 30 800 元，经逐笔核对后，发现有以下未达账项。

(1) 企业 9 月 30 日存入转账支票 5 620 元，银行尚未入账。

(2) 企业 9 月 30 日开出一张转账支票 6 520 元，由于持票人尚未到银行办转账手续故银行尚未记账。

(3) 委托银行代收的货款 3 500 元，9 月 30 日银行已经收到登记入账，由于收账通知未送达企业，故企业尚未入账。

(4) 电信局委托银行代收企业应付电话费 1 600 元，9 月 30 日银行已从企业存款中代付，由于付款通知单尚未送达企业，故企业尚未记账。

根据以上资料，企业 2007 年 9 月 30 日编制的"银行存款余额调节表"，如下图所示：

银行存款余额调节表

2007 年 9 月 30 日

项目	金额	项目	金额
企业银行存款日记账余额 加:银行已记增加 减:银行已记减少	28 000 3 500 1 600	银行存款对账单余额 加:企业已记增加 减:企业已记减少	30 800 5 620 6 520
调节后余额	29 900	调节后余额	29 900

经调节后，如果余额仍不相符，则是企业或银行记账错漏，应查明原因，进行错账更正。

四、其他货币资金的核算

(一) 其他货币资金概述

1. 其他货币资金的概念

在小企业的经营活动中，有些货币资金如外埠存款、银行汇票存款、银行本票存款等，因其存放地点和用途与库存现金和银行存款不同，这些货币资金我们称之为"其他货币资金"。

2. 其他货币资金的内容

其他货币资金的内容主要包括外埠存款、银行汇票存款、银行本票存款、信用证保证金存款、信用卡存款、存出投资款等。

(二) 其他货币资金核算

1. 其他货币资金核算账户设置

在会计上设置"其他货币资金"账户，借方登记增加数，贷方登记减少数，期末借方余额反映小企业实际持有的其他货币资金。

在"其他货币资金"总账下，应设置"外埠存款"、"银行汇票"、"银行本票"等明细科目，并按外埠存款的开户银行、银行汇票或本票的收款单位等设置明细账。

2. 其他货币资金的核算

(1)外埠存款

外埠存款，是指小企业到外地进行临时或零星采购时，汇往采购地银行开立采购专户的款项。小企业将款项委托当地银行汇往采购地开立专户时，借记“其他货币资金”科目，贷记“银行存款”科目。收到采购员交来的供应单位发票账单等报销凭证时，借记“在途物资”、“材料”、“库存商品”、“应交税费——应交增值税(进项税额)”等项目，贷记“其他货币资金”科目。将多余的外埠存款转回当地银行时，根据银行的收账通知，借记“银行存款”科目，贷记“其他货币资金”科目。

【例2-6】某小企业(一般纳税企业，增值税税率为17%)到外地某市采购，汇往该市某银行办事处资金80 000元。采购员赴该市采购各种物资共73 000元。采购结束，银行将余款转回采购企业开户银行。作会计分录如下：

① 汇出采购资金时，会计分录如下：

借:其他货币资金——外埠存款　　80 000
　贷:银行存款　　80 000

② 小企业收到采购员交来的发票账单时，会计分录如下：

借:在途物资　　60 590
　应交税费——应交增值税(进项税额)　12 410
　贷:其他货币资金——外埠存款　　73 000

③ 收到银行转账通知，余款已转回，会计分录如下：

借:银行存款　　7 000
　贷:其他货币资金——外埠存款　　7 000

(2)银行汇票存款

银行汇票存款，是指小企业为取得银行汇票按规定存入银行的款项。其会计事项的会计处理如下：

①某小企业在填送“银行汇票申请书”并将款项交存银行，取得银行汇票后，根据银行盖章退回的申请书存根联，会计分录如下：

借:其他货币资金——银行汇票
　贷:银行存款

②某小企业使用银行汇票采购货物后，根据发票账单等有关凭证，会计分录如下：

借:在途物资
　材料
　库存商品
　应交税费——应交增值税(进项税额)
　贷:其他货币资金——银行汇票

③接到银行通知，有多余或因汇票超过付款期等原因而退回款项，根据开户行转来的银行汇票第四联(多余款收账通知)，会计分录如下：

借:银行存款
　贷:其他货币资金——银行汇票

(3)银行本票存款

银行本票存款，是指小企业为取得银行本票按规定存入银行的款项。其会计事项的会计处理如下：

① 某小企业向银行提交“银行本票申请书”并将款项交存银行，取得银行本票后，根据银行盖章退回的申请书存根联，会计分录如下：

借:其他货币资金——银行本票

  贷:银行存款

②某小企业使用银行本票支付货款后，根据发票账单等有关凭证，会计分录如下：

借:在途物资

  材料

  库存商品

  应交税费——应交增值税(进项税额)

  贷:其他货币资金——银行本票

③ 如小企业因本票超过付款期等原因未曾使用而要求银行退款时，应当填制进账单一式两联，连同本票一并送交银行，根据银行盖章退回的进账单第一联，会计分录如下：

借:银行存款

  贷:其他货币资金——银行本票

小企业应加强对其他货币资金的管理，及时办理结算，对于逾期尚未办理结算的银行汇票、银行本票等，应按规定及时转回，借记“银行存款”科目，贷记“其他货币资金”科目上。

(4)信用证保证金存款

信用证保证金是购货方或进货人申请银行开立信用证时，按银行规定交存的一笔保证金。

① 申请银行开立信用证，交纳保证金时：

借:其他货币资金——信用证保证金

  贷:银行存款

② 根据出证行转来的信用证来单通知书，向出证行付款赎单时：

借:材料

  贷:其他货币资金——信用证保证金

    银行存款(押金以外的货款)

(5)信用卡存款

信用卡存款是指小企业为取得信用卡按照规定存入银行的款项。

① 小企业申请领用信用卡并存入资金时：

借:其他货币资金——信用卡

  贷:银行存款

② 用信用卡在特约单位购物或消费时：

借:管理费用

  贷:其他货币资金——信用卡

③ 向信用卡账户中续存资金时：

借:其他货币资金——信用卡

贷:银行存款

(6)存出投资款

存出投资款是指小企业已存入证券公司但尚未进行短期投资的资金。

① 向证券公司划出资金时:

借:其他货币资金——存出投资款

贷:银行存款

② 购买股票或债券时:

借:短期投资

贷:其他货币资金——存出投资款

第三节　应收款项

一、应收款项概述

(一)应收款项概念

应收款项是指小企业因销售产品、提供劳务等发生的应向有关债务人收取的款项。它是流动资产的重要组成部分，主要包括应收票据、应收账款等。

(二)应收款项的内容

应收款项的内容主要包括应收账款、应收票据、预付账款、其他应收款等内容。

二、应收账款的核算

(一)应收账款的概念

应收账款是指小企业在日常经营活动中，由于销售商品、产品或提供劳务，而向购货单位或接受劳务单位收取的款项，包括向客户收取的货款、增值税款和为客户代垫的运杂费。

(二)应收账款的确认与计价

核算应收账款时，必须确定其入账时间和入账价值，即应收账款应于销售收入实现时按销售收入的实际发生额计价入账。进而正确反映应收账款的形成、收入情况，合理地确认、计量坏账损失。

(三)应收账款的核算

1. 应收账款一般业务的核算

(1)应收账款核算账户设置

为了反映应收账款的增减变动及其结存情况，应设置“应收账款”科目，本科目核算小企业因销售商品、产品、提供劳务等，应向购货单位或接受劳务单位收取的款项以及其他各种应收、暂收款项，不单独设置“预收账款”科目的小企业，预收的账款也在本科目核算。该科目借方登记应收款项的增加数，贷方登记应收款项的收回数及确认的坏账损失数。期末借方余额，反映小企业尚未收回的应收款项;期末若为贷方余额，反映小企业预收的款项。本科目应按不同的购货单位或接受劳务的单位及其他应收款的项目分类，并按不同的债务人设置明细账，进行明细核算。

(2)应收账款发生的核算

小企业销售产品或材料等发生应收款项时，应按全部价款(含增值税)借记“应收账款”科目，按实现的销售收入，贷记“主营业务收入”、“其他业务收入”等科目，属于增值税一般纳税人的小企业，还应按专用发票上注明的增值税额，贷记“应交税费——应交增值税(销项税额)”科目。

小企业代购单位垫付包装费、运杂费时，借记“应收账款”科目，贷记“银行存款”等科目。

不单独设置“预收账款”科目的小企业，预收的账款也在本科目核算。

小企业预收购货单位或个人款项时，借记“库存现金”、“银行存款”科目，贷记“应收账款”科目。收入实现时，按实现的收入总额借记“应收账款”科目，贷记“主营业务收入”科目;如需交纳增值税的，还应按收取的增值税贷记“应交税费——应交增值税(销项税额)”科目。

小企业发生除销售商品以外的其他各种应收款项时，借记“应收账款”科目，贷记“其他业务收入”等科目;收回各种款项时，借记“银行存款”等科目，贷记“应收账款”科目。

【例2-7】某小企业采用托收承付结算方式向甲企业销售产品一批，货款30 000元，增值税额5 100元，以银行存款代垫运杂费300元，已办理托收手续。作会计分录如下：

借:应收账款　　35 400

　贷:主营业务收入　　30 000

　　应交税费——应交增值税(销项税额)　　5 100

　　银行存款　　300

(3)应收账款收回的核算

当小企业收回价款及代垫费用时，借记“银行存款”等科目，贷记“应收账款”科目。

【例2-8】接【例2-7】,接到银行收款通知，上述应收甲企业款项已收回入账。作会计分录如下：

借:银行存款　　35 400

　贷:应收账款　　35 400

(4)商业汇票抵付应收账款的核算

如果小企业应收款项改用商业汇票结算，在收到承兑的商业汇票时，按票面价值，借记“应收票据”科目，贷记“应收账款”科目。

【例2-9】假如该小企业应收甲企业销售产品款改用商业汇票结算，收到承兑的商业汇票时，作会计分录如下：

借:应收票据　　35 400

　贷:应收账款　　35 400

2.应收账款在发生折扣与折让情况下的核算

如前所述，应收款项的入账价值包括:小企业销售货物或提供劳务的价款、增值税，以及代购方垫付的包装费、运杂费等。从理论上说，应收账款应按销售收入的实际发生额计价入账，但由于实际业务的复杂性，因此，在确认应收账款项的入账价值时，应当考虑有关的商业折扣和现金折扣因素。

商业折扣与现金折扣目的不同，前者是为了促销而给予的价格扣除，后者是为了买方提前付款而给予的债务扣除，是销售方的一种融资行为；商业折扣与现金折扣两者发生折扣的时间不同，前者是在销售时即已发生，即在商品销售实现时，只要按扣除商业折扣后的净额确认销售收入即可，不需另作会计处理；后者在企业确认商品销售收入实现时还不能确定现金折扣的金额，只能待售后、买后实际付款时，才能确定有无折扣及折扣额的多少。因此，小企业在采用总额法核算时，应收款项及销售收入均按总额入账，若客户在信用期内未付现不能享受现金折扣，则折扣额为当期营业费用款项。

(1)应收账款在发生商业折扣下的核算

商业折扣是销货企业为了鼓励客户多购商品而在商品标价上给予折扣。因此，它是对商品报价进行的折扣，是商品售价的减项。由于商业折扣在销售发生时即已发生，企业只需按扣除商业折扣后的净额确认销售收入和应收账款，其会计处理方法与正常销售相同。

【例2－10】某小企业销售商品一批，售价为20 000元，增值税3 400元。由于该客户为老客户，决定给予10%的商业折扣。

借:应收账款	21 060	
贷:主营业务收入		18 000
应交税费——应交增值税(销项税额)		3 060

(2)应收账款在发生现金折扣下的核算

现金折扣是企业为了鼓励客户提前付货款而向客户提供的债务扣除。这是小企业采用赊销的方式销售商品时发生的一种折扣行为。小企业为了鼓励购货方尽快付款，往往销售合同中规定一个短于信用期限的折扣期限。如果购货方能够在折扣期限内付款，就能得到一定的现金折扣，即可从应支付的货款总额中扣除一定比例的金额；如果按期付款，就应全额付款，没有折扣；超过期限付款，则应追究购货方的违约责任。其会计处理方法有总额法和净额法两种。我国现行会计制度要求用总额法。

【例2－11】小企业于2007年12月10日销售一批商品，增值税发票上注明的售价为40 000元，增值税为6 800元，企业为了及时收回货款在合同中承诺给予购买方如下现金折扣:2/10，1/20，N/30。也就是说，如果购货方能在10天内支付全部货款，就可以从发票金额中扣除2%的现金折扣；若超过10天但未超过20天内付款，按售价给购买方1%的折扣；超过20天但在30天内付款，按全额；超过30天付款，为购货方违约或拖欠(假定现金折扣时不考虑增值税额)。作会计分录如下：

(1)2007年12月10日销售商品时：

借:应收账款	46 800	
贷:主营业务收入		40 000
应交税费——应交增值税(销项税额)		6 800

(2)如果买方在10天内付款时：

借:银行存款	46 000	
财务费用	800	
贷:应收账款		46 800

(3) 如果买方在前 20 天内付款时：

借：银行存款　　46 400

　财务费用　　400

　贷：应收账款　　46 800

(4) 如果买方在 30 天内付款时：

借：银行存款　　46 800

　贷：应收账款　　46 800

三、应收票据的核算

(一) 应收票据的概念、分类及计价

1. 应收票据的概念

应收票据是小企业持有的、尚未到期的商业汇票。

2. 应收票据的分类

商业汇票按承兑人的不同，分为由付款人承兑的商业承兑汇票和由银行承兑的银行承兑汇票。

商业汇票按到期值的不同，又分为带息票据和不带息票据。带息票据是到期时，按票据面额和票面利率收取本息的票据，即其到期值为票据面额。

商业汇票按偿还期限长短，可分为短期应收票据和长期应收票据。目前，我国规定商业汇票付款期最长 6 个月。

3. 应收票据的计价

小企业应在收到开出、承兑的商业汇票时，按应收票据的票面价值入账。但对于带息的应收票据，应于期末按应收票据的票面价值和确定的利率计提利息，计提的利息应增加应收票据的账面余额。

(二) 应收票据的核算

1. 应收票据核算账户的设置

为了反映监督小企业应收票据的取得和回收情况，小企业应设置"应收票据"科目。该科目核算小企业因销售商品、产品、提供劳务等而收到的商业汇票。其借方登记取得的应收票据的面值，贷方登记到期收回票款或到期前向银行贴现的应收票据的面值，余额在借方，反映小企业持有的商业汇票票面价值和应计利息。

2. 应收票据的核算

(1) 不带息应收票据的核算

不带息票据的到期价值等于应收票据的面值。小企业因销售商品、产品、提供劳务等而收到对方开出、承兑的商业汇票，按应收票据的面值，借记"应收票据"科目，按实现的营业收入，贷记"主营业务收入"等科目，属于增值税一般纳税人的小企业，按专用发票上注明的增值税额，贷记"应交税费——应交增值税(销项税额)"科目。应收票据到期收回时，按实际收到的金额，借记"银行存款"科目，按应收票据的账面余额，贷记"应收票据"科目。商业承兑汇票到期，因付款人无力支付票款，小企业收到银行退回的商业承兑汇票、委托收款凭证、未付票款通知书或拒绝付款证明等，按应收票据的账面余额，借记"应收账款"科目，贷记"应

收票据”科目。

【例2-12】某小企业(一般纳税企业)销售一批产品给甲公司，货已发出，货款20 000元，增值税为3 400元。按合同约定3个月以后付款，甲公司交给该小企业一张不带息的3个月到期的商业承兑汇票，面额23 400元。

① 小企业作会计分录如下：

借:应收票据　　23 400

　贷:主营业务收入　　20 000

　　应交税费——应交增值税(销项税额)　　3 400

② 3个月后，应收票据到期，小企业收回款项23 400元，存入银行。作会计分录如下：

借:银行存款　　23 400

　贷:应收票据　　23 400

③ 如果该票据到期，甲公司无能力偿还票款，小企业应将到期票据的票面金额转入“应收账款”科目。作会计分录如下：

借:应收账款　　23 400

　贷:应收票据　　23 400

(2)带息应收票据的核算

小企业收到的带息应收款票据，除按照上述原则进行核算外，期末按应收票据的票面价值和确定的利率计提票据利息，计提的利息增加应收票据的账面余额，借记“应收票据”科目，贷记“财务费用”科目。到期不能收回的带息应收票据，转入“应收账款”科目核算后，期末不再计提利息，其所包含的利息待实际收到时再冲减到当期的财务费用。票据利息的计算公式为：

应收票据利息 = 应收票据票面金额 × 票面利率 × 期限

上式中，“票面利率”一般指年利率；“期限”指签发日至到期日的时间间隔(有效期)。票据的期限，有按月表示和按日表示两种。

票据期限按月表示时，应以到期月份中与出票日相同的那一天为到期日。如3月15日签发的3个月票据，到期日应为6月15日。月末签发的票据，不论月份大小，以到期月份的月末那一天为到期日。与此同时，计算利息使用的利率换成月利率(年利率/12)。

票据期限按日表示时，应从出票日起按实际收到的金额，借记“银行存款”科目；按应收票据的账面余额，贷记“应收票据”科目；按实际收到的金额大于应收票据票面价值的金额，贷记“财务费用”科目。

【例2-13】某小企业(一般纳税企业)2002年9月1日销售一批产品给乙公司，货已发出，专用发票上注明的销售收入为50 000元，增值税税额8 500元。收到乙公司交来的商业承兑汇票一张，期限为6个月，票面利率为5%。小企业作如下会计处理：

① 收到票据时：

借:应收票据　　58 500

　贷:主营业务收入　　50 000

　　应交税费——应交增值税(销项税额)　　8 500

② 年度终了(2002年12月31日)，计提票据利息：

票据利息 = 58 500 × 5% / 12 × 4 = 975（元）

作如下会计处理：

借：应收票据 975

　贷：财务费用 975

③ 票据到期收回款项：

收款金额 = 58 500 ×（1 + 5% / 12 × 6）= 59 962.5（元）

2003 年末计提的票据利息 = 58 500 × 5% / 12 × 2 = 487.5（元）

作如下会计处理：

借：银行存款 59 962.5

　贷：应收票据 59 475

　　财务费用 487.5

（3）应收票据贴现的核算

应收票据贴现是指持票人因急需资金，将未到期的商业汇票背书后转让给银行，银行受理后，从票面金额中扣除按银行的贴现率计算确定的贴现息后，将余额付给贴现企业的业务活动。票据贴现的有关计算公式如下：

贴现息 = 票据到期值 × 贴现率 × 贴现期

贴现期 = 票据期限 - 企业已持有的票据期限

贴现额 = 票据到期值 - 贴现息

小企业持未到期的应收票据向银行贴现时，如为不带息汇票应根据银行盖章退回的贴现凭证第四联收账通知，按实际收到的金额（即减去贴现息后的净额）：

借：银行存款（贴现净额）

　财务费用（贴现息）

　贷：应收票据（账面余额）

如为带息票据申请贴现，按实际收到的金额：

借：银行存款（贴现净额）

　贷：应收票据（账面余额）

　借或贷：财务费用（以上二者差额）

【例 2 - 14】某小企业 6 月 10 日 将出票日为 4 月 10 日、面额 10 万元、出票后 6 个月到期的不带息商业汇票向银行办理贴现，银行规定的贴现率为 10%。

贴现息 = 100 000 × 10% × 4/12 = 3 333.33（元）

贴现净额 100 000 - 3 333.33 = 96 666.67（元）

借：银行存款 96 666.67

　财务费用 3 333.33

　贷：应收票据 100 000

仍如上例，贴现的如为带息票据，票面利率为 8%，其他条件不变。

到期值 = 100 000 ×（1 + 8% × 6/12）= 104 000（元）

贴现息 = 104 000 × 10% × 4/12 = 3 466.67（元）

贴现净额 = 104 000 - 3 466.67 = 100 533.33（元）

借:银行存款　　　　　　　　100 533.33

　贷:应收票据　　　　　　　　100 000.00

　　财务费用　　　　　　　　　　533.33

贴现的商业承兑汇票到期后，因承兑人的银行账户不足支付，申请贴现的企业收到银行退回的应收票据、付款通知和拒绝付款理由或付款人未付票据款通知书时，按所付金额，借记“应收账款”科目，贷记“银行存款”科目；如果申请贴现企业的银行存款账户余额不足，银行作逾期贷款处理时，应按转作贷款的金额，借记“应收账款”科目，贷记“短期借款”科目。

为加强管理，小企业应当设置“应收票据备查簿”，逐笔登记每一应收票据的种类、号数和出票日期、票面金额、交易合同号和付款人、承兑人、背书人的姓名或单位名称、到期日、背书转让日、贴现日期、贴现率和贴现净额、未计提的利息，以及收款日期和收回金额、退票情况等资料，应收票据到期结清票款或者退票后，应当在备查簿内逐笔注销。

四、应收股息、预付及其他应收款

(一)应收股息

1. 应收股息的概念和内容

应收股息是指小企业对外进行投资时，当受资企业宣布分配现金股利或债券利息时，小企业根据自己的在受资企业的投资比例计算应收取的部分。

小企业的应收股息包括股权投资应收取的股利和债权投资应收取的利息。

2. 应收股息核算账户设置

小企业为应收股息设置“应收股息”账户，用来核算股息的计量及收回。该账户借方登记收取的股息，贷方登记已收回的股息，期末如有余额应在借方，表示已宣布发放尚未收回的股息。

3. 应收股息的核算

(1)短期投资应收股息的核算

当被投资企业宣告发放股利或计算利息时：

借:应收股息

　贷:短期投资

(2)长期股权投资下股息的核算

在成本法下，股权持有期间，被投资单位宣告发放的现金股利或利润，投资企业按应享有的部分，确认投资收益：

借:应收股息

　贷:投资收益

在权益法下，股权持有期间，企业应于每个会计期末，按照应享有或应分担的被投资单位当年实现的净利润或净亏损的份额，调整长期股权投资的账面余额。

宣告分配现金股利时：

借:应收股息

　贷:长期股权投资——股票投资

收取现金股利时：

借:银行存款

贷:应收股息

(3)长期债权投资下的利息核算

借:应收股息

贷:投资收益——债券利息收益

借:银行存款

贷:应收股息

(二)预付账款的核算

1. 预付账款的概念

预付账款是指小企业在商品交易中按双方合同约定预先支付的部分货款。

2. 小企业预付款的核算方式

对经常有预付账款业务的小企业应设置"预付账款"账户进行核算,其借方登记按合同约定预付的购货款,其贷方登记收到货物后按价款结转的金额。为反映详细情况,在"预付账款"总账账户下,可按供货单位设置明细账,进行明细核算。

3. 小企业预付账款的核算

【例2-15】甲企业从乙企业购入商品一批,价款30 000元,增值税款5 100元。双方约定甲公司预付40%的价款,待收到货后再补付余下的货款。

(1)预付货款时

借:预付账款——乙公司	12 000	
贷:银行存款		12 000

(2)收到货物时

借:库存商品	30 000	
应交税费——应交增值税(进项税额)	5 100	
贷:预付账款——乙公司		35 100

(3)补付货款时

借:预付账款——乙公司	23 100	
贷:银行存款		23 100

(三)其他应收款的核算

1. 其他应收款的概念及内容

其他应收款是指小企业因销售商品、材料、提供劳务等以外的其他非营业活动而引起的应收、暂付款项。

其他应收款科目核算小企业除应收票据、应收账款、应收利息以外的其他各种应收、暂付款项,包括不设置"备用金"科目的小企业拨出的备用金,应收的各种赔款、罚款,应向职工收取的各种垫付款项,其他各种应收暂付款项等。

2. 其他应收款核算账户设置

小企业应设置"其他应收款"账户,其借方反映小企业应收取的各种款项,贷方反映企业已收取的款项,期末余额在借方,表示应收而未收到的款项。在此总账账户下,同样应设置明细账户，进行明细核算。

3. 其他应收款的核算

（1）备用金的会计处理

备用金是指为了满足小企业内部各部门和职工个人生产经营活动的需要，而暂付给有关部门和人员使用的备用现金。

为了反映和监督备用金的领用和使用情况，应在“其他应收款”科目下设置“备用金”二级科目，借方登记备用金的领用数额，贷方登记备用金的使用数额，余额在借方，表示暂付周转使用的备用金数额。

【例2－16】某小企业生产车间核定的备用金定额为2 000元，以现金拨付。作会计分录如下：

借：其他应收款——备用金　　2 000

　贷：库存现金　　2 000

（2）备用金以外的其他应收款的核算

小企业发生备用金以外的其他应收款时，借记“其他应收款”科目，贷记“现金”、“银行存款”、“营业外收入”等科目；收回备用金以外的其他应收款，借记“现金”、“银行存款”、“应付工资”等科目，贷记“其他应收款”科目。

【例2－17】某小企业销售部门张平外出预借差旅费600元，以现金付讫。作会计分录如下：

借：其他应收款——张平　　600

　贷：库存现金　　600

【例2－18】张平出差回来，报销500元，退回现金100元。作会计分录如下：

借：管理费用　　500

　库存现金　　100

　贷：其他应收款——张平　　600

【例2－19】某小企业以银行存款代职工赵芳垫付应由个人负担的医药费500元，拟从其工资中扣回。垫支时，作会计分录如下：

借：其他应收款——赵芳　　500

　贷：银行存款　　500

扣款时，作会计分录如下：

借：应付职工薪酬　　500

　贷：其他应收款——赵芳　　500

【例2－20】某小企业租入包装物一批，以银行存款向出租方支付押金3 000元。作会计分录如下：

借：其他应收款——存出保证金　　3 000

　贷：银行存款　　3 000

五、坏账的核算

（一）坏账、坏账损失的概念及确认

1. 坏账及坏账损失的概念

坏账是指企业无法收回或收回的可能性极小的应收款项。由于发生坏账而遭受的损失，

称为坏账损失。

2. 坏账的确认条件

在市场经济条件下，由于广泛采用商业信用，企业在赊销产品或提供劳务时，可能会因顾客没有能力或不愿支付，具体是购货人拒付、破产、死亡等原因而导致应收款无法收回的款项，在会计上称为坏账。由于发生坏账而造成的损失称为坏账损失。

符合下列条件之一者，可以确认为坏账：

(1)因债务人破产或死亡，以其破产财产或遗产偿债后，确实不能收回的应收款项；

(2)因债务人逾期未履行偿还债义务超过3年，经核查确实无法收回的应收款项。

(二)坏账损失的核算方法

1. 坏账准备的计提

坏账损失的核算方法为备抵法。备抵法是指按期估计坏账损失，形成坏账准备，当某一应收款项全部或部分被确认为坏账时，应根据其金额冲减坏账准备，同时转销相应的应收款项金额的一种核算方法。

采用备抵法，小企业需设置“坏账准备”科目，贷方登记每期预提取的坏账准备数额，借方登记实际发生的坏账准备数额，余额在贷方，反映小企业已提取的坏账准备。

小企业应当定期或者至少于每年年度终了，对应收款项进行检查，预计各项应收款项可能发生的坏账，对于没有把握能够收回的应收款项，计提有关的坏账准备。当期应计提的坏账准备应按如下的公式计算：

当期应计提的坏账准备 = 当期按应收款项计算应提坏账准备金额 -(或+)“坏账准备”的贷方(或借方)余额

2. 坏账损失的核算

当期按应收款项计算应提坏账准备金额大于“坏账准备”科目的贷方余额，应按其差额提取坏账准备；如果当期按应收款项计算应提坏账准备金额小于“坏账准备”科目的贷方余额，应按其差额冲减已计提的坏账准备；如果当期按应收款项计算应提取的坏账准备金额为零，应将“坏账准备”科目的余额全部冲回。

小企业提取坏账准备时，借记“管理费用”科目，贷记“坏账准备”科目。本期应提取的坏账准备大于其账面余额的，应按其差额提取，应提数小于其账面余额的差额，应借记“坏账准备”科目，贷记“管理费用”科目。

对于确实无法收回的应收款项，经批准作为坏账损失时，应冲销提取的坏账准备，借记“坏账准备”科目，贷记“应收账款”或“其他应收款”科目；已确认并转销的坏账损失，如果以后又收回，应按实际收回的金额，借记“应收账款”、“其他应收款”等科目，贷记“坏账准备”科目。

同时，借记“银行存款”科目，贷记“应收账款”、“其他应收款”等科目。

坏账损失的具体核算方法主要是应收款项余额百分比法、账龄分析法、销货百分比法和个别认定法等(本节只介绍前三种方法)。

(1)应收款项余额百分比法。应收款项余额百分比法，是根据会计期末应收款项的余额和估计的坏账率，计提坏账准备的方法。

【例2-21】某小企业从2003年开始计提坏账准备。2003年末应收款项余额为1 200 000

元，该企业坏账准备的提取比例为5‰。则计提的坏账准备为：

坏账准备提取额 = 1 200 000 × 5‰ = 6 000 元

作会计分录如下：

借：管理费用　　6 000

　贷：坏账准备　　6 000

2004 年 11 月，企业发现有 1 600 元的应收款项无法收回，按有关规定确认为坏账损失。作会计分录如下：

借：坏账准备　　1 600

　贷：应收账款　　1 600

2004 年 12 月 31 日，该小企业应收款项余额为 1 440 000 元。按本年年末应收款项余额应保持的坏账准备金额为：

1 440 000 × 5‰ = 7 200 元

年末计提坏账准备前，"坏账准备"科目的贷方余额为：

6 000 - 1 600 = 4 400（元）

本年度应补提坏账准备金额为：

7 200 - 4 400 = 2 800（元）

作会计分录如下：

借：管理费用　　2 800

　贷：坏账准备　　2 800

2005 年 5 月 20 日，接银行通知，企业上年度已冲销的 1 600 元坏账又收回，款项已存入银行。作会计分录如下：

借：应收账款　　1 600

　贷：坏账准备　　1 600

借：银行存款　　1 600

　贷：应收账款　　1 600

2005 年 12 月 31 日，小企业应收款项余额为 1 000 000 元。本年末坏账余额应为：

1 000 000 × 5‰ = 5 000（元）

至年末，计提坏账准备前的"坏账准备"科目的贷方余额为：

7 200 + 1 600 = 8 800 元

本年度应冲销多提的坏账准备金额为：

8 800 - 5 000 = 3 800 元

作会计分录如下：

借：坏账准备　　3 800

　贷：管理费用　　3 800

（2）账龄分析法。账龄分析法，是根据应收款项账龄的长短来估计坏账的方法。账龄指的是顾客所欠账款的时间。应收款项被拖欠的时间越长，收回的可能性越小，发生坏账的可能性越大。采用这种方法，企业利用账龄分析表所提供的信息，确定坏账准备金额。确定的方法按各类账龄分别估计其可能成为坏账的部分。

【例 2 - 22】某小企业 2002 年末应收款项账龄及估计坏账损失如表 2 - 1 所示。

表 2 - 1

应收款项账龄	应收款项金额	估计损失(%)	估计损失金额
未到期	70 000	0.5	350
过期 1 个月	50 000	1	500
过期 2 个月	40 000	2	800
过期 3 个月	30 000	3	900
过期 3 个月以上	20 000	5	1 000
合计	210 000		3 550

如上表所示，该小企业 2002 年 12 月 31 日估计的坏账损失为 3 550 元，所以“坏账准备”科目的账面余额为 3 550 元。

假设在估计坏账损失前，“坏账准备”科目有贷方余额 2 000 元，则该企业还应计提 1 550 元(3 550 - 2 000)，作会计分录如下：

借：管理费用　　　　　　　　　　1 550

　　贷：坏账准备　　　　　　　　　　　　1 550

再假设在估计坏账准备损失前，“坏账准备”科目有贷方余额 4 000 元，则该企业应冲减 450 元(4 000 - 3 550)。作会计分录如下：

借：坏账准备　　　　　　　　　　450

　　贷：管理费用　　　　　　　　　　　　450

(3)销货百分比法。销货百分比法，是以赊销金额的一定百分比作为估计坏账的方法。小企业可以根据过去的经验和有关资料，估计坏账损失与赊销金额之间的比率，也可以用其他更合理的方法进行估计。

需要注意的是，小企业持有的应收票据不得计提坏账准备，待到期不能收回转入应收账款后，再按规定计提坏账准备。但是，如有确凿证据表明企业持有的未到期应收票据不能收回或收回的可能性不大时，应将其账面余额转入应收账款，并计提相应的坏账准备。

第四节　存货

一、存货概述

(一)存货的概念

存货是指企业在日常生产经营过程中持有的以备出售，或者仍然处在生产过程，或者在生产或提供劳务过程中将消耗的材料或物料等，包括小企业库存的各种外购原材料、包装物、自制产成品、半成品、低值易耗品，用于设备维修、劳动保护、办公等方面的材料物品以及存放在外或存放在其他仓库属于小企业拥有的商品等。

已经完成销售手续，但购买单位在月末尚未提取库存存货，不属于存货的范围。

(二)存货的分类

为了做好存货的核算工作，加强存货管理，提供有用的会计信息，需要对存货进行适当的分类。

1. 存货按其经济内容分类

(1)材料，是指小企业用于生产产品并构成产品实体的外购物品，以及外购的供给企业生产耗用但不构成产品实体的辅助材料，包括原料及主要材料、辅助材料、外购半成品、修理用配件、燃料和物料等。

(2)低值易耗品，是指单位价值在规定限额以下，或使用年限在1年以下的，由于价值低、易损耗等原因而不能作为固定资产核算的各种用具、物品。

(3)包装物，是指为了包装本企业的产品而储存的各种包装容器，如桶、箱、瓶、坛等。

(4)库存商品，是指小企业已经完成全部生产过程并已验收合格入库，可以对外销售的产品。

(5)在产品，是指在本企业尚未加工完成、需要进一步加工的在制品。

(6)自制半成品，是指在本企业已完成一定生产过程的加工任务，已验收合格入库，但需要进一步加工的中间产品。

2. 存货按其存放地点分类

(1)库存存货，是指已验收合格并入库的各种存货。

(2)在途存货，是指货款已经支付，但尚未运达企业，正在运输途中的存货，以及已经运达企业但尚未验收入库的存货。

(3)委托加工存货，是指企业已经发出委托代为加工的存货。

3. 存货按其取得来源分类

(1)自制存货:是指企业自己制造的并验收入库的各种存货。

(2)外购存货，是指企业从外部购买的并验收入库的各种存货。

(三)存货的计价

1. 取得存货的计价

《小企业会计制度》规定，存货在取得时，按照实际成本入账，存货实际成本的计量因其来源不同而有所不同。

(1)外购存货

外购存货实际成本包括下列各项：

①买价指进货发票所注明的货款金额；

②运杂费包括运输费、装卸费、保险费、包装费、仓储费等，不包括属于增值税一般纳税人的小企业按规定根据运输费的一定比例计算的可抵扣的增值税额；

③运输途中的合理损耗；

④入库前的挑选整理费(包括挑选整理中发生的人工、费用支出和必要的损耗，并减去回收下脚废料价值)；

⑤购入物资负担的税金(如关税等)；

⑥其他费用(如大宗物资的市内运杂费)。

属于增值税一般纳税人的小企业，购入材料需交纳的增值税进项税额，应单独核算，不包括在购入材料成本中。小规模纳税人和购入材料不能取得增值税专用发票的小企业，购入材料支付的不可抵扣的增值税进项税额，计入所购材料的成本。

以上第①项应当直接计入各种材料的实际成本，第②、③、④、⑤、⑥项，凡能分清的，可以直接计入各种材料的实际成本;不能分清的，应按材料的重量或买价的比例，合理分摊计入各种材料的实际成本。

(2) 自制的存货

实际成本包括制造过程中所耗用的原材料、工资和有关费用等实际支出。

(3)委托加工存货

实际成本包括实际耗用的原材料或者半成品以及加工费、运输费、装卸费和保险费等费用以及按规定应计入成本的税金。

(4)投资者投入的存货

按照投资各方确认的价值作为实际成本。

2. 发出存货的计价

小企业的存货在生产经营中始终处于流动状态，即原有存货不断流出，新的存货又不断流入。这样出现存货价值在已销存货和库存存货之间进行分配。因此，企业应当根据各类存货的实际情况，确定发出存货的实际成本。可采用的方法有先进先出法、加权平均法和个别计价法。

(1)先进先出法

它是指先收到的存货先发出，或先收到的存货先耗用，并根据此假定计算发出存货的成本和期末库存存货成本的方法。具体方法是:收入存货时，逐笔登记收入存货的数量、单价和金额;发出存货时，按照先进先出的原则逐笔登记存货的发出成本和结存金额。

【例 2 - 23】某工业小企业采用先进先出法计算发出材料的实际成本。该小企业 12 月 1 日甲材料的结存数量为 200 吨，账面实际成本为 40 000 元;12 月 6 日购进该材料 300 吨，单价为 180 元;12 月份 13 日发生该材料费 300 吨，12 月 29 日发出该材料 100 吨。按先进先出法计算甲材料发出和结存成本见下表:

材料明细表

数量单位:吨

材料名称:甲材料

金额单位:元

年		凭证号	摘要	收入			发出			结存		
月	日			数量	单价	金额	数量	单价	金额	数量	单价	金额
12	1		期初余额							200	200	40 000
	6		购进材料	300	180	54 000				200	200	40 000
										300	180	54 000
	13		发出材料				200	200	40 000	200	180	36 000
							100	180	18 000			
	16		购进材料	500	200	100000				100	180	18 000
										500	200	100 000
	20		发出材料				100	180	18 000	300	200	60 000
							200	200	40 000			
	29		发出材料				100	200	20 000	200	200	40 000
	31		本月合计	800		154 000	800		154 000	200	200	40 000

先进先出法可以随时结出存货发出成本，但本方法较繁琐;如果存货发出业务较多、且存货单价不稳定时，其工作量较大。在物价持续上升时，期末存货成本接近于市价，而发出成本偏低，利润偏高。

(2)加权平均法

它是根据期初结存存货和本期收入存货的数量和实际成本，期末一次计算存货的本月加权平均单价，作为计算本期发出存货成本和期末库存存货成本的单价，以求得本期发出存货成本和期末库存存货成本的方法。其计算公式如下：

$$\text{加权平均单位成本} = \frac{\text{期初结存存货实际成本} + \text{本期收入存货实际成本}}{\text{期初结存存货数量} + \text{本期收入存货数量}}$$

本期发出存货实际成本 = 本期发出存货数量 × 加权平均单位成本

期末结存存货实际成本 = 期末结存存货数量 × 加权平均单位成本

【例 2－24】以【例 2－23】资料为例，按加权平均法计算甲材料发出和结存成本见下表。

存货明细账

材料名称：甲材料

数量单位：吨

金额单位：元

年		凭证号	摘要	收入			发出			结存		
月	日			数量	单价	金额	数量	单价	金额	数量	单价	金额
12	1		期初结存							200	200	40 000
	6		购进材料	300	180	54 000				500		
	13		发出材料				400			100		
	16		购进材料	500	200	100 000				600		
	20		发出材料				300			300		
	29		发出材料				100			200		
	31		结转发出材料成本						155 200	200	194	38 800
			本月合计	800		154 000	800	194	155 200	200	194	38 800

加权平均法较上述两种方法简单，有利于简化成本计算工作，但不利于存货成本的日常管理与控制。《小企业会计制度》规定，发出存货的实际成本，原则上应按加权平均法计算确定。

（3）个别计价法

这种方法是以每批存货的实际单位成本作为该批存货发出的单价来计算发出存货的成本。这种方法一般适用于能够明显区分的大件贵重商品。

3. 存货期末计价

（1）期末存货的计价原则和意义

《小企业会计制度》规定，企业的存货应当按期末时成本与可变现净值孰低计量，对可变现净值低于其成本的部分，提取存货跌价准备。

（2）期末存货的计价方法

成本与可变现净值孰低法是指对期末存货按照成本与可变现净值两者之中较低者计价的方法。当成本低于可变现净值时，期末存货按成本计价；当可变现净值低于成本时，期末存入计价按可变现净值计价。成本是指存货的历史成本；可变现净值是指小企业在正常生产经营过程中，以存货的估计售价减去至完工估计将要发生的成本、估计的销售费用以及相关税金后的余额。

可变现净值 = 估计售价 - 估计完工成本 - 销售所必须的估计费用

当存在下列情况之一时，表明存货发生减值，期末存货应按可变现净值计价，并且提取存货跌价准备：

①市价持续下跌，并且在可预见的未来无回升的希望。

②企业使用该材料生产的产品的成本大于产品的销售价格。

③因产品更新换代，原有库存材料或商品已不适应新产品的需要，而相关材料或商品的市场价格又低于其账面成本。

④因所提供的商品或劳务过时或消费者偏好改变而使市场的需求发生变化，导致市场价格逐渐下跌。

⑤其他足以证明有关存货实际上发生减值的情况。

(3)期末存货跌价损失的核算

为了使存货的价值能在资产负债表中得到正确反映，小企业应当定期或者每年年度终了，对存货进行全面检查，如由于灾难遭受毁损、全部或部分陈旧过时或销售价格低于成本等原因，使存货可变现净值低于其成本的部分，应当提取存货跌价准备，并设置“存货跌价准备”科目。核算提取的存货跌价准备金。该科目借方反映冲销的存货跌价准备金，贷方反映提取的存货跌价准备金，期末余额在贷方，反映小企业已提取的存货跌价准备。

①成本低于或等于可变现净值。如果期末存货的成本低于或等于可变现净值，则应提取的跌价准备数值为零，不需作财务处理。

②可变现净值低于成本。如果期末存货成本高于可变现净值，则必须在当期确认存货跌价损失，并进行有关的财务处理。具体做法是：期末，比较成本与可变现净值，据以计算出应计提的准备数额，然后与“存货跌价准备”科目的余额已提数进行比较，若应提数大于已提数，应予补提，借记“管理费用——计提的存货跌价准备”科目，贷记“存货跌价准备”科目；若应计提数小于已提数，冲销部分已提数，借记“存货跌价准备”科目，贷记“管理费用——计提的存货跌价准备”科目；如已计提跌价准备的存货，其价值以后得以恢复，应按恢复增加的数额转回已计提的存货跌价准备，借记“存货跌价准备”科目，贷记“管理费用 ——计提的存货跌价准备”科目。

【例 2 - 25】某小企业采用“成本与可变现净值孰低法”对期末存货进行计价。2002 年“存货跌价准备”科目的贷方余额为 500 元，2003 年存货的成本为 3 500 元，可变现净值为 1 500 元，2004 存货的成本为 1 000 元，可变现净值为 900 元，2005 年存货的成本为 1 200 元，可变现净值为 1 600 元。根据该项经济业务，作会计分录如下：

(1)2003 年末计提存货跌价准备时，会计分录如下：

2003 年应计提存货跌价准备 = (3 500 - 1 500) - 500 = 1 500(元)

借：管理费用——计提的存货跌价准备　　1 500

　贷：存货跌价准备　　　　　　　　　　　　1 500

(2) 2004 年末计提存货跌价准备时，因 2004 年存货的成本高于可变现净值 100 元，应冲减已计提的存货跌价准备 1 900 元(2 000 - 100)。会计分录如下：

借：存货跌价准备　　　　　　　　　　1 900

贷:管理费用——计提的存货跌价准备　　　　1 900

2005 年末由于成本已低于可变现净值，故应将计提的存货跌价准备全部转回，会计分录如下：

借:存货跌价准备　　　　100

贷:管理费用——计提的存货跌价准备　　　　100

2005 年末，“存货跌价准备”科目余额为“零”。

二、材料

小企业进行存货的日常会计处理时，主要采用实际成本法和计划成本法等方法。

(一)材料按实际成本法计价的核算

1. 材料的概念及内容

材料是小企业为了进行正常的生产经营而储存的各种原材料。主要包括原材料及主要材料辅助材料、外购半成品、修理用备件、燃料等。

2. 核算的账户设置

为了总括反映小企业材料的收入、发出和结存情况，小企业应设置“原材料”总账科目。

该科目核算小企业库存的各种材料，包括原料及主要材料、辅助材料、外购半成品(外购件)、修理用备件(备品备件)、包装材料、燃料等的实际成本。“原材料”账户借方登记入库材料的实际成本，贷方登记发出材料的实际成本，期末借方余额反映小企业各处材料的实际成本。

3 . 材料取得的核算

(1) 材料购进的核算

小企业外购材料时，由于结算方式和采购地方不同，材料入库和货款的支付在时间上不完全一致，应根据不同情况做出如下的会计处理。①对于发票账单与材料同时到达的采购业务，如按规定不能抵扣销项税额的(一般指小规模纳税企业)，按全部成本(包括专用发票上注明的增值税额)借记“原材料”科目，贷记“现金”、“银行存款”、“应付账款”等科目；如按规定可以抵扣增值税销项税额的(一般指一般纳税企业)，应按专用发票上注明的增值税额，借记“应交税费——应交增值税(进项税额)”，按专用发票上注明的应计入商品成本的金额，借记“原材料”科目，按应支付或实际支付的金额，贷记“现金”、“银行存款”、“应付账款”等科目。

②如果已经付款，但材料尚未验收入库的采购业务，应单独设置“在途物资”科目。该科目核算小企业已付货款但尚未运抵验收入库的材料或商品的成本。该科目的借方登记已经付款，但材料尚未到达或验收入库的存货的实际成本；贷方登记验收入库的材料的实际成本。期末余额在借方，反映小企业购入但尚未运抵的材料或商品的实际成本。发生此项经济业务时，应根据发票账单等结算凭证，借记“在途物资”、“应交税费——应交增值税(进项税额)”科目，贷记“银行存款 ”等科目；待购入的材料、商品等运抵企业并验收入库后，再根据有关原始凭证，借记“原材料”科目，贷记“在途物资”科目。

③如果材料先到达，有关结算凭证未到，应于月末按材料的暂估价入账，借记“原材料”科目，贷记“应付账款——暂估应付材料款”科目，下月初用红字冲回。待实际结算凭证到达

时，借记“原材料”、“应交税费——应交增值税(进项税额)”科目，贷记“银行存款”等科目。

【例2-26】宏大公司(为小企业)为一般纳税企业，购入原材料5 000千克，每千克2元，总价款为10 000元，增值税额为1 700元，已通过银行存款支付，材料已验收入库。根据该项经济业务，作会计分录如下：

借:原材料　　10 000
　应交税费——应交增值税(进项税额)　　1 700
　贷:银行存款　　11 700

【例2-27】若上述款项已付，但材料尚未收到。作会计分录如下：

借:在途物资　　10 000
　应交税费——应交增值税(进项税额)　　1 700
　贷:银行存款　　11 700

当材料收到并验收入库后，作会计分录如下：

借:原材料　　10 000
　贷:在途物资　　10 000

【例2-28】宏大公司购入材料6 000千克，每千克1.2元，总价款为72 000元，增值税为12 240元，款项暂欠，存货已验收入库。根据该项经济业务，作会计分录如下：

借:原材料　　72 000
　应交税费——应交增值税(进项税额)　　12 240
　贷:应付账款　　84 240

【例2-29】假设上例存货已验收入库，但结算凭证尚未收到，货款未付。月末，按照估计价70 000元作会计分录如下：

借:原材料　　70 000
　贷:应付账款——暂估应付材料款　　70 000

下月初，将该笔会计分录用红字冲回。在收到结算凭证并付款后，作会计分录如下：

借:原材料　　72 000
　应交税费——应交增值税(进项税额)　　12 240
　贷:银行存款　　84 240

(2)自制材料的核算。小企业自制并已验收入库的材料，按生产过程中发生的实际成本，借记“原材料”科目，贷记“生产成本”科目。

(3)投资者投入材料的核算。

投资者投入的材料，按投资各方确认的价值或合同协议约定的价格，借记“原材料”科目，属于增值税一般纳税人的小企业，应按专用发票上注明的增值税额，借记“应交税费——应交增值税(进项税额)”科目，贷记“实收资本”科目。

【例2-30】宏大公司接受外单位以甲材料作为投入资本，双方确认的价值为60 000元，已办妥有关手续。根据该项经济业务，作会计分录如下：

借:原材料　　60 000
　贷:实收资本　　60 000

4.发出材料的核算

材料发出主要包括材料的领用和销售。

(1)材料领用的核算。材料的领用是指将材料用于生产、加工或用于其他方面等的损耗。在会计核算上，领用的材料根据其用途可作如下不同的会计处理:小企业生产中领用材料，按实际成本，借记“生产成本”、“制造费用”等科目，贷记“原材料”科目;小企业经营中领用存货，借记“营业费用”、“管理费用”科目，贷记“原材料”科目。

材料发出和出售的核算。由于小企业材料的日常领发业务频繁，为了简化日常核算工作，平时一般只登记材料明细账，反映各种材料的收发和结存金额，月末根据实际成本计的发料凭证，按领用部门和用途，汇总编制“发料凭证汇总表”，据以登记总分账，进行材料发出的总分类核算。

小企业生产经营过程中领用材料，按实际成本借记“生产成本”、“制造费用”、“管理费用”等科目，贷记“原材料”科目。发出材料实际成本的确定，可以由小企业从上述先进先出法、加权平均法、移动平均法、个别计价法等方法中选择，对不同的材料可以采用不同的计价方法。

小企业内部基建工程领用的材料，按原材料的对外销售收入或组成计税价格加上不予抵扣的增值税额等，借记“在建工程”科目，按原材料的对外销售收入或组成计税价格，贷记“其他业务收入”科目，按不予抵扣的增值税额，贷记“应交税费——应交增值税(进项税额转出)”等科目。

(2)材料出售的核算

小企业出售材料，按已收或应收的价款，借记“银行存款”等科目，按实现的销售收入，贷记“其他业务收入”等科目，按应交的增值税额，贷记“应交税费——应交增值税(销项税额)”科目;月度终了，按出售材料的实际成本，借记“其他业务支出”科目，贷记“材料”科目。

【例2-31】根据“发料凭证汇总表”的记录，宏大公司6月份生产车间领用甲材料600 000元，车间管理部门领用甲材料3 000元，行政管理部门领用甲材料4 000元，计607 000元。

借:生产成本　　600 000
　　制造费用　　3 000
　　管理费用　　4 000
　贷:原材料——甲材料　　607 000

(二)材料按计划成本法计价的核算

1. 账户设置

(1)原材料

和实际成本计价核算相同，小企业应设置“原材料”账户进行总分类核算。但两者不同之处在于，在计划成本核算时，“原材料”账户反映的是材料的收、发、存的计划成本。该账户借方反映企业取得材料的计划成本，贷方结转发出材料的计划成本，期末余额在借方，反映期末结存材料的计划成本。

(2)材料采购

“材料采购”科目是用来核算小企业购入材料、商品等的采购成本。该科目借方反映付款的外购材料的实际成本和结转已验收入库实际成本低于计划成本的节约差异;贷方反映已付款并验收入库材料的计划成本和结转实际成本大于计划成本的超支差异;期末余额在借方，反映已付款的在途物资的实际成本。

(3)材料成本差异

"材料成本差异"科目核算各种材料计划成本和实际成本的差异，以及调整发出材料应负担的成本差异;该科目借方反映验收入库材料的超支差异，贷方反映入库材料的节约差异及发出材料应负担的成本差异，超支差异用蓝字，节约差异用红字。期末借方(或贷方)余额反映库存材料负担的超支(或节约)差异。

2. 材料收发的核算

(1)材料收入的核算

当材料入库和货款支付在时间上不一致时应视不同情况作如下处理：

①结算凭证等单据已到，货款已付，材料已验收入库。此种情况应根据银行结算凭证、发票账单等按实际成本和进项税额，借记"材料采购"、"应交税费——应交增值税(进项税额)"等科目，贷记"银行存款"、"应付账款"等科目，并根据收货单按计划成本，借记"材料"科目，贷记"材料采购"科目。

②结算凭证单据已到，货款已付，材料尚未验收入库。支付货款时根据结算凭证借记"材料采购"、"应交税费——应交增值税(进项税额)"等科目，贷记"银行存款"科目。月内货物验收入库，再根据收料单据以计划成本借记"原材料"科目，贷记"材料采购"科目。如果月末货物还未入库，其实际成本仍保留在"材料采购"科目。

③货款未付，而材料已到，并验收入库。企业应于月末按计划成本暂估入账。入账时，借记"原材料"科目，贷记"应付账款——暂估应付账款"科目，下月初，用红字作相同分录冲回。

【例 2－32】某小企业为一般纳税人，当月发生材料采购业务如下：

①5 日，购入甲材料一批，货款 100 000 元，增值税 17 000 元，发票账单已收到，计划成本为 95 000 元，已验收入库，全部款项以银行存款支付。作会计分录如下：

借:材料采购　　　　　　　　　　　100 000
　应交税费——应交增值税(进项税额)17 000
　贷:银行存款　　　　　　　　　　　　　117 000

②8 日，购入乙材料一批，货款 12 000 元，增值税款 2 040 元，发票账单已收到。计划成本 15 000 元，材料尚未入库，作会计分录如下：

借:材料采购　　　　　　　　　　　12 000
　应交税费——应交增值税(进项税额)　2 040
　贷:银行存款　　　　　　　　　　　　　14 040

③17 日，采用商业承兑汇票支付方式购入丙材料一批，货款 80 000 元，增值税 13 600 元，发票账单已收到。计划成本 76 000 元，材料已验收入库。已开出、承兑商业汇票，双方商定付款期限为 3 个月。作会计分录如下：

借:材料采购　　　　　　　　　　　80 000
　应交税费——应交增值税(进项税额) 13 600
　贷:应付票据　　　　　　　　　　　　　93 600

④26 日，购入丁材料一批，材料已经运到，并已验收入库，但发票等结算凭证尚未收到，

货款尚未支付。该批材料的计划成本为30 000元，月末按计划成本估计入账。作会计分录如下：

借：原材料　　30 000

　贷：应付账款——暂估应付账款　　30 000

下月初用红字将上述分录冲回。作会计分录如下：

借：原材料　　[30 000]

　贷：应付账款——暂估应付账款　　[30 000]

待收到有关发票等结算凭证并支付货款时，再按正常程序记账。该小企业购进丁材料货款40 000元，增值税6 800元。作会计分录如下：

借：材料采购　　40 000

　应交税费——应交增值税（进项税额）　　6 800

　贷：银行存款　　46 800

月末，汇总本月已经付款或已开出、承兑的商业汇票，购进并入库的材料成本计划成本。

计划总成本 = 95 000 + 76 000 = 171 000（元）

作会计分录如下：

借：原材料——甲材料　　95 000

　　　　——丙材料　　76 000

　贷：材料采购　　171 000

月末，结转本月已经付款或已开出、承兑的商业汇票购进并入库的材料成本差异，其实际成本为180 000元（100 000 + 80 000），则：

材料成本差异（超支额）= 180 000 − 171 000 = 9 000（元）

作会计分录如下：

借：材料成本差异　　9 000

　贷：材料采购　　9 000

（2）材料发出的核算

在计划成本法下，发出材料应按用途、发出数量及计划单价计算发出材料的计划成本，同时将实际成本与计划成本的差额通过“材料成本差异”科目核算，月末再计算发出材料应分摊的成本差异，将发出材料由计划成本调整为实际成本。材料成本差异率的计算公式如下：

$$\text{材料成本差异率} = \frac{\text{月初结存材料成本差异额} + \text{本月收入材料成本差异额}}{\text{月初结存材料计划成本} + \text{本月收入材料计划成本}} \times 100\%$$

发出材料应负担的成本率 = 发出材料计划成本 × 材料成本差异率

发出材料的实际成本 = 发出材料计划成本 ± 发出材料应负担的成本差异

例46：根据例45的资料，假定该小企业本月初结存材料的计划成本为10 000元，超支成本差异额期初余额为200元。本月收入材料的计划成本为171 000元，按照该小企业“发料凭证汇总表”，本月发出材料计划成本总成本116 000元。其中:基本生产车间领用80 000元，辅助生产力车间领用20 000元，车间管理部门领用10 000元，公司管理部门领用5 000元，销售部门领用1 000元。

根据上述资料计算如下:

材料成本差异率 =（200 +9 000）÷（10 000 + 171 000）×100%

≈5.1%

发出材料应负担的成本差异额 = 150 000 ×5.1% =7 650(元)

作会计分录如下:

①发出材料:

借:生产成本——基本生产成本　　80 000

　　　　　——辅助生产成本　　20 000

　制造费用　　10 000

　管理费用　　5 000

　营业费用　　1 000

　贷:原材料　　116 000

②月末,结转材料成本差异:

借:生产成本——基本生产成本　　4 080

　　　　　——辅助生产成本　　1 020

　制造费用　　510

　管理费用　　255

　营业费用　　51

　贷:材料成本差异　　5 916

包装物、低值易耗品、委托加工物资等存货按计划成本收发的会计处理。在计划成本法下，包装物、低值易耗品、委托加工物资等存货收入、发出的核算比照材料收发的核算进行会计处理。

三、库存商品

(一)库存商品核算概述

库存商品是指小企业已完成全部生产过程并已验收入库、符合标准规格和技术条件，可以按照合同规定的条件送达订货单位，或可以作为商品对外销售的产品，包括库存的外购商品、自制商品、存放在门市部准备出售的商品、发出展览的商品以及寄存在外库或存放在仓库中的各种商品。

为了反映和监督小企业库存商品的增减变化及其结存情况，应设置“库存商品”科目。该科目核算小企业库存的各种商品的实际成本，其借方登记验收入库的库存商品的成本，贷方登记发出库存商品的成本，余额在借方，反映小企业各种库存商品的实际成本(或进价)或售价。

(一)库存商品核算

1. 数量进价金额核算法

数量进价金额核算法，是指对库存商品存货同时以实物数量和进价金额两种计量单位进行核算。它主要体现在库存商品明细账的设置和核算上，其基本内容包括：

(1)进价记账

会计部门对库存商品总账和明细账的进、销、存金额均按进价记载。

(2)分户核算

在库存商品总账控制下，按商品的品名、规格、等级和编号分户进行明细核算。库存商品明细账对每种库存商品增减和结存情况，既反映金额又反映数量。

(3)设置类账目

如果商品流通小企业经营品种繁多，还应设置库存商品类账目，以核算大类商品的进、销、存情况和控制所属各明细账。对于经营品种比较简单的商品流通小企业，库存商品可不设置类账目，直接用总账控制明细账。

(4)结转成本

采用适当方法随时或定期结转销售商品成本。商品销售成本即销售商品进价，小企业可根据经营商品的不同特点和业务经营的不同需要，按照会计制度的规定分别采用不同的计算和结转方法，随时或定期结转商品销售成本。

数量进价金额核算对商品实物数量和进价金额实行双重控制，有利于满足业务部门开展销售业务、会计部门加强资金管理、保管部门明确责任和保护商品安全。但这种核算方法要求每笔购销业务均提供反映各种商品的数量和金额的收付凭证作为记账依据，并按商品品种逐笔登记明细账，因此核算工作量较大。这种核算方法适用于能按商品品种提供收付数量及金额的商品流通小企业。

2. 售价金额核算法

售价也称“售价记账、实物负责制”，是指按照售价金额核算企业库存商品的增减变动和结存状况的一种方法。售价金额核算也是一项经营管理制度，其主要内容包括：

(1)确定实物负责人，建立实物负责制

根据岗位责任制的要求，按商品经营的品种和地点，划分为若干组，确定实物负责人，对其经营商品的数量和安全负完全的经济责任。

(2)售价记账，金额控制

“库存商品”总分类账户和明细分类账户一律按售价记账，明细分类账户按实物负责人设置。凡是拨交给实物负责人的商品，一律记入以该实物负责人“库存商品”明细账户。按商品明细分类账户上的售价总金额，控制各实物负责人所经管商品的数量。由于“库存商品”账户按商品售价记账，所以另外设置“商品进销差价”账户，记录商品进价与售价之间的差额。

(3)设置“商品进销差价”账户

由于“库存商品”账户按售价反映，而商品购进支付的货款是按进价计算的，因此，设置“商品进销差价”账户，以反映商品进价与售价之间的差价，正确计算销售商品的进价成本。

(4)加强物价管理

为了使“库存商品”账户上的售价总金额对各实物负责人的销售商品和库存商品真正起到控制作用，并防止差错和不法行为，必须要求营业柜台价格标签上的商品售价和“库存商品”明细账户上的售价完全一致，并严格按照标签价格出售商品。

（5）建立商品盘点制度，定期实地盘点商品

通过定期（通常为每月月终）实地盘点商品，以核实库存商品实际数量和按售价计价的总金额，再和明细账上的售价总金额进行核对，以确认和稽核实物负责人是否履行经济责任。

从事商品零售的小企业实行售价金额核算，其商品购进的核算除设置“商品采购”、“库存商品”、“应交税费”等科目外，还应设置“商品进销差价”科目。为了兼顾零售小企业库存商品管理与准确核算应纳增值税的双重需要，“商品进销差价”科目用来核算商品含税售价与不含税进价之间的差额。

零售小企业库存商品一般根据其进价按一定的加价率核定出商品不含税售价，即：

不含税售价 = 进价 ×（1 + 加价率）

再以不含税售价为基数按适用增值税率核定出含税售价，即：

含税售价 = 不含税售价 ×（1 + 增值税率）

一般纳税人购进商品，借记“商品采购”和“应交税费”科目，商品入库时，根据核定的含税售价借记“库存商品”科目，按进价贷记“商品采购”科目，将入库商品的含税零售价与进价之间的差额贷记“商品进销差价”科目。

四、其他存货

（一）自制存货的核算

1. 自制存货的概念及内容

自制存货是指小企业自己制造生产的各种存货。包括各种材料、库存商品、包装物、低值易耗品等各种存货。

2. 自制存货收发的核算

当小企业自制的存货验收入库时，借记“原材料”、“库存商品”、“包装物”、“低值易耗品”等账户，贷记“生产成本”账户。

自制存货的发出与外购存货的发出核算一样。

（二）委托加工物资的核算

1. 委托加工物资的概念

委托加工物资是指小企业委托其他单位进行加工的各种物资。

2. 委托加工物资核算账户的设置

为了反映和监督委托加工物资增减变动及其结存情况，小企业应设置“委托加工物资”科目，借方登记委托加工物资的实际成本，贷方登记加工完毕入库的物资的实际成本和退回物资的实际成本，余额在借方，反映小企业委托外单位加工尚未完成物资的实际成本。

3. 委托加工存货核算的内容

（1）发出委托加工物资

小企业发给外单位加工的物资，按实际成本，借记“委托加工物资”科目，贷记“材料”等科目。

（2）支付加工费用

支付加工费和应负担的运杂费等，借记“委托加工物资”科目，属于增值税一般纳税人的小企业，应借记“应交税费——应交增值税（进项税额）”等科目，贷记“银行存款”等科目。

(3)计算缴纳消费税

需要交纳消费税的委托加工物资，由受托方代收代缴的消费税，应分情况处理：如物资收回后直接用于销售，应按受托方代收代缴的消费税，借记"委托加工物资"，贷记"应付账款"、"银行存款"等科目；如物资收回后用于连续生产的，对于受托方代收代缴的准予抵扣的消费税，应借记"应交税费——应交消费税"科目，贷记"应付账款"、"银行存款"等科目。

(4)收回加工完工物资

加工完成验收入库的物资，应按收回物资的实际成本和剩余物资的实际成本，借记"材料"等科目，贷记"委托加工物资"科目。

【例2-33】宏大公司委托乙企业加工材料一批(属于应税消费品)，材料成本为30 000元，支付加工费5 100元，消费税税率10%，增值税税率17%，材料加工后验收入库，加工费用等已支付，假设双方均为一般纳税人。根据有关原始凭证作会计分录如下：

①发出材料时：

借：委托加工物资	30 000	
贷：原材料		30 000

②支付加工费时：

消费税组成计税价格 = (30 000 + 5 100)/(1 - 10%)

= 39 000(元)

受托方代收代缴的消费税 = 39 000 × 10% = 3 900(元)

应纳增值税 = 5 100 × 17% = 867(元)

收回委托加工的材料用于连续生产的：

借：委托加工物资	5 100	
应交税费——应交增值税(进项税额)	867	
——应交消费税	3 900	
贷：银行存款		9 867

收回委托加工的材料用于直接销售时：

借：委托加工物资	9 000	
应交税费——应交增值税(进项税额)	867	
贷：银行存款		9 867

③加工完毕的委托加工材料，验收入库时：

收回委托加工的材料用于连续生产的：

借：原材料	35 100	
贷：委托加工物资		35 100

收回委托加工的材料用于直接销售的：

借：原材料	39 000	
贷：委托加工物资		39 000

(二)包装物的核算

1. 包装物核算的概念及内容

包装物是指为了包装本企业的产品而储存的各种包装容器，如桶、箱、瓶、坛、袋等。其核算内容包括：

① 生产过程中的包装产品作为产品组成部分的包装物；

② 随同产品出售而不单独计价的包装物；

③ 随同产品出售而单独计价的包装物；

④ 出租或出借给购买单位使用的包装物。

以下各项不作为包装物核算：

① 各种包装材料，如纸、绳、铁丝、铁皮等，应在“原材料”科目核算；

② 用于储存和保管产品、材料而不对外出售的包装物，应按价值大小和使用年限长短，分别在“固定资产”或“低值易耗品”科目核算；

③ 作为企业商业产品的自制包装物，应作为库存商品核算。

2. 包装物的核算。购入包装物的核算方法，与材料相同。下面重点介绍包装物发出的核算。

为了反映和监督包装物的增减变化及价值损耗、结存等情况，应设置“包装物”账户，该账户的借方反映入库包装物的成本，贷方反映发出包装物的成本，借方余额反映库存包装物的成本。包装物数量不大的企业，可以在“材料”科目下设置“包装物”明细科目。

(1)生产领用包装物的会计处理。生产领用包装物，借记“生产成本”等科目，贷记“包装物”(或“原材料——包装物”)科目；随同商品出售但不单独计价的包装物，借记“营业费用”科目，贷记“包装物”(或“原材料——包装物”)科目；随同商品出售并单独计价的包装物，借记“其他业务支出”科目，贷记“包装物”(或“原材料——包装物”)科目。

(2)出租、出借包装物的会计处理。出租、出借包装物，在第一次领用新包装物时，应结转成本，借记“其他业务支出”科目(出租包装物)，借记“营业费用”科目(出借包装物)，贷记“包装物”(或“原材料——包装物”)科目。出租、出借包装物金额较大的可通过“待摊费用”或“长期待摊费用”科目分次摊销。

收到出租包装物的租金，借记“现金”、“银行存款”等科目，贷记“其他业务收入”科目，属于增值税一般纳税人的小企业，应按专用发票上注明的增值税额，贷记“应交税费 ——应交增值税(销项税额)”科目。

收到出租、出借包装物的押金，借记“库存现金”、“银行存款”等科目，贷记“其他应付款”科目，退回押金作相反会计分录。对于逾期未退包装物，按没收的押金，借记“其他应付款”，科目，按应交的增值税，贷记“应交税费——应交增值税(销项税额)”科目，按其差额，贷记“其他业务收入”科目。这部分没收的押金收入应交的消费税等税费，应借记“其他业务支出”科目，贷记“应交税费——应交消费税”等科目；对于逾期未退包装没收的所加收的押金，应转作“营业外收入”处理，小企业应按加收的押金，借记“其他应付款”科目，按应交的税金，贷记“应交税费——应交增值税(销项税额)”、“应交税费——应交消费税”等科目，按其差额，贷记“营业外收入——逾期包装物押金没收收入”科目。

【例 2－34】某小企业出售一批商品，出借包装物收取押金 30 000 元。购买方按规定时间退回包装物的 2/3，假设不考虑相关税费。

①出售包装物收取押金时，作会计分录如下：

借：银行存款　　　　　　　　　　30 000

贷:其他应付款　　　　　　　　　　　　30 000

②退回 2/3 押金时，作会计分录如下：

借:其他应付款　　　　　　　　20 000

贷:银行存款　　　　　　　　　　　　20 000

③没收逾期的包装物押金时，作会计分录如下：

借:其他应付款　　　　　　　　10 000

贷:营业外收入——逾期包装物押金没收收入 10 000

(四)低值易耗品的核算

1. 低值易耗品概述

低值易耗品是指不能作为固定资产管理的各种用具、物品、工具、管理用具、玻璃器皿以及在经营过程中周转使用的包装容器等。

为核算低值易耗品的收、发、结存情况，小企业应设置“低值易耗品”科目，借方反映入库低值易耗品的成本，贷方反映领用、发出和报废的低值易耗品成本，余额在借方，反映小企业期末库存未用低值易耗品的实际成本。

2. 低值易耗品增加的核算

小企业购入并已验收入库的低值易耗品，按实际成本，借记“低值易耗品”科目，如该小企业属于一般纳税企业，按专用发票上注明的税额，借记“应交税费——应交增值税(进项税额)”，贷记“银行存款”、“应付账款”等科目。

3. 低值易耗品领用与摊销的核算

生产经营活动中领用的低值易耗品根据具体情况，采用一次或分次摊销的方法。

(1)一次摊销法。它是指小企业在领用低值易耗品时，将其价值一次、全部计入有关的成本费用的一种摊销方法，这要适用于一次领用数量不多、价值较低、使用期限较短或者容易破损的低值易耗品的摊销。具体核算方法为:小企业在第一次领用低值易耗品时，应将其全部价值摊入有关成本费用科目，借记“制造费用”、“管理费用”等科目，贷记“低值易耗品”科目;报废低值易耗品的残料价值作为当期低值易耗品摊销额的减少，冲减有关成本费用，借记“材料”等科目，贷记“制造费用”、“管理费用”等科目。

(2)分期摊销。它是根据低值易耗品的原价和预计的使用期限，将低值易耗品的价值分次摊入有关成本费用的方法。它主要适用于期限较长、单位价值较高或一次领用数量较大的低值易耗品的摊销。具体核算方法为:当小企业领用低值易耗品时，借记“待摊费用”或“长期待摊费用”科目，贷记“低值易耗品”科目;分次摊入有关成本费用时，借记“制造费用”、“管理费用”、“其他业务支出”等科目，贷记“待摊费用”或“长期待摊费用”科目;如果低值易耗品已经发生毁损、遗失等，不能再继续使用的，应将其账面价值，全部转入当期成本、费用。

【例 2－35】宏大公司低值易耗品采用一次摊销法核算，生产车间领用低值易耗品一批，实际成本为 5 000 元。作会计分录如下：

借:制造费用　　　　　　　　　5 000

贷:低值易耗品　　　　　　　　　　5 000

【例 2－36】若上述低值易耗品报废，收回残料入库，估价 400 元。作如下会计分录：

借:原材料　　　　　　　　　　400

贷：制造费用　　　　　　　　　　　　400

【例2－37】宏大公司低值易耗品采用分次摊销法核算，生产车间领用低值易耗品一批，实际成本6 000元预计可使用1年。实际使用10个月后报废，报废时收回残料30元。作会计分录如下：

领用时：

借：低值易耗品——领用　　　　　　6 000

　　贷：低值易耗品——库存　　　　　　6 000

每月摊销的低值易耗品为：

月摊销额＝6 000÷12＝500元

借：制造费用　　　　　　　　　　500

　　贷：低值易耗品——领用　　　　　　500

4. 低值易耗品报废的核算

接上例，当低值易耗品报废时：

借：制造费用　　　　　　　　　　1 500

　　贷：低值易耗品　　　　　　　　　　1 500

借：原材料　　　　　　　　　　　　30

　　贷：制造费用　　　　　　　　　　　30

五、存货清查

（一）存货清查概述

1. 存货清查概念

存货清查是指通过对各项存货的盘点核对，确定存货的实际结存数，并查明实际结存数与账面结存数是否相符的一种专门方法。

2. 存货清查方法

小企业存货种类繁多、收发频繁，在日常收发过程中可能由于计量错误、自然损耗、毁损变质、贪污、盗窃等原因，造成存货的盘盈、盘亏导致存货账实不符，因而企业应定期和不定期地进行存货清查，对盘盈、盘亏、毁损等情况进行及时处理，以保证存货账实相符。

存货清查采用实地盘点的方法，即通过点数、过磅计量等方法核实存货的实际库存数，并与账面数核对，查明账实不符的原因，分清责任，并据以编制"存货盘点报告表"。

（二）存货清查结果处理

1. 存货盘盈核算

对于盘盈的存货，经批准后可冲减管理费用。

2. 存货盘亏核算

对于盘亏的存货，经批准后，在扣除过失人或保险公司等赔偿和残料价值之后，计入当期管理费用；属于自然灾害造成的损失，应计入当期营业外支出。

【例2－38】甲企业6月末进行了一次存货清查，清查结果见下表：

存货盘点报告表

存货编号	存货名称规格	计量单位	数量		单价	盘盈		盘亏		原因
			账存	实存		数量	金额	数量	金额	
1001	A商品	件	500	495	10			5	50	略
1002	乙材料	吨	300	302	200	2	400			
1003	丙材料	吨	500	495	100			5	500	

(1)批准前

借:待处理财产损溢——待处理流动资产损溢 50

　　贷:库存商品　　50

借:材料　　400

　　贷:待处理财产损溢——待处理流动资产损溢　　400

借:待处理财产损溢——待处理流动资产损溢

　　500

　　贷:材料　　500

(2)经批准，上述损失应由保管人员赔偿50元，其余做管理费用

应计入管理费用:500+50-400-50=100

借:管理费用　　100

　　其他应收款　　50

　　贷:待处理财产损溢——待处理流动资产损溢　　150

第五节　对外投资

一、对外投资概述

(一)对外投资的概念和特点

1. 投资的概念

投资有广义和狭义之分。广义的投资包括对外的权益性投资、债权性投资、期货投资、房地产投资以及对内的固定资产投资、存货投资等;狭义的投资一般仅包括权益性投资、债权性投资等。本节的投资指的是狭义的投资。

投资是指小企业为通过分配来增加财富，或为谋求其他利益，而将资产让渡给其他单位所获得的另一项资产。

小企业进行投资的主要目的是暂时存放闲置资金;获得一定的经济利益;积累整笔资金以供特定用途;从事多元化经营以分散经营风险;建立业务联系和贸易伙伴关系;委托银行贷款、购买基金，以期获得利息收入等。

2. 投资的特点

从投资的定义来看，小企业投资具有以下特点：

(1)投资是将资产让渡给其他单位所获得的另一项资产，即企业将所拥有的现金、固定资产等让渡给其他单位使用，以换取债权投资或股权投资。

(2)投资能为投资者带来未来的经济利益。投资所增加的经济利益不是企业自身经营产生的，而是将资产让渡给其他单位使用该项资产创造收益后分配取得的，或者通过投资改善贸易关系等达到获得利益的目的，与其他资产为企业带来的经济利益在形式上有所不同。

(3)投资于短期有价证券所获得的投资收益实质上属于资本增值。这里的资本增值主要是指通过证券市场买卖证券所取得的高于原投资资金的增值部分，即价差收入。

(二)对外投资分类

投资可以按照不同的标准进行分类，主要有以下几种：

1. 按投资目的及投资对象的变现能力分类

按投资目的及投资对象的变现能力不同可分为短期投资和长期投资。

短期投资是指小企业购入能随时变现并且持有时间不准备超过1年(含1年)的投资，包括各种股票、债券、基金等。

长期投资是指小企业投出的期限在1年以上(不含1年)的各种股权性质的投资，包括购入的股票和其他股权投资等。

2. 按投资性质分类

按投资性质不同可分为债权性投资、权益性投资和混合性投资。

债权性投资是指小企业通过购买债券的方式进行的对外投资，从而在投资企业与被投资企业之间形成了一种债权债务关系。债权性投资风险小，收益较低，债权人不参与债务单位的经营管理情况。如政府发行的国库券、银行发行的金融债券、企业发行的企业债券等。

权益性投资是指小企业为获取另一企业的权益或净资产所进行的投资。投资企业通过投资取得对被投资企业相应份额的所有权，从而形成投资企业与被投资企业之间的所有权关系。权益性投资的风险较大，投资收益不确定，权益性投资者有权直接或间接参与受资企业的经营管理，有权参与受资企业的财务分配，如购买股票或采用合同、协议方式进行。

混合型投资是指购买具有债权性和权益性双重性质的投资。如购买可转换公司债券、优先股股票。

此外，按投资内容可以分为实物性资产投资、货币性资产投资、无形资产投资等。

二、短期投资

(一)短期投资概述

1. 短期投资的概念

短期投资是指小企业购入能随时变现并且持有时间不准备超过1年(含1年)的投资。

短期投资的特点有：很容易变现；持有时间较短；不以控制被投资单位为目的等。

2. 短期投资确认的条件

作为短期投资应当符合以下两个条件：一是能够在公开市场交易并且有明确的市价；二是持有投资作为剩余资金的存放形式，并保持其流动性和获利性。

3. 短期投资的账户设置

为了总括地核算和监督小企业的短期投资，应设置“短期投资”、“应收股息”、“投资收益”、“短期投资跌价准备”等科目。

“短期投资”科目属于资产类科目，其借方登记购入股票、债券以及基金的投资成本；贷方登记小企业因处置股票、债券以及基金冲减的投资成本和因取得债券利息或现金股利而冲减的投资成本；期末借方余额，反映小企业持有的短期投资的实际成本。该科目应按投资种类设置明细科目，进行明细核算。

“应收股息”科目属于资产类科目，核算小企业因进行股权投资应收取的现金股利及进行债权投资应收取的利息。企业应收被投资单位的利润，以及购入股权投资时包含的已经宣告但尚未发放的现金股利和购入的债券投资中包含的已到付息期但尚未领取的债券利息，也在本科目核算。其借方登记应收股利或利润、应收债券利息的增加额；贷方登记实际收到的股利、债券或利息；期末借方余额，反映小企业尚未收到的现金股利或利润、债券投资利息。该科目应按被投资单位、债券种类设置明细科目，进行明细核算。

“投资收益”科目属于损溢类科目，核算小企业对外投资所取得的收益或发生的损失。其贷方登记取得的投资收益；借方登记发生的投资损失；期末余额既可能在贷方，也可能在借方，表示投资收益或投资损失的净额，并转入“本年利润”科目。结转后该科目应无余额。该科目应按投资收益种类设置明细科目，进行明细核算。

“短期投资跌价准备”科目属于备抵账户，核算短期投资采用成本与市价孰低法计价时，小企业计提的市价低于成本的损失准备。其贷方登记计提的跌价准备；借方登记冲减的跌价准备；期末贷方余额，反映小企业已计提的短期投资跌价准备。

（二）取得短期投资的核算

短期投资应当按照取得时的实际成本入账。实际成本是指取得各种股票、债券时实际支付的价款。购入的各种股票、债券、基金等，实际支付的价款中包含已宣告但尚未领取的现金股利或已到付息期但尚未领取的债券利息，应单独核算，不构成实际成本。短期投资的实际成本按以下方法确定：

1. 以现金购入的短期投资，按实际支付的全部价款，包括税金、手续费等相关费用，扣除已宣告但尚未领取的现金股利或已到付息期但尚未领取的债券利息后的金额，作为实际成本。

购入的各种股票、债券等作为短期投资的，按照实际支付的价款，借记“短期投资”科目，贷记“银行存款”、“其他货币资金”等科目。如实际支付的价款中包含已宣告但尚未领取的现金股利，或已到付息期但尚未领取的债券利息，应单独核算。企业应按照实际支付的价款减去已宣告但尚未领取的现金股利，或已到付息期但尚未领取的债券利息后的金额，借记“短期投资”科目，按应领取的现金股利、利息等，借记“应收股息”科目，按实际支付的价款，贷记“银行存款”、“其他货币资金”等科目。

【例 2－39】A 企业于某年 3 月 15 日从证券市场购入 C 公司股票 2 000 股，每股买入价 10 元，另支付相关税费 200 元，C 公司已于 3 月 10 日宣告每股发放现金股利 0.2 元。编制分录如下：

借：短期投资——股票投资（C 公司）　　19 800

　　应收股息　　400

贷:银行存款　　　　　　　　　　20 200

【例2－40】A企业于2003年4月1日从证券市场购入B公司同年1月1日发行的两年期债券，准备作为短期投资。该批债券买入价为60 000元，另支付手续费等相关费用为3 000元，其债券利息于每年的发行日收取，到期还本，债券利率为5%。编制会计分录如下：

借:短期投资——B公司债券　　　　63 000

贷:银行存款　　　　　　　　　　63 000

2.投资者投入的短期投资，按投资各方确认的价值作为短期投资的实际成本。其具体分录为：

借:短期投资——股票、债券、基金

贷:实收资本

(三)短期投资持有期间取得的现金股利或利息的核算

短期投资持有期间所收到的股利、利息等，除取得时已记入的应收股利外，不确认投资收益，作为冲减投资成本处理。企业持有股票期间所获得的股票股利，不作账务处理，但应在备查簿中登记所增加的股份。

【例2－441】根据【例2－39】，C公司于4月10日发放现金股利每股0.2元。A企业收到股利时存入银行。编制分录如下：

借:银行存款　　　　　　　　　　400

贷:应收股利　　　　　　　　　　400

【例2－42】根据【例2－40】，2004年1月1日，实际收到B公司支付的债券利息为3 000元(60 000×5%)时，编制分录如下：

借:银行存款　　　　　　　　　　3 000

贷:短期投资　　　　　　　　　　3 000

(四)短期投资期末计价

短期投资的期末计价，是指期末短期投资在资产负债表上反映的价值。小企业应定期或至少于每年年度终了，对短期投资进行全面检查，并根据谨慎性原则的要求，合理地预计持有的短期投资可能发生的损失。短期投资应按照总成本与总市价孰低计量，当总市价低于总成本时，应当计提短期投资跌价准备。

1.短期投资期末计价方法

采用成本与市价孰低法计价时，具体有三种方法：

(1)按投资总体计提。按投资总体计算的成本与市价孰低，是指按短期投资的总成本与总市价孰低计算计提跌价损失准备的方法。

(2)按投资类别计提。按投资类别计算的成本与市价孰低，是指按短期投资的类别总成本与相同类别总市价孰低计提跌价损失准备的方法。

(3)按单项投资计提。按单项投资计算的成本与市价孰低，是指按每一短期投资的成本与市价孰低计提跌价损失准备的方法。

小企业在运用短期投资成本与市价孰低原则时，一般按投资总体计提跌价准备。

2.短期投资跌价准备核算

会计期末，小企业应将持有的短期投资的总市价与其总成本进行比较，如市价低于成本的，按其差额借记“投资收益”科目，贷记“短期投资跌价准备”科目；如已计提跌价准备的短期投资其市价以后又恢复，应在已计提的跌价准备的范围内转回，借记“短期投资跌价准备”科目，贷记“投资收益”科目。

短期投资跌价准备可按以下公式计算：

当期应提取的短期投资跌价准备 = 当期总市价低于总成本的金额 -“短期投资跌价准备”科目的贷方余额

当期短期投资总市价低于总成本的金额大于“短期投资跌价准备”科目的贷方余额，应按其差额提取跌价准备；如果当期短期投资总市价低于总成本的金额小于“短期投资跌价准备”科目的贷方余额，按其差额冲减已计提的跌价准备；如果当期短期投资总市价高于总成本，应将“短期投资跌价准备”科目的余额全部冲回。

【例2-43】远方企业的短期投资按投资总体计提跌价准备，2007 年 12 月 31 日短期投资成本与市价资料见表 2-2。

表 2-2　　金额单位：元

项 目	2007 年 12 月 31 日		
	成 本	市 价	预计跌价(损)益
短期投资——债券			
甲企业债券	37 000	35 000	(2 000)
乙企业债券	49 400	52 000	2 600
小 计	86 400	87 000	600
短期投资——股票			
A 企业股票	61 300	62 400	1 100
B 企业股票	80 700	77 600	(3 100)
小 计	142 000	140 000	(2 000)
合 计	228 400	227 000	(1 400)

(1)假定该企业 2007 年 12 月 31 日“短期投资跌价准备”科目期初有贷方余额 800 元。应补提跌价准备 600 元(1 400 - 800)。应作如下会计分录：

借：投资收益——短期投资跌价准备　　600

　贷：短期投资跌价准备　　600

(2)假定该企业 2007 年 12 月 31 日“短期投资跌价准备”期初有贷方余额 1 800 元。应冲减跌价准备 400 元(1 400 - 1 800)。应作如下会计分录：

借：短期投资跌价准备　　400

　贷：投资收益——短期投资跌价准备　　400

远方企业 2007 年 12 月 31 日“短期投资”账面价值为：

“短期投资”科目余额　　228 400

减：短期投资跌价准备　　1 400

短期投资账面价值　　227 000

(五)处置短期投资的核算

短期投资的处置，主要是指短期投资的出售及到期收回债券投资的本息等业务。小企业由于生产经营上的需要或其他原因需要货币资金时，或继续持有作为短期投资的有价证券不能为小企业带来经济效益时，小企业可以将持有的短期投资转让出售。

1. 短期投资损溢的确认

出售短期投资所获得的价款，减去短期投资的账面价值以及尚未收到的已记入“应收股息”科目的股利、利息等后的余额，作为投资收益或损失，计入当期损溢。

2. 短期投资处置成本的结转

短期投资的买入卖出十分频繁，其购入成本也随证券市场的价格波动而变化，形成同一有价证券各批买入价格不同的情况，产生了卖出证券成本如何计价的问题。当部分出售某项短期投资时，可按该项投资的总平均成本确定其出售部分的成本。如某企业购入F股票10 000股，其投资成本为60 000元，每股成本为6元。三个月后又购入该相同股票10 000股，每股成本为5元。假设该企业出售F股票5 000股，其出售F股票的成本为27 500元[(10 000×6+10 000×5)÷20 000×5 000]。

3. 短期投资跌价准备的结转

(1)按单项投资计提跌价准备的，跌价准备与单项投资有着对应关系，处置短期投资时可同时结转已计提的该项投资的跌价准备。如企业在处置时未同时结转已计提的跌价准备，可在期末时一并调整。

(2)按投资类别、投资总体计提跌价准备的，跌价准备是按各单项投资市价涨跌相抵消后的下跌净值计提的，无法将其分摊至各项投资，可在短期投资处置后在期末再予以调整。

除债务重组和非货币性交易等以外，出售的短期投资已计提的短期投资跌价准备可在期末一并调整。

4. 短期投资处置的核算

出售股票、债券或到期收回债券本息，按实际收到的金额，借记“银行存款”科目，按出售或收回短期投资的成本，贷记“短期投资”科目，按未领取的现金股利、利息，贷记“应收股息”科目，按其差额，借记或贷记“投资收益”科目。

【例2-44】接【例2-43】，远方企业于2007年2月将持有的作为短期投资的B企业股票全部出售，实际取得款项85 000元，已存入银行。

借：银行存款	85 000	
短期投资跌价准备	3 100	
贷：短期投资		80 700
投资收益		7 400

三、长期股权投资

(一)长期股权投资概述

1. 长期股权投资的概念及特点

长期股权投资是指小企业投出的期限在1年以上(不含1年)的各种股权性质的投资，包括购入的股票和其他股权投资等。

小企业进行股权投资，目的不是单纯地为了取得被投资企业的投资收益，而是为了达到控制被投资单位，或为了对被投资单位施加重大影响，以达到控制原材料供应、控制销售渠道和达到规模效益等目的，以分散经营风险。股权投资通常具有投资规模大、投资期限长、风险大以及能为小企业带来较大的利益等特点。

2. 长期股权投资类型

小企业对外进行长期股权投资，应视对被投资单位的影响程度，分别采用成本法或权益法核算。

3. 长期股权投资核算账户设置

为了总括地核算和监督小企业长期股权投资的增减变动和结存情况，应设置“长期股权投资”总账科目。该科目属于资产类科目。其借方登记长期股权投资的增加额；贷方登记长期股权投资的减少额；期末余额在借方，表示小企业期末长期股权投资的账面余额。该总账科目应按被投资单位设置明细账，进行明细核算。

(二)长期股权投资核算

1. 成本法

(1)成本法的含义及适用范围

成本法是指进行长期股权投资以取得股权时的成本计价，一般不调整“长期股权投资”账户的账面价值。只有当投资企业追加投资、收回投资，或股票市价发生重大持久性下跌，且短期内不可能回升时，才对发生的跌价损失予以确认，调整“长期股权投资”账户。在投资持有期间内，账面数额不因被投资单位权益的增加或减少而变动，始终反映原始投资成本。

成本法的适用范围：小企业对被投资单位无控制、无共同控制且无重大影响的，长期股权投资应当采用成本法核算；小企业对其他单位的投资占该单位有表决权资本总额的20%以下，或对其他单位的投资虽占该单位有表决权资本总额的20%或20%以上，但不具有重大影响的应当采用成本法核算。

(2)取得长期股权投资的核算

长期股权投资在取得时，应按实际成本作为投资成本。采用成本法核算时，除追加或收回投资外，长期股权投资的账面余额一般应当保持不变。

①以现金购入的长期股权投资，按实际支付的全部价款(包括支付的税金、手续费等相关费用)作为投资成本。实际支付的价款中包含已宣告但尚未领取的现金股利，应按实际支付的价款减去已宣告但尚未领取的现金股利后的差额，作为投资的实际成本，借记“长期股权投资”科目，按已宣告但尚未领取的现金股利金额，借记“应收股息”科目，按实际支付的价款，贷记“银行存款”科目。

②接受投资者投入的长期股权投资，应按投资各方确认的价值作为实际成本，借记“长期股权投资”科目，贷记“实收资本”等科目。

【例2-45】远方企业2005年4月1日购入甲企业股份10 000股，每股价格8元，另支付税费800元，远方企业购入甲企业股份占甲企业有表决权资本的6%，并准备长期持有。款项已用银行存款支付。远方企业的会计处理如下：

①计算投资成本

成交价　　10 000×8＝80 000

加:相关税费　　　　　800

投资成本　　　　　80 800

②购入时应作会计分录如下:

借:长期股权投资——甲企业　　　　　80 800

　贷:银行存款　　　　　　　　　　　　　80 800

③持续期间收到现金股利的核算

股权持有期间内,企业应于被投资单位宣告发放现金股利或利润时确认投资收益。按被投资单位宣告发放的现金股利或利润中属于应由本企业享有的部分,借记"应收股息"科目,贷记"投资收益"科目。收到现金股利或利润时,借记"银行存款"科目,贷记"应收股息"科目。

【例2-46】接【例2-45】,若甲企业于2005年4月20日宣告分派2004年度的现金股利,每股0.2元;2005年5月20日收到现金股利。2006年3月20日宣告分派2005年度的现金股利,每股0.3元。2006年5月10日收到现金股利。远方企业的会计处理如下:

①2005年4月20日宣告分派股利时

应收股利 = 10 000 × 0.2 = 2 000(元)

借:应收股息——甲企业　　　　　2 000

　贷:长期股权投资——甲企业　　　　　2 000

②2005年5月20日收到现金股利时

借:银行存款　　　　　2 000

　贷:应收股息——甲企业　　　　　2 000

③2006年3月20日宣告分派股利时

应收股利 = 10 000 × 0.3 = 3 000(元)

借:应收股息——甲企业　　　　　3 000

　贷:投资收益　　　　　3 000

④2006年5月10日收到现金股利时

借:银行存款　　　　　3 000

　贷:应收股息——甲企业　　　　　3 000

【例2-47】远方企业2005年6月1日购入乙企业股份20 000股,每股价格10元,其中含已宣告而尚未领取的现金股利6 000元,另支付相关税费2 000元。远方企业购入乙企业股份占乙企业有表决权资本的2%,并准备长期持有。款项已用银行存款支付。

远方企业的会计处理如下:

①计算投资成本

成交价　　20 000 × 10 = 200 000

加:相关税费　　　　　2 000

实付款项　　　　　202 000

减:应收股息　　　　　6 000

投资成本　　　　　196 000

②购入时会计分录

借:长期股权投资——乙企业 196 000

应收股息 6 000

贷:银行存款 202 000

(4)处置长期股权投资的核算

小企业处置长期股权投资时，按实际取得的价款，借记“银行存款”等科目，按长期股权投资的账面余额，贷记“长期股权投资”科目，按尚未领取的现金股利或利润，贷记“应收股息”科目，按其差额，贷记或借记“投资收益”科目。

【例2-48】接【例2-46】，假定远方企业于2007年11月将持有的甲企业股票全部出售，实际取得收入107 800元，已存入银行。应作如下会计分录：

借:银行存款 107 800

贷:长期股权投资——甲企业 78 800

投资收益 29 000

长期股权投资采用成本法的优点是会计处理比较简单，且能反映小企业实际获得的股利与其流入的现金在时间上的匹配。但在成本法下，小企业在账上无法反映出其在被投资单位所有者权益中所占的份额。因此，成本法只适用于小企业对被投资单位的财务和经营政策不具有控制、共同控制或重大影响的情况。

2. 权益法

(1)权益法的含义及适用范围

权益法是企业在购入作为长期投资的股票时，“长期股权投资”账户要反映企业在持有股票期间的被投资企业净资产即所有者权益中实际占有的份额，也就是被投资企业所有者权益上发生的任何变化，包括该企业取得的利润、发生的亏损、获取的捐赠、支付的股利，都要按投资份额相应调整“长期股权投资”账户。

权益法的适用范围:小企业对被投资单位具有控制、共同控制或重大影响的，长期股权投资应当采用权益法核算。通常情况下，小企业对其他单位的投资占该单位有表决权资本总额的20%或20%以上,或虽投资不足20%但具有重大影响的，应当采用权益法核算。

(2)取得长期股权投资的核算

同成本法的核算。

(3)长期股权投资持有期间对投资账面价值的处理原则

①采用权益法核算时，长期股权投资的账面余额应根据享有被投资单位所有者权益份额的变动，对长期股权投资的账面余额进行调整。

②股权持有期间，企业应于每个会计期末，按照应享有的或应负担的被投资单位当年实现的净利润或净亏损的份额，调整长期股权投资的账面余额。如被投资单位实现净利润，企业应按应享有的份额，借记“长期股权投资”科目，贷记“投资收益”科目。如被投资单位发生净亏损，则应作相反分录，但以长期股权投资的账面余额减记至零为限。被投资单位宣告分派现金股利或利润，企业按持股比例计算应享有的份额，借记“应收股息”科目，贷记“长期股权投资”科目;实际分得现金股利或利润时，借记“银行存款”科目，贷记“应收股息”科目。

【例2-49】A公司2005年3月1日以13 000 000元收购B股份有限公司60%的股权，买价中包括B公司已宣告但尚未发放的现金股利200 000元。A公司于3月10日收到该股利。B公司

2005年实现净利润5 000 000元，B公司于2006年1月10日宣告分派现金股利3 000 000元，A公司于2月5日收到该现金股利。B公司2006年发生亏损，达4 000 000元。编制A公司各年会计分录。

①2005年3月1日投资时

借：长期股权投资——B公司　12 800 000

　应收股息　200 000

　　贷：银行存款　13 000 000

②3月10日收到股息时

借：银行存款　200 000

　　贷：应收股息　200 000

③2005年末，实现净利润

借：长期股权投资——B公司　3 000 000

　　贷：投资收益　3 000 000

A公司"长期股权投资——B公司"科目的账面余额为15 800 000元（12 800 000 +3 000 000）。

④2006年1月10日宣告分配现金股利时

借：应收股息　1 800 000

　　贷：长期股权投资——B公司　1 800 000

A公司"长期股权投资——B公司"科目的账面余额为14 000 000元(15 800 000 – 1 800 000)。

⑤2006年2月5日收到现金股利时

借：银行存款　1 800 000

　　贷：应收股息　1 800 000

⑥2006年B公司发生亏损时

借：投资收益　2 400 000

　　贷：长期股权投资——B公司　2 400 000

A公司"长期股权投资——B公司"科目的账面余额为11 600 000元（14 000 000 –2 400 000）。

（4）长期股权投资的处置

小企业处置长期股权投资时，按实际取得的价款，借记"银行存款"等科目，按长期股权投资的账面余额，贷记"长期股权投资"科目，按尚未领取的现金股利或利润，贷记"应收股息"科目，按其差额，贷记或借记"投资收益"科目。

【例2–50】接【例2–49】，2007年1月5日，A公司将持有B股份公司的处置，收回款项11 000 000元，存入银行。应作如下会计分录：

借：银行存款　11 000 000

　投资收益　600 000

　　贷：长期股权投资——B公司　11 600 000

权益法的优点是能真实反映投资企业在被投资单位所有者权益中所占的实际份额，并可防止人为操纵利润。但投资企业和被投资单位毕竟是两个独立的法人，权益法的处理往往与法律现实不一致，投资收益的实现与现金流入的时间不相吻合，而且权益法下，"长期股权投资"账面余额反映不出投资时的原始成本，会计核算比较复杂。

四、长期债权投资

(一)长期债权投资概述

1. 长期债权投资的概念及特征

长期债权投资是指小企业购入的 1 年内(不含 1 年)不能变现或不准备随时变现的债券和其他债权投资。

债券投资的主要特征有:(1)债权投资按约定的利率收取利息,到期收回本金,投资风险小于股票投资,收益比较固定;(2)债权投资的投资企业不能因此参与发行债券企业的生产经营管理,也无权因此而参与利润分配。

2. 长期债权投资的分类

长期债权投资按照投资对象可以分为长期债券投资和其他债权投资两类。

长期债权投资是指小企业购入国家或其他单位发行的期限超过 1 年、本企业意图长期持有的债券。

其他债权投资是指除了长期债权投资以外的债权投资,如企业将多余的资金委托银行贷款而形成的债权性质的投资。

3. 长期债权投资的账户设置

为了总括地核算和监督小企业长期债权投资的增减变动和结存情况,应设置“长期债权投资”科目,该科目同资产类科目。其借方登记企业购入债券和其他债权投资的投资成本(包括债券面值、购入债券的溢价额、购入债券未到付息期的应计利息),以及购入折价发行债券当期应分摊的折价额;贷方登记购入债券的折价额、债券到期收回的本息、购入溢价发行债券当期应分摊的溢价额、以及转让出售债券的账面价值;期末余额在借方,表示持有的长期债权投资的账面余额。

小企业应在“长期债权投资”科目下分别设置“债券投资”和“其他债权投资”两个二级科目。“债券投资”二级科目下,再按“面值”、“溢折价”、“应计利息”设置明细账进行明细核算。“其他债权投资”二级科目下,可按“本金”、“应计利息”设置明细账进行明细核算。

(二)长期债权投资的核算

1. 长期债券购入的核算

小企业购入的长期债券,按实际支付的价款减去已到付息期但尚未领取的债券利息及税金、手续费等相关税费后的金额,作为债券投资的成本。该成本减去尚未到期的债券利息,与债券面值之间的差额,作为债券溢价或折价。

小企业购入长期债券时,可以分为面值购入、溢价购入、折价购入。溢价或折价购入是由于债券的名义利率(或票面利率)与实际利率(或市场利率)不同而引起的,当债券票面利率高于市场利率,表明债券发行单位实际支付的利息将高于按市场利率计算的利息,债券投资者要对发行单位进行利息补偿。如果债券的票面利率低于市场利率,表明发行单位今后实际支付的利息低于按照市场利率计算的利息,债券发行单位要对投资者进行利息补偿。长期债券投资的溢价或折价可以按以下公式计算:

债券投资溢价或折价 =（债券初始投资成本 + 相关费用 + 应付利息）- 债券面值

其中，债券初始投资成本是指小企业购入长期债券时，按实际支付的价款减去已到付息期但尚未领取的债券利息后的余额（如税金、手续费等相关费用直接计入当期损溢的，还应当减去相关费用）；相关费用是指构成债券初始投资成本的费用；应计利息是指构成债券初始投资成本的债券利息，即实际支付价款中包含的尚未到付息期的债券利息。

【例 2-51】甲公司 2005 年 1 月 1 日以每张 110 元（包含已到付息期但尚未领取的债券利息每张 10 元）购入 A 公司 2004 年 1 月 1 日发行的五年期债券 100 张，票面利率为 10%，债券面值 100 元，另支付有关税费 200 元。该债券为分期付息、一次还本的债券，每年末付息一次。甲企业账务处理如下：

初始投资成本 = 100 × 110 - 100 × 10 = 10 000（元）

债券总面值 = 100 × 100 = 10 000（元）

应收利息 = 100 × 10 = 1 000（元）

实际支付的价款 = 110 × 100 + 200 = 11 200（元）

借：长期债权投资——债券投资（面值）	10 000	
应收股息	1 000	
财务费用	200	
贷：银行存款		11 200

【例 2-52】甲公司 2005 年 7 月 1 日以每张 110 元购入 B 公司 2005 年 1 月 1 日发行的五年期债券 100 张，票面利率为 10%，债券面值 100 元，另支付有关税费 100 元。该债券为到期一次还本付息。甲企业账务处理如下：

初始投资成本 = 100 × 110 = 11 000（元）

债券总面值 = 100 × 100 = 10 000（元）

应收利息 = 100 × 10% × 6 ÷ 12 × 100 = 500（元）

溢折价 = 11000 - 10000 - 500 = 500（元）

借：长期债权投资——债券投资（面值）	10 000	
——债券投资（应收利息）	500	
——债券投资（溢折价）	500	
财务费用	100	
贷：银行存款		11 100

【例 2-53】甲公司 2006 年 1 月 1 日以每张 95 元购入 C 公司当日发行的五年期债券 100 张，票面利率为 10%，债券面值 100 元，另支付有关税费 100 元。

甲企业账务处理如下：

初始投资成本 = 100 × 95 = 9500（元）

债券总面值 = 100 × 100 = 10 000（元）

溢折价 = 9 500 - 10 000 = -500（元）

借：长期债权投资——债券投资（面值）　10 000

财务费用　　100

贷:银行存款　　9600

长期债权投资——债券投资(溢折价)　　500

2. 长期债券溢(折)价摊销及利息核算

(1)长期债券溢(折)价摊销的处理原则

债券的溢价或折价在债券存续期间内于确认债券利息收入时以直线法摊销，在直线法下，每期溢折价的摊销数额相等。

(2)长期债券利息的处理原则

根据权责发生制原则，小企业长期债券投资应按期计提利息。购入到期还本付息的债券，按期计提的利息，记入“长期债权投资——应计利息”科目;购入分期付息、到期还本的债券，已到付息期而应收未收的利息，于确认利息收入时，应记入“应收股息”科目。

【例 2-54】联华公司于 2006 年 1 月 1 日溢价购入不准备在年内变现的乙企业债券一批，面值 200 000 元，期限为 5 年，年利率 6%，到期一次还本付息，已发行一年，公司实际支付银行存款 216 000 元，其中包括应计利息 12 000 元，溢价额为 4 000 元，无税费。

①2006 年 1 月 1 日取得时

借:长期债权投资——债券投资(面值)　　200 000

——债券投资(溢折价)　　4 000

——债券投资(应计利息)　　12 000

贷:银行存款　　216 000

②按期计提利息时

每年应计利息为:200 000 ×6% =12 000(元)

采用直线法每年应分摊的债券溢价额为:4 000 ÷(5-1) =1 000(元)

小企业在摊销前可预先编制债券投资溢价摊销表，见表 2-3。

表 2-3　　**债券投资溢价摊销表**

(直线法)

金额单位:元

计息日期	借:长期债权投资——债券投资(应计利息)	贷:投资收益	贷:长期债权投资——债券投资(溢折价)	面值和未摊销溢价之和
2006.1.1				204 000
2006.12.31	12 000	11 000	1 000	203 000
2007.12.31	12 000	11 000	1 000	202 000
2008.12.31	12 000	11 000	1 000	201 000
2009.12.31	12 000	11 000	1 000	200 000
合计	48 000	44 000	4 000	-

年末应编制会计分录如下：

借:长期债权投资——债券投资(应计利息)　　12 000

　贷:长期债权投资——债券投资(溢折价)　　1 000

　　投资收益　　11 000

从表2－3可以看出，长期债券投资期间各期的投资收益，为每期按票面利率计算的应计利息与债券溢价摊销额之差。债券投资的面值和未摊销溢价之和随着溢价的摊销逐期减少，到第五年年末该批债券到期时，正好调整到票面价值，“长期债权投资”科目所属“债券投资——面值”明细科目余额为200 000元，“债券投资——应计利息”明细科目余额为60 000元。

【例2－55】联华公司于发行日2005年1月1日折价购入不准备在年内变现的丙公司债券一批，面值600 000元，期限为3年，年利率4%，到期一次还本付息，已发行一年，公司实际支付银行存款591000元，无税费。

①2005年1月1日取得时

借:长期债权投资——债券投资(面值)　600 000

　贷:银行存款　591 000

　　长期债权投资——债券投资(溢折价)　　9 000

②按期计提利息时

每年应计利息为:600 000×4%＝24 000(元)

采用直线法每年应分摊的债券折价额为:9 000÷3＝3 000(元)

小企业在摊销前可预先编制债券投资折价摊销表，见表2－4。

表2－4　**债券投资折价摊销表**

(直线法)　金额单位:元

计息日期	借:长期债权投资——债券投资(应计利息)	贷:长期债权投资——债券投资(溢折价)	贷:投资收益	面值和未摊销溢价之差
2005.1.1				591 000
2005.12.31	24 000	3 000	27 000	594 000
2006.12.31	24 000	3 000	27 000	597 000
2007.12.31	24 000	3 000	27 000	600 000
合 计	72 000	9 000	81 000	－

年末应编制会计分录如下：

借:长期债权投资——债券投资(应计利息)　　24 000

　长期债权投资——债券投资(溢折价)　　3 000

　贷:投资收益　　27 000

从表2－4可以看出，长期债券投资期间各期的投资收益，为每期按票面利率计算的应计利息与债券折价摊销额之和。债券投资的面值和未摊销折价之差随着折价的摊销逐期增加，到第三年年末该批债券到期时，正好调整到票面价值，“长期债权投资”科目所属“债券投资——面值”明细科目余额为600 000元，“债券投资——应计利息”明细科目余额为72 000元。

采用直线法，每期摊销的溢价或折价额是相等的、固定的。因而，各期的实际投资收益（利息收入）也是相等的、固定的。其优点是通俗易懂，计算简便。

3. 长期债券投资处置的核算

长期债券投资一般不提前出售，但若小企业急需资金或继续持有该债券不能给小企业带来经济利益时，也可以将其出售。处置长期债券投资时，应将实际收到的价款，与该债券投资的面值、已计未收的利息及尚未摊销的溢价或折价额相比较，其差额确认为当期投资损溢，计入“投资收益”科目。

【例 2－56】接【例 2－54】，联华公司购入的乙企业债券持有三年后全部出售。实际取得价款为 249 400 元，已存入银行。该企业采用直线法摊销溢价，该债券出售时尚未摊销的溢价为 1 000 元，已计未收的利息为 48 000 元。应作如下会计分录：

借：银行存款　　249 400

　贷：长期债权投资——债券投资（面值）　　200 000

　　长期债权投资——债券投资（溢折价）　　1 000

　　长期债权投资——债券投资（应计利息）　　48 000

　　投资收益　　400

4. 长期债券投资到期的核算

企业购入的债券可能是一次还本付息，也可能是分期付息到期收回本金。无论是面值购入债券、溢价购入债券还是折价购入债券，到期时，小企业可根据实际收到的款项，借记“银行存款”科目，贷记“长期债权投资——债券投资（面值）”、“长期债权投资——债券投资（应计利息）”、“应收股息”科目。

【例 2－57】联华公司购入到期一次还本付息的甲企业债券，面值为 500 000 元，期限为 3 年，年利率为 5%。3 年后到期时，实际收到本息 575 000 元，已存入银行。联华公司应编制会计分录如下：

借：银行存款　　575 000

　贷：长期债权投资——债券投资（面值）　　500 000

　　长期债权投资——债券投资（应计利息）　　75 000

5. 其他债权投资的核算

小企业进行除债券以外的其他债权投资，按实际支付的价款，借记“长期债权投资——其他债权投资”，贷记“银行存款”科目。其他债权投资到期收回本息，按实际收到的金额，借记“银行存款”科目，按其他债权投资的实际成本，贷记“长期债权投资——其他债权投资”科目，按其差额，贷记“投资收益”科目。

第六节　固定资产

一、固定资产概述

（一）固定资产的概念及特征

固定资产指为生产产品、提供劳务、出租或经营管理而持有的、使用年限超过一年、单位价值较高的资产。

对于小企业，使用期限超过1年的房屋、建筑物、机器、机械、运输工具以及其他与生产、经营有关的设备、器具、工具等资产均应作为固定资产，不属于生产、经营主要设备的物品，单位价值在2 000元以上，并且使用期限超过2年的，也作为固定资产。对于不符合上述条件的劳动资料，企业则将其作为低值易耗品管理和核算。

固定资产具有以下基本特征：(1)固定资产的使用期限超过一年，且在使用过程中保持原来的物质形态不变；(2)固定资产除土地外，一般均有一定的使用寿命或使用年限；(3)固定资产持有的目的是用于生产经营活动而不是为了出售。

(二)固定资产分类

为加强管理，便于会计核算，企业有必要对固定资产进行合理的分类。常见的固定资产分类方法有：

1. 按固定资产经济用途分类

按固定资产的经济用途分类，可分为生产经营用固定资产和非生产经营用固定资产。

生产经营用固定资产，是指直接服务于企业生产、经营过程的各种固定资产。如生产经营用的房屋、建筑物、机器、设备、器具、工具等。

非生产经营用固定资产，是指不直接服务于生产、经营过程的各种固定资产。如职工宿舍、食堂、浴室、理发室等使用的房屋、设备和其他固定资产等。

2. 按固定资产使用情况分类

按固定资产使用情况分类，可分为使用中固定资产、未使用固定资产和不需用固定资产。

使用中固定资产，是指正在使用中的经营性和非经营性固定资产。由于季节性经营或大修理等原因，暂时停止使用的固定资产仍属于企业使用中的固定资产；企业出租(指经营性租赁)给其他单位使用的固定资产和内部替换使用的固定资产也属于使用中的固定资产。

未使用固定资产，是指已完工或已购建的尚未交付使用的新增固定资产以及因进行改建、扩建等原因暂停使用的固定资产。如企业购建的尚待安装的固定资产、经营任务变更停止使用的固定资产等。

不需用固定资产，是指本企业多余或不适用，需要调配处理的固定资产。

3. 按综合情况分类

按固定资产的经济用途和使用情况综合分类，可把企业的固定资产分为七大类：(1)生产经营用固定资产。(2)非生产经营用固定资产。(3)经营性租出固定资产。(4)不需用固定资产。(5)未使用固定资产。(6)土地，是指过去已经估价单独入账的土地。因征地而支付的补偿费，应计入与土地有关的房屋、建筑物的价值内，不单独作为土地价值入账。(7)融资租入固定资产。

(三)固定资产的计价

固定资产的计价基础主要有两种，分别用于不同的目的。

1. 原始价值

固定资产的计价一般以原始价值为标准。原始价值简称原价或原值，也称实际成本、历史成本等，是指取得某项固定资产时和直至使该项固定资产达到预定可使用状态所实际支付的各项必要的、合理的支出，一般包括买价、进口关税、运输费、场地整理费、装卸费、安装费、专业人员服务费和其他税费等。

固定资产的原始价值由于具有客观性和可验证性的特点，因而它是固定资产的基本计价标准，但它也有明显的局限性，当社会经济环境和物价水平发生变化时，由于原始价值不能反映固定资产的现时价值，也就不能真实地揭示企业当前的生产经营规模和盈利水平，以此为依据编制的会计报表的真实性和相关性必然受到影响。

2. 折余价值

折余价值是指固定资产原始价值减去折旧后的余额，也称净值。它是计算固定资产盘盈、盘亏、出售、报废、毁损等溢余或损失的依据，将其与原始价值相比较，还可以大致了解固定资产的新旧程度。比如，企业的一项固定资产原值10 000元，已提折旧2 000元，可以说该项固定资产为八成新。企业根据这个计价标准可以合理制定固定资产的更新计划，适时进行固定资产的更新等。

(四)固定资产核算账户设置

为了核算固定资产业务，企业应设置下列账户：

1. 固定资产

“固定资产”账户用于核算固定资产的原价。该账户借方登记增加固定资产的原价；贷方登记减少固定资产的原价；期末余额在借方，反映小企业期末固定资产的账面原值。

2. 累计折旧

“累计折旧”账户用于核算小企业固定资产的累计折旧。该账户贷方登记计提的固定资产折旧；借方登记因减少固定资产而相应转销其所计提的折旧；期末贷方余额反映小企业已提取的固定资产折旧累计数。该账户是“固定资产”账户的备抵账户，将“固定资产”的借方余额减去该账户的贷方余额，反映企业固定资产的净值。

3. 在建工程

“在建工程”账户用于核算小企业进行建筑工程、安装工程、技术改造工程等发生的实际成本。该账户借方登记工程发生的实际支出；贷方结转完工工程的实际成本；期末借方余额反映企业尚未完工的工程发生的实际支出。

4. 工程物资

“工程物资”账户用于核算小企业为建筑工程等购入的各种物资的实际成本，包括为工程准备的材料、尚未安装的设备的实际成本等。该账户借方登记购入的工程物资；贷方登记领用工程物资和结转未用完的工程物资；期末借方余额，反映小企业为工程购入但尚未领用的材料及购入需要安装设备的实际成本等。

5. 固定资产清理

“固定资产清理”账户用于核算小企业因出售、报废和毁损等原因转入清理的固定资产及在清理过程中发生的清理费用和清理收入等。该账户的借方登记转入清理固定资产的净值和发生的清理费用及税金；贷方登记清理固定资产的变价收入和清理净收入(清理收入减去清理费用)；清理结束后，应将该账户的借贷方差额按不同的情况区别处理。期末余额，反映尚未清理完毕的固定资产的净值以及清理净收入(清理收入减去清理费用)。

二、取得固定资产的核算

固定资产应按其取得时的成本作为入账价值。取得时的成本包括买价、进口关税等税金，运输和保险等相关费用，以及为使固定资产达到预定可使用状态前所必要的支出。

固定资产的买价，即购买价格，是指购进该固定资产时取得的发票上的金额。进口关税是企业从国外购入固定资产时所发生的由该固定资产所负担的进口关税的金额。

运输和保险等相关费用，是指购买取得该固定资产过程中所发生的运输装卸费用及运输过程中所发生的保险费用等与该固定资产相关的费用。

所谓固定资产达到预定可使用状态，是指资产已经达到购买方或建造方预定的可使用状态。具体可从以下几个方面判断：(1)固定资产的实体建造(包括安装)工作已经全部完成或者实质上已经完成；(2)所购建的固定资产与设计要求或合同要求相符或基本相符，即使有极个别与设计或合同要求不相符的地方，也不影响正常使用；(3)继续发生在所购建固定资产上的支出金额很少或几乎不再发生。工程在达到预定可使用状态前，因必须进行试运转而形成的，能够对外销售的产品，其发生的成本，计入在建工程成本，销售或转为库存商品时，按实际销售收入或按预计售价冲减工程成本。

(一)固定资产的入账成本

由于固定资产的来源渠道不同，其价值构成的具体内容也有所差异。固定资产取得时的成本应当根据具体情况分别确定：

1. 外购固定资产成本

外购固定资产的成本包括买价、增值税(国家准许抵扣进项税的省市除外)、进口关税等相关税费，以及为使固定资产达到预定可使用状态前所发生的可直接归属于该资产的其他支出，如场地整理费、运输费、装卸费、安装费和专业人员服务费等。

2. 自制、自建固定资产成本

自制、自建的固定资产，按建造该项资产达到预定可使用状态前所发生的必要支出，作为其成本。

3. 投资者投入固定资产成本

投资者投入的固定资产，按投资各方确认的价值作为其成本。

4. 融资租入固定资产成本

融资租入的固定资产，按照租赁协议或者合同确定的价款加上运输费、途中保险费、安装调试费以及融资租入固定资产达到预定可使用状态前发生的利息支出和汇兑损溢后的金额作为其成本。

5. 盘盈固定资产成本

盘盈的固定资产按同类或类似固定资产的市场价格，减去按该项资产的新旧程度估计的价值损耗后的余额，作为其成本。

(二)外购固定资产核算

1. 购入不需安装的固定资产

购入不需要安装的固定资产，是指企业购入的固定资产不需要安装就可以直接交付使用。这类固定资产应按买价加上相关税费以及使固定资产达到预定可使用状态前的其他支出作为入账价值，借记"固定资产"科目，贷记"银行存款"等科目。

【例2－58】某生产企业购入一台不需要安装的设备，取得的增值税专用发票上标明的购买价格总额为200 000元，发票上注明的增值税额为34 000元。在运抵本企业前发生运输费用2 000元，发生途中保险费用1 000元。在该设备运抵本企业时，以银行存款支付销售方设备价款以及其垫付的运输费用和保险费用3 000元。

根据上述资料，该固定资产的入账价值为237 000元(200 000＋34 000＋2 000＋1 000)。

该企业对此进行账务处理时，应作如下会计分录：

借：固定资产——设备　　237 000

　贷：银行存款　　237 000

2. 购入需要安装的固定资产

购入需要安装的固定资产，是指购入的固定资产需要经过安装以后才能交付使用。企业购入固定资产支付的买价、包装费、运输费以及发生的安装费等均应通过"在建工程"科目核算，待安装完毕达到预定可使用状态时，再由"在建工程"科目转入"固定资产"科目。企业购入固定资产时，按实际支付的价款(包括买价、包装费、运输费、交纳的有关税金等)借记"在建工程"科目，贷记"银行存款"科目；发生的安装费用等，借记"在建工程"科目，贷记"银行存款"等科目；安装完成达到预定可使用状态时，按其实际成本(包括买价、税金、包装费、运输费和安装费等)作为固定资产的原价转账，借记"固定资产"科目，贷记"在建工程"科目。

【例2－59】某企业购入一台需要安装的设备。取得的增值税专用发票上注明的设备买价为60 000元，增值税额为10 200元，支付的运输费为1 500元；安装设备时，领用材料物资价值1 500元，购进该批材料时支付的增值税额为255元，支付工资3 000元。应作如下会计分录：

(1)支付设备价款、税金、运输费合计71 700元(60 000＋10 200＋1 500)

借：在建工程　　71 700

　贷：银行存款　　71 700

(2)领用安装材料，支付工资等费用4 755元(1 500＋255＋3 000)

借：在建工程　　4 755

　贷：原材料　　1 500

　　应交税费——应交增值税(进项税额转出)　　255

　　应付职工薪酬　　3 000

(3)设备安装完毕达到预定可使用状态，其入账价值为76 455元(71 700＋4 755)

借：固定资产　　76 455

　贷：在建工程　　76 455

(三)自行建造固定资产的核算

企业生产经营所需的固定资产，除了外购等方式取得外，还可以根据生产经营的特殊需要利用自有的人力、物力条件自行建造，即称之为自制、自建固定资产。自制固定资产是指企业自己制造生产经营所需的机器设备等，如自制特殊需要的车床等；自建固定资产是指企业自行建造房屋、建筑物、各种设施以及进行大型机器设备的安装工程（如大型生产线的安装工程）等，也称为在建工程。自制、自建的固定资产，按其实施的方式不同可分为自营工程和发包工程两种情况。

自制、自建的固定资产，按建造该项资产达到预定可使用状态前所发生的必要支出，作为其成本。

1. 自营工程核算

企业自营工程主要通过"工程物资"和"在建工程"科目进行核算。

"工程物资"科目，核算小企业为建筑工程等购入的各种物资的实际成本，包括为工程准备的材料、尚未安装的设备的实际成本等。

小企业购入为工程准备的物资，应根据实际成本和专用发票上注明的增值税额，借记"工程物资"科目，贷记"银行存款"、"应付账款"等科目。

工程领用工程物资，借记"在建工程"科目，贷记"工程物资"科目。

工程对领出的剩余工程物资应办理退库手续，并作相反的会计分录。

工程完工后剩余的物资，如转作本企业存货的，按材料的实际成本，借记"原材料"科目，按可抵扣的增值税进项税额，借记"应交税费——应交增值税（进项税额）"科目，按转入存货的剩余工程物资的账面余额，贷记"工程物资"科目。盘盈、盘亏、报废、毁损的工程物资，减去保险公司、过失人赔偿部分后的差额，工程尚未完工的，计入或冲减所建工程项目的成本；工程已经完工的，计入当期营业外收支。"工程物资"的期末借方余额，反映小企业为工程购入但尚未领用的材料及购入需要安装设备的实际成本。

"在建工程"科目，用于核算小企业进行建筑工程、安装工程、技术改造工程等发生的实际成本。自营工程方式建造的固定资产达到预定可使用状态前所发生的全部必要的支出均通过"在建工程"科目进行归集核算，并通过"在建工程"科目核算确定该建造的固定资产的建造成本。"在建工程"科目应当设置"建筑工程、安装工程、技术改造工程、其他支出"等明细科目进行明细核算。

小企业自营工程方式建造固定资产时，领用的工程用物资按工程物资的实际成本，借记"在建工程——建筑工程、安装工程"科目，贷记"工程物资"科目；如果领用本企业材料的，应按材料的实际成本加上不能抵扣的增值税进项税额，借记"在建工程——建筑工程、安装工程"等科目，按材料的实际成本，贷记"原材料"科目，按不能抵扣的增值税进项税额，贷记"应交税费——应交增值税（进项税额转出）"科目；如果领用本企业的商品产品，按商品产品的实际成本加上应交纳的相关税费，借记"在建工程——建筑工程、安装工程"科目，按应交纳的相关税费，贷记"应交税费——应交增值税（销项税额）"等科目，按库存商品的实际成本，贷记"库存商品"科目。

自营工程应负担的职工工资及福利费，借记"在建工程——建筑工程、安装工程"等科目，贷记"应付职工薪酬"科目。自营工程发生的工程管理费、征地费、可行性研究费、临时设施费、公证费、监理费等，借记"在建工程——其他支出"科目，贷记"银行存款"等科目。

自营工程方式建造的固定资产在达到预定可使用状态前发生的有关测试费用，应计入在建工程成本。发生时，按照实际发生的金额，借记"在建工程"科目，贷记其他相关的科目。"在建工程"科目的期末借方余额，反映小企业尚未完工的工程的实际成本。

【例2－60】某企业自行建造仓库一座，购入为工程准备的各种专用物资等200 000元，支付的增值税额为34 000元，实际领用工程物资(含增值税)210 600元，剩余物资转作企业存货；另外还领用了企业生产用的原材料一批，实际成本为30 000元，应转出的增值税为5 100元；支付工程人员工资50 000元，企业辅助生产车间为工程提供有关劳务支出10 000元，工程完工交付使用。应作如下会计分录：

(1)购入为工程准备的物资

借：工程物资　234 000

　贷：银行存款　234 000

(2)工程领用物资

借：在建工程——建筑工程(仓库)　210 600

　贷：工程物资　210 600

(3)工程领用原材料

借：在建工程——建筑工程(仓库)　35 100

　贷：原材料　30 000

　　应交税费——应交增值税(进项税额转出)　5 100

(4)支付工程人员工资

借：在建工程——建筑工程(仓库)　50 000

　贷：应付职工薪酬　50 000

(5)辅助生产车间为工程提供的劳务支出

借：在建工程——建筑工程(仓库)　10 000

　贷：生产成本——辅助生产成本　10 000

(6)工程完工交付使用

借：固定资产——仓库　305 700(210 600＋35 100＋50 000＋10 000)

　贷：在建工程——建筑工程(仓库)　305 700

(7)剩余工程物资转作企业存货

借：原材料　20 000

　应交税费——应交增值税(进项税额)　3 400

　贷：工程物资　23 400

关于在建工程的计价，还需要注意以下问题：

第一，工程达到预定可使用状态前因进行试运转所发生的净支出，计入工程成本。企业的在建工程项目在达到预定可使用状态前所取得的试运转过程中形成的、能够对外销售的产品，其发生的成本，计入在建工程成本，销售或转为库存商品时，按实际销售收入或按预计售价冲减工程成本。

第二，在建工程发生单项或单位工程报废或毁损，减去残料价值和过失人或保险公司等赔款后的净损失，计入继续施工的工程成本；如为非常原因造成的报废或毁损，或在建工程项目全部报废或毁损，应将其净损失直接计入当期营业外支出。

第三，所建造的固定资产已达到预定可使用状态，但尚未办理竣工决算的，应当自达到预定可使用状态之日起，根据工程预算、造价或者工程实际成本等，按估计的价值转入固定资产，并按企业会计制度的规定，计提固定资产的折旧。待办理竣工决算手续后再作调整。

2. 发包工程核算

企业采用发包方式进行的自制、自建固定资产工程，其工程的具体支出在承包单位核算。在这种方式下，“在建工程”科目实际成为企业与承包单位的结算科目，企业将与承包单位结算的工程价款作为工程成本，通过“在建工程”科目核算。企业按合同规定向承包企业预付工程款、备料款时，按实际支付的价款，借记“在建工程——建筑工程、安装工程”等科目，贷记“银行存款”科目；以拨付给承包单位的材料抵作预付备料款的，应按工程物资的实际成本，借记“在建工程——建筑工程、安装工程”等科目，贷记“工程物资”科目；将需要安装设备交付承包单位进行安装时应按设备的成本，借记“在建工程——建筑工程、安装工程”科目，贷记“工程物资”科目；工程完工收到承包单位账单，与承包单位办理工程价款结算时，补付的工程价款，借记“在建工程——建筑工程、安装工程”等科目，贷记“银行存款”、“应付账款”等科目；工程完工达到预定可使用状态时，按实际发生的全部支出借记“固定资产”科目，贷记“在建工程——建筑工程、安装工程等”科目。

【例 2－61】某企业将一幢新建厂房的工程出包给乙企业承建，按规定先向承包单位预付工程价款 300 000 元，工程完工后，收到承包单位的有关工程结算单据，补付工程款 86 000 元，工程完工经验收后交付使用。应作如下会计分录：

(1) 预付工程价款

借：在建工程——建筑工程（厂房）　　300 000

　　贷：银行存款　　300 000

(2) 补付工程款

借：在建工程——建筑工程（厂房）　　86 000

　　贷：银行存款　　86 000

(3) 工程完工交付使用

借：固定资产——厂房　　386 000

　　贷：在建工程——建筑工程（厂房）　　386 000

三、固定资产折旧

（一）固定资产折旧概述

1. 固定资产折旧概念及性质

企业的固定资产可以长期参加生产经营而仍保持其原有的实物形态，但其价值将随着固定资产的使用而逐渐转移到生产的产品成本中，或构成企业的费用。固定资产折旧，即是对固定资产由于磨损和损耗而转移到产品成本或构成企业费用的那一部分价值的补偿。

固定资产的损耗分为有形损耗和无形损耗两种。有形损耗是指固定资产由于使用和自然力的影响而引起的使用价值和价值的损失；无形损耗则是指由于科学技术进步等而引起的固定资产价值的损失。固定资产的有形损耗是显而易见的，如机械磨损和自然条件的侵蚀等，但是，随着科学技术的日新月异，固定资产的无形损耗有时比有形损耗更为严重，对计算折旧的影响更大。

从本质上讲，折旧也是一种费用，只不过这一费用没有在计提期间付出实实在在的货币资金，但这种费用是长期已经发生的支出，而这种支出的收益在资产投入使用后的有效使用期内体现，无论是从权责发生制的原则，还是从收入费用配比的原则讲，计提折旧都是必需的，换言之，不提折旧或不正确地计提折旧，都将对企业计算产品成本（或营业成本）、计算损溢产生错误影响。

固定资产的应计提折旧额应当在其使用年限内系统而合理地摊销。怎样才能保证合理、正确地计提固定资产的折旧，首先要了解影响折旧的因素。主要有以几下方面：

①计提折旧的基数。计算固定资产折旧的基数一般为取得固定资产的原始成本，即固定资产的账面原价。在西方一些国家，也有主张以固定资产的重置完全成本（或重估价）为依据计提折旧的。

②固定资产的净残值。固定资产的净残值是指预计的固定资产报废时可以收回的残余价值扣除预计清理费用后的数额。

③固定资产的使用年限。固定资产使用年限的长短直接影响各期应提的折旧额，应当合理确定固定资产的使用年限。

④折旧方法。企业应当根据固定资产的性质和使用情况，合理地确定固定资产的折旧年限和预计净残值，并根据固定资产所含经济利益预期实现方式选择折旧方法，按照管理权限，经有权机构批准，作为计提折旧的依据。企业已经确定并对外报送，或备置于企业所在地的有关部门。固定资产折旧年限和预计净残值、折旧方法等，一经确定不得随意变更，如需变更，应将变更的内容及原因在当期会计报表附注中说明。

2. 固定资产折旧的范围

确定固定资产折旧的范围，一是要从空间范围上确定哪些固定资产应当提取折旧、哪些固定资产不应当提取折旧；二是要从时间范围上确定应计提折旧的固定资产什么时间开始提取折旧，什么时间停止提取折旧。

企业固定资产计提折旧的具体范围包括：（1）房屋和建筑物；（2）所有的机器设备、仪器仪表、运输工具、工具器具；（3）季节性停用、大修理停用的固定资产；（4）融资租入和以经营租赁方式租出的固定资产。

已达到预定可使用状态的固定资产，如果尚未办理竣工决算的，应当按照估计价值暂估入账，并计提折旧；待办理了竣工决算手续后，再按照实际成本调整原来的暂估价值，同时调整原已计提的折旧额，当期计提的折旧额和对原折旧额的调整，均作为当期的成本、费用处理。

小企业对于进行改良后的固定资产，应当根据调整后的固定资产成本，并根据本企业使用情况合理估计折旧年限和净残值，提取折旧。对于接受的捐赠的旧的固定资产，小企业应当按照确定的固定资产入账价值、预计尚可使用年限、预计净残值，以及企业所选用的折旧方法计提折旧。

融资租入的固定资产，应当采用与自有应计折旧资产相一致的折旧政策。

不计提折旧的固定资产有：（1）已提足折旧的仍继续使用的固定资产；（2）按规定单独估价作为固定资产入账的土地。

3. 固定资产折旧的方法

小企业应当根据与固定资产有关的经济利益的预期实现方式，合理选择固定资产折旧方法。可选用的折旧方法包括年限平均法、工作量法、双倍余额递减法和年数总和法等。固定资产的折旧方法一经确定，不得随意变更。

(1)年限平均法

年限平均法也称直线法，它是以固定资产预计使用年限为分摊标准，将固定资产应提折旧总额均衡分摊到使用各年的一种折旧方法。采用这种折旧方法，各年折旧额相等，不受固定资产使用频率或生产量多少的影响，因而也称固定费用法。

年限平均法计算折旧的公式如下：

年折旧额 =（原价 − 预计净残值）÷ 预计使用年限

= 原价 ×（1 − 预计净残值/原价）÷ 预计使用年限

= 原价 × 年折旧率

在实务中，固定资产折旧额是根据折旧率计算的。折旧率是指折旧额占原始价值的比重。用公式表示如下：

年折旧率 = 年折旧额 ÷ 原始价值 × 100%

=（1 − 预计净残值率）÷ 预计使用年限 × 100%

月折旧率 = 年折旧率 ÷ 12

【例 2 − 62】联华股份有限公司的一台机器设备原始价值为 92 000 元，预计净残值率为 4%，预计使用 5 年，采用年限平均法计提折旧。

年折旧率 =（1 − 4%）÷ 5 × 100% = 19.2%

月折旧率 = 19.2% ÷ 12 = 1.6%

年折旧额 = 92 000 × 19.2% = 17 664（元）

月折旧额 = 17 664 ÷ 12 = 1 472（元）（或者：92 000 × 1.6%）

采用年限平均法计算的各年折旧额见表 2 − 5。

表 2 − 5　　各年折旧额年限平均法计算表　　单位：元

使用年限	年折旧额	累计折旧额	账面净值
购置时			92 000
1	17 664	17 664	74 336
2	17 664	35 328	56 672
3	17 664	52 992	39 008
4	17 664	70 656	21 344
5	17 664	88 320	3 680
合计	88 320	−	—

从上面的计算过程可以看出年限平均法的优缺点。

年限平均法的优点：计算过程简便易行，容易理解，是会计实务中应用得最广泛的一种方法。

年限平均法的缺点：①只注重固定资产的使用时间，而忽视使用状况，使固定资产无论物质磨损程度如何，都计提同样的折旧费用，显然不合理。②固定资产各年的使用成本负担不均衡。一般来说，随着资产的变旧，所需要的修理、保养等费用将会逐年增加，而年限平均法确定的各年折旧费用是相同的，这就产生了固定资产使用早期负担费用偏低，而后期负担偏高的现象，从而违背了收入与费用相配比的原则。

(2)工作量法

工作量法是以固定资产预计可完成的工作总量为分摊标准，根据各年实际完成的工作量计算折旧的一种方法。采用这种折旧方法，各年折旧额大小随着工作量的变动而变动，因而也称为变动费用法。采用工作量法计算折旧的原理和年限平均法相同，只是将分配折旧额的标准由使用年限改成了工作量，因此，工作量法实际上是年限平均法的一种演变。所以，工作量法也被归类为直线法。其计算过程用公式表示如下：

单位工作量折旧额＝[原始价值×(1－预计净残值率)]÷预计工作量总额

年折旧额＝某年实际完成的工作量×单位工作量折旧额

【例2－63】联华股份有限公司的一台施工机械按工作量法计提折旧。原始价值150 000元，预计净残值率3%，预计可工作20 000个台班时数。该设备投入使用后，各年的实际工作台班时数假定为:第1年7 200小时，第2年6 800小时，第3年4 500小时，第4年1 500小时。

单位台班小时折旧额＝[150 000×(1－3%)]÷20 000＝7.275(元)

各年折旧额的计算结果见表2－6。

表2－6　　各年折旧额工作量法计算表　　单位:元

使用年次	各年折旧额	累计折旧额	账面净值
购置时			150 000
1	52 380	52 380	97 620
2	49 470	101 850	48 150
3	32 737.5	134 587.5	15 412.5
4	10 912.5	145 500	4 500
合计	145 500	－	—

从上面的计算过程可以看出工作量法的优缺点。

工作量法的优点和年限平均法一样，比较简单实用，而且工作量法以固定资产的工作量为分配固定资产成本的标准，使各年计提折旧额与固定资产的使用程度成正比例关系，体现了收入与费用相配比的会计原则。工作量法的缺点也是明显的，它将有形损耗看做是引起固定资产折旧的惟一因素，固定资产不使用则不计提折旧，而事实上，由于无形损耗的客观存在，固定资产即使不使用也会发生折旧。工作量法在计算固定资产前后期折旧时采用了一致的单位工作量的折旧额，而实际上这一折旧额在各期是不一样的，因为固定资产在使用的过程中单位工作量里所带来的经济利益是不一样的，因而折旧额也应该是不一样的。工作量法忽视了这一点。

(3)年数总和法

年数总和法也叫年限积数法，是以计算折旧当年年初固定资产尚可使用年数作分子，以各年年初固定资产尚可使用年数的总和作分母，分别确定各年折旧率，然后用各年折旧率乘以应提折旧总额计算每年折旧额的一种方法。年数总和法的特点是各年计算折旧的基数相同，都是应提折旧总额，但各年的折旧率是一个递减的分数，因此各年的折旧额也是递减的。

年折旧额 =（原价 - 预计净残值）× 年折旧率

年折旧率用一递减分数来表示，将逐期年数相加作为递减分数的分母，将逐期年数倒转顺序分别作为各年递减分数的分子。

【例 2 - 64】联华股份有限公司一台 A 设备采用年数总和法计算各年折旧额。该设备原始价值为 100 000 元，预计使用 5 年，预计净残值 3 100 元。各年折旧分数如表 2 - 7。

表 2 - 7

使用时间	尚可使用年限	折旧分数
第 1 年	5	5/15
第 2 年	4	4/15
第 3 年	3	3/15
第 4 年	2	2/15
第 5 年	1	1/15

采用年数总和法计算的各年折旧额见表 2 - 8。

表 2 - 8 年数总和法各年折旧额计算表 单位:元

使用年限	年折旧额	累计折旧额	账面净值
购置时			100 000
1	32 300	32 300	67 700
2	25 840	58 140	41 860
3	19 380	77 520	22 480
4	12 920	90 440	9 560
5	6 460	96 900	3 100
合计	96 900	-	-

（4）双倍余额递减法

双倍余额递减法是以双倍的直线折旧率作为加速折旧率，乘以各年年初固定资产账面净值计算各年折旧额的一种方法。折旧额的计算用公式表示如下：

年折旧率 =（1 ÷ 预计使用年限）× 2 × 100%

某年的折旧额 = 该年期初固定资产净值 × 年折旧率

在会计实务中，为简化折旧的计算，在固定资产预计使用年限到期前两年，就要进行方法的转换，将未提足的折旧平均提取，即最后两年改为直线法。

【例2－65】联华股份有限公司一台A设备采用双倍余额递减法计提折旧。该设备原始价值为100 000元，预计使用5年，预计净残值3 100元。

A设备采用双倍余额递减法计提的各年折旧额见表2－9。

表2－9 **双倍余额递减法各年折旧额计算表** 单位:元

使用年次	折旧率	年折旧额	累计折旧额	账面净值
购置时				100 000
1	40%	40 000	40 000	60 000
2	40%	24 000	64 000	36 000
3	40%	14 400	78 400	21 600
4	–	9 250	87 650	12 350
5	–	9 250	96 900	3 100
合计	–	96 900	–	–

上表中第4年、第5年的折旧额是用第4年的期初账面净值21 600元减去净残值3 100元，被2除求得。

(二)固定资产折旧的核算

在会计实务中，小企业一般都是按月计提固定资产折旧的。为了简化核算，月份内开始使用的固定资产，当月不计提折旧，从下月起计提折旧;月份内减少或停用的固定资产，当月仍计提折旧，从下月起停止计提折旧。因此，企业各月计提折旧时，可在上月计提折旧的基础上，对上月固定资产的增减情况进行调整后计算当月应计提的折旧额。用公式表示如下:

当月固定资产应计提折旧额＝上月固定资产应计提折旧额＋上月增加的固定资产应计提折旧额－上月减少的固定资产应计提折旧额

固定资产的折旧费用，应根据固定资产的受益对象分配计入有关的成本或费用中。例如，企业管理部门使用的固定资产计提的折旧费用，应计入管理费用;生产部门使用的固定资产计提的折旧费用，应计入制造费用;专设销售机构使用的固定资产计提的折旧费用，应计入营业费用;经营性出租的固定资产计提的折旧费用，应计入其他业务支出等。

按期(月)计提固定资产的折旧，借记“制造费用”、“营业费用”、“管理费用”、“其他业务支出”等科目，贷记“累计折旧”科目。处置固定资产还应同时结转累计折旧。

为了便于折旧的计算，企业一般通过编制“固定资产折旧计算表”进行折旧的计算和分配，并以此作为折旧核算的原始凭证。

【例2－66】2007年8月31日，某公司编制的固定资产折旧计算表见表2－10。

表 2－10　　　　　　　　　　　　**固定资产折旧计算表**

2007 年 8 月 31 日　　　　　　　　　　　　单位:元

使用部门	固定资产项目	上月折旧额	上月增加固定资产		上月减少固定资产		本月折旧额	费用分配
			原价	月折旧额	原价	月折旧额		
一车间	厂房	60 000					60 000	制造费用
	机械设备	180 000	90 000	8 500	70 000	5 900	182 600	
	其他设备	20 000					20 000	
	小计	260 000					262 600	
二车间	厂房	40 000	80 000	7 600			47 600	
	机械设备	70 000			20 000	1 800	68 200	
	小计	110 000					115 800	
厂部	办公楼	30 000					30 000	管理费用
	办公设备	23 000			30 000	2 400	20 600	
	运输工具	8 000					8 000	
	小计	61 000					58 600	
其他	经营出租	3 000					3 000	其他业务支出
合计		434 000					440 000	

根据上述固定资产折旧计算表，折旧费用分配的会计分录为:

借:制造费用——一车间　　　　262 600
　　　　　——二车间　　　　115 800
　管理费用　　　　　　　　　58 600
　其他业务支出　　　　　　　3 000
　贷:累计折旧　　　　　　　　　440 000

四、固定资产后续支出核算

企业的固定资产投入使用后，为了适应新技术发展的需要，或者为维护或提高固定资产的使用效能，往往需要对现有固定资产进行维护、改建、扩建或者改良，这些支出成为固定资产的后续支出。

根据后续支出对该固定资产的影响划分，固定资产的后续支出可以区分为费用化后续支出和资本化后续支出两类。

(一)费用化后续支出核算

与固定资产有关的后续支出，如果不能使流入企业的经济利益超过原先的估计，则应在发生时确定为费用。在实务中，固定资产的费用化后续支出，主要是指固定资产的修理支出，其会计处理为:按实际发生的支出，借记“管理费用”、“制造费用”等科目，贷记“原材料”、“银行存款”等科目。

【例 2-67】甲企业对生产车间使用的机器设备进行修理。在修理过能中领用了本企业材料一批，其价值为 3 000 元，为购买该批材料支付的增值税进项税额为 510 元；用现金支付维修人员工资为 800 元。根据上述经济业务，甲企业应作如下账务处理：

借：制造费用　　4 310
　贷：原材料　　3 000
　　应交税费——应交增值税（进项税额转出）　　510
　　库存现金　　800

（二）资本化后续支出核算

与固定资产有关的后续支出，如果使可能流入企业的经济利益超过了原先的估计，如延长了固定资产的使用寿命、使生产的产品质量实质性提高或是生产产品的成本实质性降低等，应将发生的支出资本化，也就是将这种后续支出计入固定资产价值中。在实务中，固定资产的资本化后续支出，主要是指固定资产的改良、改扩建等支出。

1. 在核算固定资产发生可资本化的后续支出时，企业应将该固定资产的原价、已计提的累计折旧转销，将固定资产的账面余额转入在建工程。其会计处理如下：按该项固定资产的账面余额，借记“在建工程——技术改造工程”等科目；按该项固定资产已经计提的折旧，借记“累计折旧”科目；按该项固定资产的原价，贷记“固定资产”科目。

2. 固定资产发生的资本化后续支出，应通过“在建工程——技术改造工程”等科目核算，其会计处理为：借记“在建工程——技术改造工程”科目，贷记“银行存款”等科目。

3. 在固定资产发生的资本化后续支出完成并达到预定可使用状态时，应将“在建工程”的实际成本转入“固定资产”中。其会计处理为：按在建工程的实际成本（包括原从固定资产账面余额转入的价值和后续的资本化支出），借记“固定资产”科目，贷记“在建工程——技术改造工程”科目。

【例 2-68】甲企业对生产车间的一套生产线进行改造。该生产线原始价值 500 000 元，预计使用年限 5 年，预计净残值为 0；至改造时，该生产线已经使用了 2 年，已提折旧 200 000 元。在改造过程中，共发生支出 100 000 元，全部以银行存款支付。经过改造，该生产线的生产能力得到大幅提高，并使该生产线的预计使用年限提高了 3 年。根据上述经济业务，甲企业应作如下账务处理：

（1）将固定资产账面价值转入在建工程

借：在建工程——技术改造工程（生产线）300 000
　累计折旧　　200 000
　贷：固定资产——生产线　　500 000

（2）发生后续资本化支出：

借：在建工程——技术改造工程（生产线）100 000
　贷：银行存款　　100 000

（3）后续资本化支出完成达到预定可使用状态

借：固定资产——生产线　　400 000
　贷：在建工程——技术改造工程（生产线）　　400 000

五、固定资产减少的核算

企业在生产经营过程中，对那些不适用或不需用的固定资产可以出售转让，也可以用固定资产对外投资、捐赠、抵偿债务，还可能由于调拨、盘亏等原因发生固定资产的减少。对那些由于使用而不断磨损直至最终报废，或由于技术进步等原因发生提前报废，或由于遭受自然灾害等非常损失发生毁损的固定资产，也应及时进行清理。企业因出售、捐赠、抵偿债务、报废、毁损等原因减少的固定资产应通过“固定资产清理”科目核算。

(一)出售、报废和毁损而减少固定资产核算

企业出售、报废和毁损等原因减少的固定资产，会计核算一般可分为以下几个步骤：

1. 固定资产转入清理。企业出售、报废和毁损的固定资产转入清理时，应按清理固定资产的账面价值，借记“固定资产清理”科目，按已提的折旧，借记“累计折旧”科目，按固定资产原价，贷记“固定资产”科目。

2. 发生的清理费用。固定资产清理过程中发生的清理费用(如支付清理人员的工资等)也应记入“固定资产清理”科目，按实际发生的清理费用，借记“固定资产清理”科目，贷记“银行存款”等科目。

3. 计算交纳的营业税。企业销售固定资产，按照税法的有关规定，应按其超过购建成本的销售额计算交纳营业税，计算的营业税应记入“固定资产清理”科目，借记“固定资产清理”科目，贷记“应交税费——应交营业税”科目。

4. 出售收入和残料等的处理。企业收回出售固定资产的价款、报废固定资产的残料价值和变价收入等，应冲减清理支出，按实际收到的出售价款及残料变价收入等，借记“银行存款”、“原材料”等科目，贷记“固定资产清理”科目。

5. 保险赔偿的处理。企业计算或收到的应由保险公司或过失人赔偿的报废、毁损固定资产的损失，应冲减清理支出，借记“银行存款”或“其他应收款”科目，贷记“固定资产清理”科目。

6. 清理净损溢的处理。小企业于生产经营期间产生的固定资产清理净收益，应借记“固定资产清理”科目，贷记“营业外收入”科目；生产经营期间产生的固定资产清理净损失，应借记“营业外支出”科目，贷记“固定资产清理”科目。

【例2－69】某企业对外出售一幢建筑物，该建筑物的账面原价为100 000元，已计提累计折旧为35 000元，实际出售价格为80 000元，已通过银行收回价款。出售时，发生各种清理费用4 000元，已用银行存款支付。假设应交纳营业税的税率为5%(不考虑其他税费)，并通过银行结算交纳了有关税金。该企业应作如下会计分录：

(1)将出售建筑物转入清理

借:固定资产清理	65 000	
累计折旧	35 000	
贷:固定资产		100 000

(2)收回出售的价款

借:银行存款	80 000	
贷:固定资产清理		80 000

(3)支付清理费用

借:固定资产清理 4 000

贷:银行存款 4 000

(4)计算并交纳营业税

借:固定资产清理 4 000(80 000×5%)

贷:应交税费——应交营业税 4 000

借:应交税费——应交营业税 4 000

贷:银行存款 4 000

(5)结转出售固定资产发生的净收益

借:固定资产清理 7 000

贷:营业外收入——处置固定资产净收益 7 000

【例2-70】乙企业有运输卡车一辆,原价160 000元,已提折旧70 000元,在一次交通事故中报废,收回过失人赔偿款60 000元,卡车残料变卖收入5 000元。根据上述经济业务,乙企业应作如下账务处理:

(1)固定资产转入清理

借:固定资产清理 90 000

累计折旧 70 000

贷:固定资产 160 000

(2)收到过失人赔偿

借:银行存款 60 000

贷:固定资产清理 60 000

(3)收到残料变价收入

借:银行存款 5 000

贷:固定资产清理 5 000

(4)结转固定资产清理的净损失

固定资产清理净损失=90 000-60 000-5 000=25 000(元)

借:营业外支出——非常损失 25 000

贷:固定资产清理 25 000

(二)捐赠转出固定资产核算

企业对外捐赠转出的固定资产,应当通过"固定资产清理"科目进行核算。捐出固定资产时,应按固定资产净值,借记"固定资产清理"科目,按该项固定资产已提的折旧,借记"累计折旧"科目,按固定资产的账面原价,贷记"固定资产"科目。

对于发生的与该捐赠转出固定资产相关的应支付的相关税费,也通过"固定资产清理"科目进行核算。发生相关税费时,应当按照实际支出的相关税费的金额,借记"固定资产清理"科目,贷记"银行存款"等科目。

捐赠完成后,"固定资产清理"科目的余额,结转为营业外支出,即按"固定资产清理"科目的余额,借记"营业外支出——捐赠支出"科目,贷记"固定资产清理"科目。

【例2-71】某企业本月将其所拥有全部产权的一幢建筑物捐赠给某希望小学。该建筑物的账面原价为400 000元,累计折旧为100 000元。为该捐赠发生的清理费用为5 000元,清理费用以银行存款支付。企业应作会计分录如下：

借：固定资产清理　　300 000
　　累计折旧　　100 000
　贷：固定资产　　400 000
借：固定资产清理　　5 000
　贷：银行存款　　5 000
借：营业外支出——捐赠支出　　305 000
　贷：固定资产清理　　305 000

（三）固定资产盘亏核算

企业于每年编制年度财务报告前，应当对固定资产进行全面的清查。平时，可根据需要，组织局部的轮流清查或抽查。在对固定资产进行清查过程中，有时可能发生固定资产盘亏的情况，即固定资产的实存数低于固定资产的账面数。企业发生固定资产盘亏时，应按盘亏固定资产的账面净值，借记"营业外支出——固定资产盘亏"科目，按已计提折旧，借记"累计折旧"科目，按该盘亏固定资产的原价，贷记"固定资产"科目。

【例2－72】某企业12月份对固定资产进行全面清查，在清查过程中发现某加工机床盘亏一台。该加工机床账面原价为100 000元，已计提累计折旧为40 000元。

该企业对该盘亏的加工机床进行账务处理时，应作如下会计分录：

借：营业外支出——固定资产盘亏　　60 000
　　累计折旧　　40 000
　贷：固定资产　　100 000

（四）固定资产用于债务重组

固定资产用于债务重组换出固定资产的核算将在第八章（债务重组）中讲解。

（五）固定资产用于非货币性交易

固定资产用于非货币性交易换出固定资产的核算将在第九章（非货币性资产交换）中讲解。

六、固定资产明细分类核算

（一）固定资产登记簿的设置与登记

为了加强固定资产管理，反映和监督各类固定资产和每项不同性能和用途的固定资产的变化情况，小企业除进行固定资产的总分类核算外，还应设置"固定资产卡片"和"固定资产登记簿"进行明细核算。账页采用"数量金额式"账页进行登记。

（二）固定资产卡片的设置

增加固定资产都应设置固定资产卡片。每张固定资产卡片必须与每一独立的固定资产相对应。在每一张卡片中，应记载该项固定资产的编号、名称、规格、技术特征、使用单位、开始使用日期、原价、预计使用年限、折旧率、停用及大修理等详细资料。凡是有关固定资产折旧、改良、大修理、内部转移、停止使用以及清理售出等经济业务，都应根据有关凭证在卡片内进行登记。固定资产登记簿应按固定资产的类别开设期页，账内按保管、使用单位设置专栏。该登记簿只登记金额，不登记数量，并按月结出余额，以反映各类固定资产的使用、保管和增减变动及其结存情况。

固定资产登记簿、固定资产卡片和固定资产总分类账户的记录，应定期进行核对，固定资产登记簿上各类固定资产余额的合计数，必须同固定资产分类账上的余额核对相符；固定资产卡片的分类合计数，必须同固定资产登记簿上各类固定资产余额核对相符。

第七节 无形资产与其他非流动资产

一、无形资产

(一)无形资产概述

1. 无形资产的概念

无形资产是指企业为生产商品、提供劳务、出租给他人，或为管理目的而持有的、没有实物形态的可辨认非货币性资产。无形资产包括专利权、非专利技术、商标权、著作权、土地使用权等。

(1)专利权。专利权是指国家专利主管机关依法授予发明创造专利申请人对其发明创造在法定期限内所享有的专有权利，包括发明专利权、实用新型专利权和外观设计专利权。

(2)非专利技术。非专利技术，也称专有技术。它是指不为外界所知、在生产经营活动中已采用了的、不享有法律保护的各种技术和经验。非专利技术一般包括工业专有技术、商业贸易专有技术、管理专有技术等。

(3)商标权。商标是用来辨认特定的商品或劳务的标记。商标权是指专门在某类指定的商品或产品上使用特定的名称或图案的权利。

(4)著作权。著作权又称版权，指作者对其创作的文学、科学和艺术作品依法享有的某些特殊权利。著作权包括两方面的权利，即精神权利(人身权利)和经济权利(财产权利)。前者指作者署名、发表作品、确认作者身份、保护作品的完整性、修改已经发表的作品等项权利，包括发表权、署名权、修改权和保护作品完整权；后者指以出版、表演、广播、展览、录制唱片、摄制影片等方式使用作品以及因授权他人使用作品而获得经济利益的权利。

(5)土地使用权。土地使用权，指国家准许某企业在一定期间内对国有土地享有开发、利用、经营的权利。根据我国土地管理法的规定，我国土地实行公有制，任何单位和个人不得侵占、买卖或者以其他形式非法转让。企业取得土地使用权的方式大致有以下几种：行政划拨取得、外购取得、投资者投入取得等。

2. 无形资产的特征

无形资产的特征包括：

(1)无形资产不具有实物形态。不具有实物形态是无形资产区别于固定资产及其他有形资产的主要标志。需要说明的是，某些无形资产的存在依赖于实物载体，如计算机软件需要存储在磁盘中，但这并没有改变无形资产本身不具有实物形态的特性。

(2)属于非货币性长期资产，持有的主要目的是为企业使用而非出售。

(3)在创造经济利益方面具有较大不确定性。无形资产创造经济利益的能力较多地受企业内部和外部因素的影响，比如相关新技术更新换代的速度、利用无形资产所生产产品的市场接受程度等。无形资产的这一特征，要求在对无形资产进行核算时持更为谨慎的态度。

(二)无形资产的确认与计量

1. 无形资产的确认

某个资产项目要确认为企业的无形资产，必须符合以下三个条件：

(1)符合无形资产的定义。符合无形资产定义的重要表现之一，就是企业能够控制该无形资产产生的经济利益。一般来说，如果企业有权获得某项无形资产产生的经济利益，同时又能约束其他人获得这些经济利益，则说明企业控制了该无形资产，或者说控制了该无形资产产生的经济利益。具体表现为企业拥有该无形资产的法定所有权，或企业与他人签订了协议，使得企业的相关权利受到法律的保护。

(2)产生的经济利益很可能流入企业。作为企业无形资产予以确认的项目，必须具备产生的经济利益很可能流入企业这项基本条件。确定无形资产创造的经济利益是否很可能流入企业，需要进行职业判断。

(3)成本能够可靠地计量。成本能够可靠地计量是资产确认的一项基本条件。对于无形资产来说，这个条件显得十分重要。企业自创商誉符合无形资产的定义，但自创商誉过程中发生的支出却难以计量，因而不能作为企业的无形资产予以确认。又比如，一些高新科技企业的科技人才，假定其与企业签订了服务合同，且合同规定其在一定期限内不能为其他企业提供服务。在这种情况下，虽然这些科技人才的知识在规定的期限内预期能够为企业创造经济利益，但由于这些技术人才的知识难以准确或合理辨认，加之为形成这些知识所发生的支出难以计量，从而不能作为企业的无形资产加以确认。

2. 无形资产的计量

无形资产应按取得时的实际成本计量。取得时的实际成本按以下原则确定：

(1)购入的无形资产，按实际支付的价款作为实际成本。

(2)投资者投入的无形资产，按投资各方确认的价值作为实际成本。

(3)接受捐赠的无形资产，捐赠方提供了有关凭据的，按凭据上标明的金额加上应支付的相关税费，作为实际成本；捐赠方未提供有关凭据的，按其市价或同类、类似无形资产的市价作为实际成本。

(4)自行开发并按法律程序申请取得的无形资产，依法取得时发生的注册费、律师费等作为其实际成本。研究开发过程中发生的材料费用、直接参与开发人员的工资及福利费等研发费用，应于发生时计入当期损溢。

(5)购入的土地使用权，或以支付土地出让金方式取得的土地使用权，按照实际支付的价款作为实际成本，并作为无形资产核算，待该项土地开发时再将其账面价值转入相关在建工程。

(三)无形资产核算

1. 无形资产核算账户设置

小企业应设置"无形资产"科目，其借方登记企业取得无形资产的实际成本，贷方登记因摊销、出售等原因减少的无形资产的实际成本；期末余额在借方，反映企业已入账无形资产的摊余价值。本科目应按无形资产类别设置明细账，进行明细核算。

2. 无形资产取得核算

(1)购入的无形资产

外购的无形资产按实际支付的价款作为实际成本。企业购入无形资产，有时是一次只购入一项无形资产，有时则是一揽子购入无形资产。一次只购入一项无形资产，则支付的价款就是其取得成本。而一揽子购入的无形资产，则要确定无形资产的取得成本，通常应按该无形资产和其他资产的公允价值相对比例确定。

购入的无形资产，按实际支付的价款，借记本科目，贷记“银行存款”等科目。

【例2－73】甲企业购入一项专利权，实际支付的价款为150 000元，款项已经通过银行支付。其会计分录如下：

借：无形资产——专利权　　150 000

　贷：银行存款　　150 000

(2)投资者投入的无形资产，按投资各方确认的价值，借记本科目，贷记“实收资本”等科目。

【例2－74】企业接受投资方甲企业以一项商标权作价投资，经投资各方确认其价值为200 000元。其会计分录如下：

借：无形资产——商标权　　200 000

　贷：实收资本——甲企业　　200 000

(3)接受捐赠的无形资产，按确定的实际成本，借记本科目，贷记“待转资产价值”科目。

【例2－75】某加工企业接受某科研所捐赠的无形资产一项，该无形资产的市价为50 000元。该加工企业对此应作如下会计分录：

借：无形资产　　50 000

　贷：待转资产价值　　50 000

(4)自行开发并按法律程序申请取得的无形资产，按申请注册过程中的实际支出，借记本科目，贷记“银行存款”等科目。相关研发费用，于发生时计入当期管理费用。

【例2－76】某企业开发一项专有技术，研究开发过程中发生的费用为200 000元(包括人员工资100 000元，材料费用50 000元，借款费用50 000元)，开发结束后，企业按法律程序申请并取得专利权，申请该专利权发生注册费、律师费共30 000元，有关费用已以银行存款支付。

该企业为开发该专有技术的过程中发生的相关费用，应当在发生有关费用的当期确认为费用计入发生当期的损溢。而对于申请取得该项专利所发生的注册费用和律师费用则作该专利权的入账价值作为无形资产入账。此时，该企业应作如下会计分录：

①研究开发过程中发生支出时

借：财务费用　　50 000

　　管理费用　　150 000

　贷：应付职工薪酬　　100 000

　　　原材料　　50 000

　　　银行存款　　50 000

②申请取得专利时

借:无形资产　　　　　　　　　　30 000

　贷:银行存款　　　　　　　　　　　　30 000

(5)以支付土地出让金方式取得的土地使用权，按照实际支付的价款，借记本科目，贷记“银行存款”等科目;待该项土地开发时再将其账面价值转入相关在建工程，借记“在建工程”等科目，贷记本科目。

【例2－77】某企业从当地政府购入一块土地的使用权，以银行存款支付转让价款5 000 000元，并开始进行建造厂房等开发工作。

该企业购进该土地使用权时作如下会计分录:

①支付转让价款时

借:无形资产——土地使用权　　　　5 000 000

　贷:银行存款　　　　　　　　　　　　5 000 000

②转入开发时

借:在建工程　　　　　　　　　　5 000 000

　贷:无形资产——土地使用权　　　　5 000 000

3. 无形资产摊销核算

无形资产属于企业的长期资产，能在较长的时间里给企业带来效益。但无形资产通常也有一定的有效期限，其价值将随着时间的推移而消失，因此，企业应将入账的无形资产在一定年限内摊销，其摊销金额计入管理费用，并同时计入“累计摊销”的贷方,“无形资产”的期末余额减“累计摊销”的期末余额为无形资产的账面价值。

《小企业会计制度》规定，无形资产应当自取得当月起按直线法分期平均摊销，计入损溢。其摊销年限应按以下原则确定:

(1)合同规定了受益年限但法律没有规定有效年限的，摊销年限不应超过合同规定的受益年限;

(2)合同没有规定受益年限但法律规定了有效年限的，摊销年限不应超过法律规定的有效年限;

(3)合同规定了受益年限，法律也规定了有效年限的，摊销年限不应超过受益年限和有效年限二者之中较短者。

如果合同没有规定受益年限，法律也没有规定有效年限的，摊销年限不应超过10年。

无形资产的摊销期限一经确定，不得任意变更。因为客观经济环境的改变确实需要变更摊销年限的，应将变更作为会计估计变更处理;否则，应视作滥用会计估计变更，按重大会计差错处理。

摊销无形资产价值时，借记“管理费用”、“其他业务支出”科目，贷记“累计摊销”科目。

【例2－78】甲企业2005年1月1日外购A无形资产，实际支付的价款为120万元。根据相关法律，A无形资产的有效年限为10年。甲企业估计A无形资产预计使用年限为6年。

甲企业应作如下会计分录:

① 2005年1月1日，购入无形资产时

借:无形资产　　　　　　　　　　1 200 000

贷:银行存款 1 200 000

② 2005 年，无形资产摊销(120 万元 ÷6 =20 万元)

借:管理费用——无形资产摊销 200 000

贷:累计摊销 200 000

③ 2006 年无形资产摊销的处理与 2005 年的账务处理相同。

4. 无形资产转让及转销的核算

(1)出租无形资产所取得的租金收入，借记“银行存款”等科目，贷记“其他业务收入”等科目;结转出租无形资产的成本时，借记“其他业务成本”科目，贷记有关科目。

【例 2 - 79】某企业出租其拥有的一项专利技术的使用权，当年获得收入 120 000 元，支付的有关税金和费用共 3 000 元。该企业应作如下会计分录:

①出租无形资产取得收入

借:银行存款 120 000

贷:其他业务收入 120 000

②结转出租无形资产的成本

借:其他业务成本 3 000

贷:银行存款 3 000

(2)出售无形资产，按实际取得的转让价款，借记“银行存款”等科目，按无形资产的账面余额，贷记本科目，按应支付的相关税费，贷记“银行存款”、“应交税费”等科目，按其差额，贷记“营业外收入”科目或借记“营业外支出”科目。

【例 2 - 80】某企业将拥有的一项专利权出售，取得收入 250 000 元，应交的营业税 12 500 元。该专利权的摊余价值为 120 000 元。该企业应作如下会计分录;

借:银行存款 250 000

累计摊销 130 000

贷:无形资产——专利权 250 000

应交税费——应交营业税 12 500

营业外收入——出售无形资产收益 117 500

二、其他资产

(一)其他资产的概念

其他资产是指企业除流动资产、固定资产、长期投资、无形资产以外的资产，主要包括:商誉、长期待摊费用、特准储备物资、银行冻结存款和冻结物资、涉及诉讼中的财产等。

商誉通常是指企业由于所处的地理位置优越，或由于信誉好而获得了客户的信任，或由于组织得当、生产经营效益高，或由于技术先进、掌握了生产诀窍等原因而形成的无形价值。这种无形价值具体表现在该企业的获利能力超过了一般企业的获利水平。

商誉与整个企业密切相关，因而它不能单独存在，也不能与企业可辨认的各种资产分开出售。由于有助于形成商誉的个别因素不能单独计价，因此商誉的价值只有把企业作为一个整体看待时才能按总额加以确定。商誉可以是自创的，也可以是外购的。

(二)长期待摊费用

1. 长期待摊费用的概念

长期待摊费用是指企业已经支出，但摊销期在1年以上(不含1年)的各项费用。长期待摊费用主要包括：

(1)筹建费。筹建费是指企业在筹建期间发生的费用，包括筹建期间人员的工资、办公费、培训费、差旅费、印刷费、注册登记费以及不计入固定资产价值的借款费用等。下列费用不应列为筹建费：①应由投资者负担的费用；②构成固定资产、无形资产和其他财产物资成本的支出；③筹建期间应计入工程成本的借款费用。

(2)其他长期待摊费用。这是指不属于上述各项以外的各种摊销期超过1年的其他待摊费用，如预付超过1年的财产租金、摊销期在1年的低值易耗品领用(分期摊销法)等。

长期待摊费用本身没有价值，并不属于资产的范畴，它所带来的效益要期待将来实现，并且数额比较大。为正确反映当期经营成果，需要对其作递延处理，当然也不能随意增加费用项目，将应计入当期损溢的费用列为长期待摊费用处理。

2. 长期待摊费用的核算

企业发生的长期待摊费用应设置“长期待摊费用”账户核算。该账户借方登记企业发生的各项长期待摊费用，贷方登记摊销数额，期末借方余额表示尚未摊销的长期待摊费用。长期待摊费用应按费用的种类设置明细账，进行明细分类核算。

长期待摊费用应在各费用项目的受益期限内分期平均摊销。各项费用的摊销期限为：筹建费应当从开始生产经营的当月起，一次计入开始生产经营当月的损溢；其他长期待摊费用应在受益期内平均摊销。

企业发生长期待摊费用时。借记“长期待摊费用”账户，贷记“银行存款”、“在建工程”等账户；分期摊销费用时，借记“制造费用”、“营业费用”、“管理费用”等账户，贷记“长期待摊费用”账户。

还需注意，如果长期待摊的费用项目不能使以后会计期间受益的，应当将尚未摊销的该项目的摊余价值全部转入当期损溢。

【例2－81】某公司在筹建期间发生下列费用：人员工资10 000元，用银行存款支付办公费6 000元、注册登记费2 000元，应付不构成固定资产、无形资产和其他财产物资成本的长期借款利息15 000元。应编制会计分录如下：

(1)发生筹建费时

借：长期待摊费用——筹建费	33 000	
贷：应付职工薪酬		10 000
银行存款		8 000
长期借款		15 000

(2)开业当月摊销时

借：管理费用	33 000	
贷：长期待摊费用——筹建费		33 000

(三)其他长期资产的内容

特准储备物资。是指由于特殊原因经国家批准在正常范围以外储备的，具有专门用途、不参加企业生产经营周转的物资。如国家为了应付自然灾害以及战备等需要而储备的物资。

银行冻结存款和冻结物资。冻结是指人民法院对被执行人在银行的存款或企业的物资等财产实施强制执行的一种措施。根据我国民事诉讼法的规定，被执行人拒不履行法院裁决规定的义务，而银行有存款、企业有物资的、人民法院有权冻结其存款和物资，有权向有关银行或企业发出协助执行通知书，企业被冻结的存款、物资不能支取或转移。所以冻结存款、冻结物资所有权并没有改变，但企业已不能正常支配使用。冻结是一种临时性措施，在规定的期限内，被执行人自动履行了义务，人民法院可以解除冻结。

涉及诉讼中的财产、诉讼是指司法机关在案件当事人和其他诉讼参与人的参加和配合下，为解决案件而依照法定程序所进行的活动。涉及诉讼中的财产，主要是指已被有关机关依法查封、冻结、扣押的财产，企业对这些财产不得隐藏、转移、变卖、毁损。

(四)其他长期资产的账务处理

其他长期资产的经济业务，一般企业很少发生。如有其他长期资产业务发生，应根据具体情况设置相应的账户进行核算，如“特准储备物资”、“特准储备资金”账户等。

“特准储备物资”属资产类账户，用于核算企业特准储备物资的增减变动情况。借方登记特准储备物资的增加数;贷方登记减少数;余额在借方，表示特有物资的结存数。该账户应按储备物资的品种、规格设置明细账，进行明细分类核算。

“特准储备资金”属负债类账户，用来核算企业为储备特准物资而形成的资金。贷方登记企业收到国家下拨的特准储备物资或用于储备特种物资拨款的增加数;借方登记特准储备物资的减少数;余额在贷方，表示特准储备资金的结存数。该账户应按资金的不同来源设置明细账，进行明细分类核算。

当企业购进或收到特准储备物资时，借记“特准储备物资”账户，贷记“银行存款”、“特准储备资金”账户;企业经国家批准动用特准储备物资时，借记“特准储备资金”账户，贷记“特准储备物资”账户。

【例2-82】某企业收到国家下拨的特准储备A材料价值200 000元，已验收入库。根据有关原始凭证，编制会计分录如下：

借:特准储备物资——A材料　　　　200 000
　　贷:特准储备资金　　　　　　　　200 000

若国家特准动用A材料价值100 000元，根据有关原始凭证，编制会计分录如下：

借:特准储备资金　　　　　　　　100 000
　　贷:特准储备物资——A材料　　　　100 000

本章思考题

1. 什么是资产，资产有哪些特点?
2. 现金的使用范围有哪些?

3. 银行存款日记账账面余额与银行对账单余额之间出现不一致的原因主要有哪些方面？应如何进行会计处理？

4. 存货发生减值的情形有哪些？

5. 固定资产的特征有哪些？固定资产折旧的核算方法有哪些？

6. 企业的长期股权投资包括哪些内容？哪些长期股权投资适用于成本法核算？哪些长期股权投资适用于权益法核算？成本法与权益法核算各有什么特点？

7. 小企业的无形资产包括哪些内容？无形资产应如何进行初始计量？无形资产的摊销应如何进行会计处理？

8. 什么是其他长期资产？包括哪些内容？其如何进行账务处理的？

9. 其他货币资金包括哪些内容？

第三章 负债

学习目标：

(1)掌握短期借款、应付票据、应付账款的核算；

(2)掌握应付职工薪酬的内容及其核算；

(3)掌握应交增值税、应交消费税、应交营业税的核算；

(4)熟悉应付股利、其他应付款的核算；

(5)熟悉应交税费的核算；

(6)熟悉长期借款、长期应付款的核算。

第一节 负债概述

一、负债的概念及特征

(一)负债的概念

负债是指企业过去的交易或者事项形成的、预期会导致经济利益流出企业的现时义务。

(二)负债的特征

由负债的定义中可以看出负债具有以下基本特征：

(1) 负债是基于企业过去的交易或事项而产生的。

例如,企业采用赊购的形式向销货方购买商品会产生应付账款，从银行借入款项则会产生偿还借款的义务。企业筹划的未来交易或事项，不能确认为负债。例如企业打算在明年1月向银行借入款项100万元，这不能构成企业的负债。

(2) 负债是企业承担的现时义务。

所谓现时义务是指企业在现行条件下已承担的义务。未来发生的交易或者事项形成的义务，不属于现时义务，不应当确认为负债。

二、负债的分类

负债按流动性分类分为流动负债和非流动负债。

(一)流动负债

流动负债是指将在1年(含1年)或者超过1年的一个营业周期内偿还的债务，包括短期借款、应付票据、应付账款、预收账款 、应付职工薪酬、应付股利、应交税费、其他应付款和应付利息等。

(2)非流动负债

非流动负债，是指偿还期在1年或者超过1年的一个营业周期以上的负债，包括长期借款、应付债券、长期应付款等。

第二节　短期借款

一、短期借款的概念

短期借款是指企业向银行或其他金融机构等借入的期限在一年以下(含一年)的各种借款。

二、短期借款的账户设置

为了如实反映企业短期借款的取得、利息的发生及本息的偿还情况，企业应设置“短期借款”账户进行核算。该科目贷方登记小企业取得借款的本金数额,借方登记偿还借款的本金数额、余额在贷方，表示小企业尚未偿还的短期借款。本科目可按借款种类、贷款人和币种进行明细核算。

三、短期借款的核算

(一)借入短期借款的核算

小企业从银行或其他金融机构取得短期借款时,借记“银行存款”科目,贷记“短期借款”科目。

(二)短期借款利息的核算

在实际工作中，银行一般于每季度末收取短期借款利息，但是按照权责发生制的原则，小企业应于每月末计提银行借款利息计入当期损溢。

资产负债表中，小企业应按计算确定的短期借款利息费用，借记“财务费用”科目，贷记“应付利息”科目，实际支付利息时，根据已预提的利息借记“应付利息”科目。根据应付利息借记“财务费用”科目，根据应付利息总额贷记“银行存款”科目。

(三)短期借款归还的核算

小企业到期归还短期借款本金时，借记“短期借款”科目，贷记“银行存款”科目。

【例3-1】甲公司于2008年1月1日向银行借入一笔款项用于购买一批商品，金额为360 000元，期限6个月，年利率为6%。该借款本金到期后一次归还，利息分月计提，按季支付，甲公司的有关会计处理如下：

(1) 1月1日借入短期借款时

借:银行存款　　　　360 000

　贷:短期借款　　　　　360 000

企业每月计提利息的金额=360 000×6%÷12=1 800(元)

(2)1月末计提1月份应计利息时

借:财务费用　　　　　　　　1 800

　贷:应付利息　　　　　　　　　1 800

2月末计提2月份利息费用的处理与1月份相同。

(3)3月末支付第一季度银行借款利息时

借:财务费用　　　　　　　　1 800
　应付利息　　　　　　　　3 600
　贷:银行存款　　　　　　　　　5 400

第二季度的会计处理同上。

(4)7 月 1 日偿还银行借款本金时

借:短期借款　　　　　　　360 000
　贷:银行存款　　　　　　　　360 000

假设小企业借款的限期为 5 个月,则到期日为 6 月 1 日,则 1 ~ 3 月的会计处理与上述相同,6 月 1 日偿还银行借款本金时,会计处理如下:

借:短期借款　　　　　　　360 000
　应付利息　　　　　　　　3 600
　贷:银行存款　　　　　　　　363 600

第三节　应付账款与应付票据

一、应付账款

(一)应付账款的概念

应付账款是指小企业因购买材料、商品和接受劳务等经营活动应支付给供货单位或提供劳务单位的款项。

(二)应付账款的确认和计量

1. 应付账款的确认

应付账款入账时间的确定,应以与所购买物资所有权有关的风险和报酬已经转移或劳务已经接受为标志,但在实际工作中,应区别情况处理:

(1)在物资和发票账单同时到达的情况下,一般待物资验收入库后,才按发票账单登记入账。

(2)在物资到达但发票账单未收到的情况下,月份终了先将物资和应付账款按暂估价入账,待下月初再用红字予以冲回。

2. 应付账款的确认

应付账款一般按应付金额入账,而不按到期应付金额的现值入账;如果购入的资产在形成应付账款时带有现金折扣的,应付账款按发票上记载的应付金额的总值记账,获得的现金折扣,作为一种理财费用,冲减财务费用。

(三)应付账款的核算

1. 应付账款核算账户设置

小企业为了反映应付账款的发生,偿还以及转销等情况,应设置“应付账款”科目进行核算。该科目贷方登记发生的应付账款,借方登记小企业偿还的应付账款,或开出承兑的商业汇票抵付应付账款的款项或已冲销的无法支付的应付账款,余额一般在贷方,表示小企业尚未支付的应付账款余额。本科目应按供应单位设置明细账，进行明细核算。

2. 应付账款一般业务核算

(1)小企业购入材料、商品等验收入库，但货款尚未支付，根据有关凭证(发票账单、随货同行发票上记载的实际价款或暂估价值)，借记"材料采购"、"在途物资"等科目，按专用发票上注明的增值税额，借记"应交税费——应交增值税(进项税额)"等科目，按两者合计金额，贷记"应付账款"科目。

【例3-2】乙公司为增值税一般纳税企业，2008年2月1日，乙公司从广州B公司购进A材料100吨，每吨1 500元，共计150 000元，增值税额25 500元，材料已验收入库，款项尚未支付。乙公司的会计处理如下：

借:材料采购 150 000

应交税费——应交增值税(进项税额) 25 500

贷:应付账款——B公司 175 500

【例3-3】海南大华商场从上海服装厂购进一批服装，该批服装价款200万元，增值税额34万元。该批服装已验收入库，款项尚未支付。

借:库存商品 2 000 000

应交税费——应交增值税(进项税额) 340 000

贷:应付账款——上海服装厂 2 340 000

(2)小企业接受供应单位提供劳务而发生的应付未付款项，根据供应单位的发票账单，借记"生产成本"、"管理费用"等科目，贷记"应付账款"科目，支付时，借记"应付账款"科目，贷记"银行存款"科目。

【例3-4】海南荣昌集团2008年1月份共用电30 000元，其中，生产部门用电费19 000元，车间管理部门5 000元，企业管理部门6 000元，款项尚未支付，该公司会计处理如下：

借:生产成本 19 000

制造费用 5 000

管理费用 6 000

贷:应付账款——××电力公司 30 000

(3)小企业如有确实无法支付的应付账款或是被其他单位承担的应付款项，应转入营业外收入，借记"应付账款"科目，贷记"营业外收入"科目。

3. 带有现金折扣条件下应付账款的核算

小企业在进行商品交易时，如果购销双方在购销合同中规定了现金折扣，则购货方在发生应付账款时，先按应付款总金额计入"应付账款"科目，待实际支付货款时，把享受的现金折扣金额冲减"财务费用"科目。

【例3-5】A公司于2008年1月5日向B公司购进原材料一批，增值税专用发票上记载的金额为300 000元，增值税51 000元。B公司为了及早收回货款，在合同中规定现金折扣条件为2/10，1/20，N/30。A公司材料已验收入库，货款未支付。A公司原材料按实际成本进行日常核算，假定计算现金折扣时不考虑增值税，A公司的有关会计处理如下：

(1) 1月5日购进原材料时

借:原材料 300 000

应交税费——应交增值税(进项税额) 51 000

贷:应付账款——A 公司 351 000

(2)假设 B 公司在 1 月 11 日付款

借:应付账款——A 公司 351 000

贷:银行存款 345 000

财务费用 6 000

(3)假设 B 公司在 1 月 18 日付款

借:应付账款——A 公司 351 000

贷:银行存款 348 000

财务费用 3 000

(4)假设 B 公司在 1 月 28 日付款

借:应付账款——A 公司 351 000

贷:银行存款 351 000

二、应付票据

(一)应付票据概述

1. 应付票据概念

应付票据是小企业购买材料、商品和接受劳务等而开出、承兑的商业汇票。商业汇票尚未到期前，构成企业的一项负债，期末反映在资产负债表上的应付票据项目内。小企业应当设置“应付票据备查簿”，详细登记商业汇票的种类、号数和出票日期、到期日、票面金额、交易合同号和收款人姓名或单位名称以及付款日期和金额等资料。应付票据到期结清时，在备查簿中应予以注销。

2. 应付票据的种类

应付票据按是否带息分为带息应付票据和不带息应付票据两种。

不带息票据的到期价值等于应付票据的面值，带息票据的到期值等于面值加上利息。

应付票据利息 = 应付票据票面金额 × 票面利率 × 期限

3. 应付票据的入账价值

应付票据一般按面值入账。即小企业开出商业汇票时，按照票据的票面价值或票面金额入账，但对于带息的应付票据，应于期末按应付票据的票面价值和确定的利率计提利息，计提的利息应增加应付票据的账面金额。

(二)应付票据的核算

1. 账户设置

小企业应设置“应付票据”科目，核算应付票据的发生、偿付等情况。该科目贷方登记应付票据的面值及带息票据的预提利息，借方登记支付和转销票据的金额，余额在贷方，反映小企业尚未到期的应付票据本息。

2. 会计处理

(1)发生应付票据

小企业因购买材料、商品和接受劳务供应等而开出，承兑的商业汇票或以承兑商业汇票抵付应付账款时，借记“原材料”、“库存商品”、“应付账款”、“应交税费——应交增值税（进项税额）”等科目，贷记“应付票据”科目。

【例3－6】丁公司为增值税一般纳税人，2008年3月5日购入一批价值60 000元的商品，增值税额10 200元，同时开出一张面值70 200元的商业汇票，期限2个月，该商品已验收入库，该企业的会计处理如下：

借：库存商品　　60 000
　应交税费——应交增值税（进项税额）　10 200
　贷：应付票据　　70 200

（2）支付银行承兑汇票的手续费。如果小企业开出的商业汇票是银行承兑汇票，则小企业应向其承兑银行按票面金额的万分之五交纳手续费。借记“财务费用”科目，贷记“银行存款”科目，收到银行支付到期票据的付款通知，借记“应付票据”，贷记“银行存款”科目。

【例3－7】承【例3－6】，假定上述商业汇票是银行承兑汇票，则丁企业应交纳的承兑手续费为70 200 × 0.5‰ = 35.10（元），具体会计处理为：

借：财务费用　　35.10
　贷：银行存款　　35.10

（3）应付票据到期的处理

①小企业的应付票据到期，小企业收到银行支付到期票据的付款通知，借记“应付票据”科目，贷记“银行存款”科目。

②应付票据到期，如小企业无力支付票款，小企业开出并承兑的商业汇票是商业承兑汇票，则借记“应付票据”科目，贷记“应付账款”科目。小企业开出的商业汇票是银行承兑汇票，则借记“应付票据”科目，贷记“短期借款”科目。

【例3－8】承【例3－6】，2008年5月6日，丁企业收到银行的付款通知，上述款项银行已从丁企业账户划给收款人。

借：应付票据　　70 200
　贷：银行存款　　70 200

【例3－9】2008年5月6日，丁企业收到银行通知，由丁企业开出并承兑的面值为80 000元的商业承兑汇票到期，丁企业存款账户不足支付，丁企业的会计处理：

借：应付票据　　80 000
　贷：应付账款　　80 000

（4）带息应付票据的处理

小企业开出并承兑的商业汇票如果是带息票据，则企业应当按到期计提利息计入当期财务费用，借记“财务费用”科目，贷记“应付票据”科目，票据到期支付本息时，按票据账面金额借记“应付票据”科目，按未计利息借记“财务费用”科目，按实际支付的金额贷记“银行存款”科目。

【例3－10】丙公司采用商业汇票支付方式，2008年3月1日购入一批价值50 000元的商品，增值税额8 500元，票据为带息票据期限3个月，年利率10%，丙公司相关会计处理如下：

① 2008年3月1日购入商品时

借:库存商品　　　　　　　　　　　50 000

　应交税费——应交增值税(进项税额)　8 500

　贷:应付票据　　　　　　　　　　　58 500

② 2008 年 3 月 31 日、4 月 30 日、5 月 30 日计提利息时

借:财务费用　　　　　　　　　　487.50

　贷:应付票据　　　　　　　　　　487.50

③2008 年 6 月 1 日到期支付票据带息时

借:应付票据　　　　　　　　　59 962.50

　贷:银行存款　　　　　　　　　59 962.50

第四节　应交税费

一、应交税费概述

(一) 应交税费的概念及核算内容

应交税费是指小企业根据税法规定应交纳的各种税费。

小企业在一定时期内取得的营业收入和实现的利润，要按照规定向国家交纳各种税费，这些应交的税费，应按照权责发生制的原则预提计入有关科目。应交的税费在尚未交纳之前暂时停留在企业形成一项负债。

企业按税法规定应交纳的各种税费包括:增值税、消费税、营业税、所得税、资源税、土地增值税、城市维护建设税、房产税、土地使用税、车船使用税、个人所得税等。

(二)应交税费核算账户处理

企业应设置“应交税费”科目，总括反映各种税费的交纳情况，并按照应交税费项目进行明细核算。该科目贷方登记小企业应交纳的各种税费等，借方登记小企业实际交纳的税费；期末余额一般在贷方反映小企业尚未交纳的税费，期末余额如在借方反映小企业多交或尚未抵扣的税费。小企业交纳的印花税、耕地占用税以及其他不需要预计应交数的税费，不在本科目核算。

二、应交增值税

(一)增值税的概念及缴纳规定

增值税是指对从事销售货物或者加工、修理修配劳务，以及进口货物的单位和个人取得的增值额为计税依据征收的一种流转税。

增值税的征税范围包括销售货物、进口货物及部分加工性劳务，如修理、修配劳务。对大部分一般性劳务和农业没有实行增值税。增值税的纳税人是指在中国境内销售货物或者提供加工、修理、修配劳务以及进口货物的单位和个人。

(二)增值税的计算方法

按照纳税人的经营规模、销售额及会计核算的健全程度，增值税纳税人分为一般纳税人和小规模纳税人。

1. 一般纳税人应纳增值税的计算

(1)一般纳税人销售货物或者提供应税劳务，其应纳税额为当期销项税额抵扣当期进项税额后的余额，应纳税额计算公式为：

应纳税额 = 当期销项税额 - 当期进项税额

因当期销项税额小于当期进项税额不足抵扣时，其不足抵扣部分可以结转下期继续抵扣。

【例 3-11】某企业为增值税一般纳税人，2008 年 1 月该企业外购货物支付增值税进项税额 10 万元，并收到对方开出的增值税专用发票，销售货物取得不含税销售额 150 万元，已知销售的货物适用 17% 的增值税率，计算该企业 1 月份增值税应纳税额。

该企业 1 月份增值税应纳税额 = 当期销项税额 - 当期进项税额

= 150 × 17% - 10 = 15.50(万元)

2. 小规模纳税人应纳增值税额

小规模纳税人销售货物或者提供应税劳务，按照销售额和规定的征收率，实行简易办法计算应纳税额，不得抵扣进项税额。应纳税额计算公式为：

应纳税额 = 销售额 × 征收率

上述公式中的“销售额”，不包括收取的增值税销项税额，即为不含税销售额。

对销售货物或提供应税劳务采取销售额和增值税额合并定价方法的，要分离出不含税销售额，其计算公式为：

销售额 = 含税销售额 ÷ (1 + 征收率)

【例 3-12】某加工企业为小规模纳税人，2008 年 2 月发生如下业务：购进 A 材料一批，支付货款 30 000 元，增值税 5 100 元，销售产品一批取得收入(含税)60 000 元，计算该企业 2 月份应纳增值税额。

该企业 2 月份应纳增值税额 = 含税销售额 ÷ (1 + 征收率)

= 60 000 ÷ (1 + 6%) × 6%

= 3 396.23(元)

(三)应交增值税核算的账户设置

一般纳税企业应交的增值税应在“应交税费”科目下设置“应交增值税”和“未交增值税”明细科目进行核算。“应交税费——应交增值税”科目分别设置“进项税额”、“已交税金”、“销项税额”、“出口退税”、“进项税额转出”、“转出未交增值税”、“转出多交增值税”、“减免税款”、“出口抵减内销产品应纳税额”等专栏，并按规定进行核算。

小规模纳税企业不享有进项税额的抵扣权，因此，只需在“应交税费”科目下设置“应交增值税”明细科目，不需要在“应交增值税”明细科目中设置专栏。

(四)一般纳税企业应交增值税的核算

1. 一般购销业务的核算

(1)国内采购物资。小企业从国内采购物资，根据增值税专用发票上记载的应计入采购成本，加工、修理修配等物资成本的金额，借记“材料采购”、“在途物资”、“原材料”、“库存商品”，根据增值税专用发票上注明的可抵扣的增值税税额，借记“应交税费——应交增值税

(进项税额)”科目，按照应付或实际支付的总额，贷记“银行存款”、“应付票据”、“应付账款”等科目，购入物资发生的退货，作相反的会计分录。

【例3－13】D企业为增值税一般纳税企业，2008年3月6日购入商品一批，增值税专用发票上注明货款为50 000元，增值税8 500元。商品已验收入库，款项已用银行存款支付。D企业的有关会计处理如下：

借:库存商品　　50 000

　应交税费——应交增值税(进项税额)　　8 500

　贷:银行存款　　58 500

(2)进口物资。小企业进口物资，按海关提供的完税凭证上注明的增值税，借记“应交税费——应交增值税(进项税额)”，按进口物资应计入采购成本的金额，借记“原材料”、“库存商品”等科目，按应付或实际支付的金额，贷记“应付账款”、“银行存款”等科目。

【例3－14】S企业为增值税一般纳税企业，2008年4月13日从国外进口原材料一批，海关提供的完税凭证上注明的价款为150 000元，增值税25 500元，该批原材料已验收入库，款项已支付，S公司有关会计处理如下：

借:原材料　　150 000

　应交税费——应交增值税(进项税额)　　25 500

　贷:银行存款　　175 500

(3)接受应税劳务。小企业接受加工、修理修配劳务，按专用发票上注明的增值税额，借记“应交税费——应交增值税(进项税额)”，按专用发票上记载的应当计入加工、修理、修配等物资成本的金额，借记“生产成本”、“委托加工物资”等科目，按应付或实际支付的金额，贷记“应付账款”、“银行存款”等科目。

【例3－15】F企业为增值税一般纳税人。2008年5月6日，该企业生产车间委托外单位修理机器设备，对方开来的增值税专用发票上注明的修理费用为26 000元，增值税额4 420元，款项已用银行存款支付，F企业的有关会计处理如下：

借:制造费用　　26 000

　应交税费——应交增值税(进项税额)　　4 420

　贷:银行存款　　30 420

(4)销售物资或提供应税劳务。小企业销售物资或提供应税劳务，按实现的营业收入和按规定应收取的增值税额，借记“银行存款”、“应收票据”科目，贷记“应交税费——应交增值税(销项税额)”，按实现的营业收入，贷记“主营业务收入”科目，发生的销售返回，作相反的会计分录。

【例3－16】H企业为增值税一般纳税人。2008年4月1日以商业汇票的结算方式销售产品一批，价款100 000元，按规定应收取增值税额17 000元，提货单和增值税专用发票已交给买方，H企业有关会计处理如下：

借:应收票据　　117 000

　贷:主营业务收入　　100 000

　　应交税费——应交增值税(销项税额)　　17 000

2. 购进免税农产品的核算

税法规定一般纳税人从农业生产者购进的免税农业产品可以按买价依照13%的比率计算进项税额，并准予从销项税额中抵扣。借记“应交税费——应交增值税(进项税额)”、“原材料”、“库存商品”等科目，贷记“应付账款”、“银行存款”等科目。

【例3－17】某企业为增值税一般纳税人，本期收购农业产品，实际支付价款100万元，收购的农业产品已验收入库，款项已经支付。该企业对材料采用计划成本进行核算。有关账务处理如下：

进项税额＝1 000 000×13%＝130 000(元)

借:材料采购　　870 000

　应交税费——应交增值税(进项税额)130 000

　贷:银行存款　　1 000 000

3.视同销售业务的核算

根据增值税暂行条例实施细则的规定，单位和个体经营者的下列行为虽然没有取得销售收入，也视同销售应税货物征收增值税。

(1)将货物交付他人代销;

(2)销售代销货物;

(3)设有两个以上机构并实行统一核算的纳税人，将货物从一个机构移送其他机构用于销售，但相关机构在同一县(市)的除外;

(4)将自产或委托加工的货物用于非应税项目;

(5)将自产、委托加工或购买的货物作为投资，提供给其他单位或个体经营者;

(6)将自产、委托加工或购买的货物分配给股东或投资者;

(7)将自产、委托加工的货物用于集体福利或个人消费;

(8)将自产、委托加工或购买的货物无偿赠送他人。

以上行为从会计的角度看，不属于销售行为，因此会计核算不作为销售处理，按成本转账。但为了便于税源的控制，防止税款流失，保持增值税抵扣链条的完整、连续、平衡，自制货物与外购货物的税收负担，根据税法规定应计算交纳增值税销项税额，并计入“应交税费——应交增值税”科目中的“销项税额”专栏。

企业发生视同销售行为时，如将自产、委托加工或购买的货物对外投资，用于集体福利或用于在建工程、无偿赠送他人，借记“长期股权投资”、“在建工程”、“应付职工薪酬”、“营业外支出”等科目，贷记“库存商品”、“应交税费——应交增值税(销项税额)”。

【例3－18】F企业将自产的水泥用于自行建造职工食堂，该批水泥的成本为300 000元，计税价款为350 000元,增值税税率为17%，F企业的有关会计分录如下：

借:在建工程　　359 500

　贷:库存商品　　300 000

　　应交税费——应交增值税(销项税额)　　59 500

【例3－19】W企业将自产的一批产品作为纪念品赠送给他人，该批产品的成本为20 000元，计税价格为27 000元，增值税率17%。W企业的有关会计分录如下：

借:营业外支出　　24 590

　贷:库存商品　　20 000

应交税费——应交增值税(销项税额) 4 590

【例3-20】N公司为增值税一般纳税人，本期以原材料对甲公司进行投资，双方协议按成本作价，该批原材料的成本为230 000元，计税价格为260 000元，增值税税率17%，N公司有关的账务处理如下：

对外投资转出原材料的销项税额 = 260 000 × 17% = 44 200(元)

借：长期股权投资 274 200

贷：原材料 230 000

应交税费——应交增值税(销项税额) 44 200

4. 不予抵扣项目的核算

根据《增值税暂行条例》及其实施细则的规定，小企业下列项目的进项税额不得从销项税额中抵扣（增值税转型试点另有规定的除外）。

(1)购进固定资产的进项税额；

(2)用于非应税项目的购进货物或者应税劳务的进项税额；

(3)用于免税项目的购进货物或者应税劳务的进项税额；

(4)非正常损失购进货物的进项税额；

(5)用于集体福利或个人消费的购进货物或者应税劳务的进项税额。

如果企业购入货物时即能认定其进项税额不能抵扣的，如购进固定资产，购入的货物直接用于免税项目，直接用于非应税项目，或者直接用于集体福利和个人消费的，进行会计处理时，购进货物或接受劳务时支付的进项税额直接计入购入货物及接受劳务的成本。如果购入货物时不能直接认定其进项税额能否抵扣的，购进货物或接受劳务时支付的增值税额记入"应交税费——应交增值税(进项税额)"科目，以后这部分货物用于按规定不得抵扣进项税额项目时，将原已计入进项税额并已支付的增值税转入有关承担者予以承担，借记"在建工程"、"应付职工薪酬——职工福利"、"待处理财产损溢"等科目，贷记"应交税费——应交增值税(进项税额转出)"。

【例3-21】某企业为增值税一般纳税人(不属于增值税转型企业)购进一部不需要安装的设备，价款200万元，支付的增值税为34万元，支付运输费5千元，全部款项以银行存款支付。该企业的会计处理如下：

该设备的成本 = 2 000 000 + 340 000 + 5 000 = 2 345 000(元)

借：固定资产 2 345 000

贷：银行存款 2 345 000

【例3-22】某企业为增值税一般纳税人，该企业医务室领用原材料一批，价值5 000元，增值税进项税额850元，该企业的会计处理如下：

借：应付职工薪酬 5 850

贷：原材料 5 000

应交税费——应交增值税(进项税额转出) 850

【例3-23】某企业因火灾毁损库存材料一批，经确认该批材料的实际成本70 000元，增值税11 900元，该企业的会计处理如下：

借：待处理财产损溢 81 900

贷:原材料　　　　　　　　　　　　　　　　　　　　70 000

　应交税费——应交增值税(进项税额转出)　　　　　11 900

【例3-24】某企业为增值税一般纳税人，本期购入原材料一批，增值税专用发票上注明的增值税额为25.5万元，价款150万元，材料已验收入库，货款尚未支付。材料入库后该企业在建工程领用100万元，增值税17万元，该企业有关的会计处理如下：

(1)购进材料时

借:原材料　　　　　　　　　　　1 500 000

　应交税费——应交增值税(进项税额)255 000

　贷:应付账款　　　　　　　　　　　1 755 000

(2)在建工程领用材料时

借:在建工程　　　　　　　　　　1 170 000

　贷:原材料　　　　　　　　　　　　1 000 000

　　应交税费——应交增值税(进项税额转出)　170 000

5. 企业缴纳增值税及期末结转增值税

为了分别反映增值税一般纳税人欠交增值税款和待抵扣增值税的情况，确保企业及时定额上交增值税，避免出现企业用以前月份欠交增值税抵扣以后月份未抵扣的增值税的情况，小企业应在“应交税费”科目下设置“未交增值税”明细科目，核算小企业月份终了转入的应交增值税和多交增值税。在“应交税费——应交增值税”明细科目下增设“转出多交增值税”和“转出未交增值税”两个专栏，分别记录一般纳税企业月份终了转出多交或未交的增值税，具体的会计处理如下：

(1)本月上交本月的应交增值税，借记“应交税费——应交增值税(已交税金)”科目，贷记“银行存款”科目。

(2)月份终了，企业计算出当月应交未交的增值税，借记“应交税费——应交增值税(转出未交增值税)”科目，贷记“应交税费——未交增值税”。

(3)当月多交的增值税，借记“应交税费——未交增值税”科目，贷记“应交税费——应交增值税(转出多交增税)”科目。

(4)本月上交上期应交未交增值税，借记“应交税费——未交增值税”科目，贷记“银行存款”。

【例3-25】丁公司为增值税一般纳税企业，适用的增值税税率为17%，世纪末进行日常核算。该公司2008年5月30日“应交税费——应交增值税”科目借方余额为50 000元，该借方余额均可从下月的销项税额中抵扣。6月份发生以下经济业务：

(1)采用汇兑结算方式购入A材料一批，增值税专用发票上注明价款为500 000元，增值税额为85 000元，材料已验收入库。

(2)销售产品一批价值300 000元(不含税)，实际成本220 000元，款项已存入银行，该销售符合收入确认条件。

(3)用A产品对B公司进行投资，该批产品成本400 000元，计税价格450 000元。

(4)该企业自营仓库工程领用A材料一批，实际成本200 000元，应由该批材料负担的增值税额为34 000元。

(5)月末进行财产清查，盘亏原材料一批，该批原材料的实际成本为150 000元，增值税为25 500元。

(6)用银行存款交纳本月增值税30 000元。

(7)月末将本月应交未交增值税转入未交增值税明细科目。

根据以上业务，丁公司做如下会计处理：

(1)借:原材料　500 000
　　应交税费——应交增值税(进项税额)　85 000
　　贷:银行存款　585 000

(2)借:银行存款　351 000
　　贷:主营业务收入　300 000
　　　应交税费——应交增值税(销项税额)　51 000
　借:主营业务成本　220 000
　　贷:库存商品　220 000

(3)借:长期股权投资　476 500
　　贷:库存商品　400 000
　　　应交税费——应交增值税(销项税额)　76 500

(4)借:在建工程　234 000
　　贷:材料　200 000
　　　应交税费——应交增值税(进项税额转出)　34 000

(5)借:待处理财产损溢　175 500
　　贷:材料　150 000
　　　应交税费——应交增值税(进项税额转出)　25 500

(6) 借:应交税费——应交增值税(已交税金)　30 000
　　贷:银行存款　30 000

(7)6月份应交增值税额 = 51 000 + 76 500 + 34 000 + 25 500 − 85 000 − 50 000 = 52 000(元)

6月份应交未交的增值税 = 52 000 − 30 000 = 22 000

　借:应交税费——应交增值税(转出未交增值税)　22 000
　　贷:应交税费——未交增值税　22 000

(五)小规模纳税人应交增值税的核算

由于小规模纳税企业没有增值税进项税额的抵扣权，因此，小规模纳税人购入货物或支付的增值税进项税额只能计入购入货物或劳务的成本。因此，小规模纳税人只需在“应交税费”科目下设置“应交增值税”明细科目进行核算，不需要在“应交增值税”明细科目下设置专栏。小规模纳税企业的“应交税费——应交增值税”科目，应采用三栏式账户。

小规模纳税人购入货物或接受应税劳务时支付的增值税直接计入有关货物和劳务的成本，借记“材料采购”、“在途物资”、“原材料”、“库存商品”等科目，贷记“应交税——应交增值税”科目，小规模纳税人的销售收入按不含税价格计算。

【例3－26】某工业企业为小规模纳税人。2008年5月11日购入原材料一批，增值税专用发票上记载的原材料价款为200万元，增值税额34万元，货款尚未支付，材料尚未到达。该企业2008年5月份销售产品，销售价格为106万元，假定符合收入确认条件，货款尚未收到，该企业原材料按实际成本进行日常核算。根据以上业务，该企业做如下会计处理：

(1)购进材料时：

借:在途物资　　　　　　　　　　　　　　2 340 000

　贷:应付账款　　　　　　　　　　　　　　　2 340 000

(2)销售货物时：

不含税价格 = 106 ÷ (1 + 6%) = 100(万元)

应交增值税 = 100 × 6% = 6(万元)

借:应收账款　　　　　　　　　　　　　　1 060 000

　贷:主营业务收入　　　　　　　　　　　　　1 000 000

　　应交税费——应交增值税　　　　　　　　　　60 000

三、应交消费税

(一)消费税的概念

消费税是指对从事生产、委托加工及进口应税消费品的单位和个人就其消费品的销售额或销售数量相结合征收的一种流转税。

征收消费税的主要目的是为了调节产业结构，限制某些奢侈品、高能耗产品的生产，正确引导消费，保证国家财政收入。

(二)消费税的征收办法

消费税的征收办法采取从价定率和从量定额两种方法。

1. 从价定率

实行从价定率征税的应税消费品，其计税依据是含消费税而不含增值税的销售额。企业的销售收入包含增值税的应将其核算为不含增值税的销售额。

2. 从量定额

实行从量定额征税的应税消费品，其计税依据是销售应税消费品的实际销售数量。销售应税消费品的计税依据为应税消费品的销售数量；自产自用应税消费品的计税依据为应税消费品的移送使用数量，委托加工应税消费品的计税依据为纳税人收回的应税消费品数量，进口的应税消费品，为海关核定的应税消费品进口征税数量。

(三)应交消费税核算的账户设置

为了正确反映小企业应交消费税的发生、交纳情况，小企业应在“应交税费”科目下设置“应交消费税”明细科目。该科目借方登记实际交纳的消费税和代扣的消费税，贷方登记按规定应交纳的消费税，期末贷方余额反映小企业尚未交纳的消费税期末借方余额，反映多交或代扣的消费税。

(四)应交消费税的核算

1. 销售应税消费品的核算

小企业销售需要交纳消费税的物资应交的消费税，借记“营业税金及附加”等科目，贷记

"应交税费——应交消费税"。退货时作相反的会计分录。

【例 3－27】某企业为增值税一般纳税人，2008 年 6 月该企业销售自产摩托车一批，取得含增值税销售额 1 521 000 元，已知摩托车适用消费税税率为 10%。

应交消费税 = 1 521 000 ÷ (1 + 17%) × 10% = 130 000(元)

借:营业税金及附加　　130 000

　　贷:应交税费——应交消费税　　130 000

2. 委托加工应税消费品的核算

需要交纳消费税的委托加工物资，由受托方代收代交税款(除受托加工或翻新改制金银首饰按规定由受托方交纳消费税外)。委托加工物资收回后，直接用于销售的，将代收代交的消费税计入委托加工物资的成本，借记"委托加工物资"等科目，贷记"应付账款"、"银行存款"等科目，委托加工物资收回后用于连续生产的，按规定准予抵扣的，对于代收代交准予抵扣的消费税，借记"应交税费——应交消费税"，贷记"应付账款"、"银行存款"等科目。

【例 3－28】某企业委托某加工厂加工材料(非金银首饰)，原材料价款 30 万元，加工费用 6 万元，由受托方代收代缴的消费税 6 000 元(不考虑增值税)，材料已加工完毕验收入库，加工费用尚未支付。该企业原材料采用实际成本进行日常核算。

根据该项经济业务，该企业的会计处理如下：

(1) 如果该企业收回加工后的材料用于继续生产应税消费品的

借:委托加工物资　　300 000

　　贷:原材料　　300 000

借:委托加工物资　　60 000

　　应交税费——应交消费税　　6 000

　　贷:应付账款　　66 000

借:原材料　　360 000

　　贷:委托加工物资　　360 000

(2) 如果该企业收回加工后的原材料直接用于销售

借:委托加工物资　　300 000

　　贷:材料　　300 000

借:委托加工物资　　66 000

　　贷:应付账款　　66 000

借:材料　　366 000

　　贷:委托加工物资　　366 000

3. 进口应税消费品的核算

企业进口需要交纳消费税的消费品，其交纳的消费税应计入该进口消费品的成本，借记"固定资产"、"材料采购"、"库存商品"等科目，贷记"银行存款"等科目。

【例 3－29】某外贸进出口公司从国外进口小汽车 30 辆，价值 950 万元，应交纳的消费税 55.5 万元(不考虑增值税)，小汽车已验收入库，货款尚未支付，税款已用银行存款支付，该外贸企业的有关会计处理如下：

借:库存商品　　10 005 500

贷:应付账款　　9 500 000

　银行存款　　555 000

四、应交营业税

(一)营业税的概念

营业税是指对提供应税劳务、转让无形资产和销售不动产的单位和个人，就其取得的营业收入额(销售额)征收的一种流转税。

(二)营业税的征收范围及计算

营业税的征税范围包括提供应税劳务、转让无形资产和销售不动产。其中，提供应税劳务是指提供交通运输、建筑、金融保险、邮电通信、文化体育、娱乐以及服务等劳务。加工和修理修配劳务不属于营业税劳务(从营业税角度称之为非应税劳务)，征收增值税。

纳税人提供应税劳务，转让无形资产或销售不动产(假设不考虑国税总局颁布的销售不动产按超出购建支出额部分为计税金额的规定)，按照营业额和规定的税率计算其应纳税额，计算公式为:

营业税应纳税额 = 营业额 × 税率

纳税人的营业额为纳税人提供应税劳务、转让无形资产或者销售不动产时向对方收取的全部价款和价外费用。不同行业的营业税率有所不同，从3% ~20%不等。

(三)应交营业税核算账户设置

为了如实反映小企业营业税的发生、交纳情况，小企业应在“应交税费”科目下设置“应交营业税”明细科目。该科目贷方登记小企业应交纳的营业税，借方登记已交纳的营业税，期末贷方余额为小企业尚未交纳的营业税。

(四)应交营业税的核算

1. 业务收入应纳营业税的核算

(1)主营业务收入应纳营业税的核算

小企业因主营业务取得的收入计算应交纳的营业税，借记“营业税金及附加”等科目，贷记“应交税费——应交营业税”科目。

【例3-30】W建筑公司为甲单位盖厂房，双方协议以包工包料的建设方式。8月份W建筑公司确认的收入为200万元。建筑业营业税率3%。W建筑公司的有关账务处理如下:

应交营业税 = 2 000 000 × 3% = 60 000(元)

借:营业税金及附加　　60 000

　贷:应交税费——应交营业税　　60 000

【例3-31】某市电信局2008年2月取得电话费、电传费35万元，邮电通信业适用的营业税税率为3%。该电信局有关账务处理如下:

应交营业税 = 350 000 × 3% = 10 500(元)

借:营业税金及附加　　10 500

　贷:应交税费——应交营业税　　10 500

(2)其他业务收入应纳营业税的核算

小企业因其他业务取得的收入计算应交纳的营业税，借记“其他业务成本”科目，贷记“应交税费——应交营业税”、“累计摊销”等科目。

【例 3－32】L 运输公司 2008 年 5 月出租包装物取得租金收入 20 000 元，该运输公司适用的营业税税率为 5%。L 运输公司有关的会计处理如下：

①取得租金收入时

借：银行存款　　20 000

　贷：其他业务收入　　20 000

②计算应交营业税时

应交营业税 = 20 000 × 5% = 1 000（元）

借：其他业务支出　　1 000

　贷：应交税费——应交营业税　　1 000

2. 销售不动产应纳营业税的核算

企业销售不动产，按销售额计算的营业税记入“固定资产清理”科目，借记“固定资产清理”科目，贷记“应交税费——应交营业税”科目。

【例 3－33】丁公司将自己的厂房出售，该厂房原值 4 000 000 元，已计提折旧 2 500 000 元，未计提减值准备。出售收入 2 000 000 元存入银行。在出售过程中发生清理费用 3 000 元，用银行存款支付。销售该厂房适用的营业税税率 5%，丁公司的有关会计处理如下：

① 将固定资产转入清理

借：固定资产清理　　1 500 000

　累计折旧　　2 500 000

　贷：固定资产　　4 000 000

②收到出售价款

借：银行存款　　2 000 000

　贷：固定资产清理　　2 000 000

③支付清理费用

借：固定资产清理　　3 000

　贷：银行存款　　3 000

④计算应交营业税

2 000 000 × 5% = 100 000（元）

借：固定资产清理　　100 000

　贷：应交税费——应交营业税　　100 000

⑤结转出售该幢厂房净收益

借：固定资产清理　　397 000

　贷：营业外收入　　397 000

3. 转让无形资产应纳营业税的核算

（1）转让所有权

企业转让无形资产所有权所发生的损溢是通过“营业外收入”或“营业外支出”科目核算的，因此，转让无形资产应交纳的营业税，通过“营业外收入”或“营业外支出”科目核算。

【例3－34】H公司将其购买的一项专利权转让给B公司，该专利权的成本为1 000 000元，已摊销600 000元，取得的转让价款为550 000元，款项已存入银行，转让无形资产所有权适用营业税税率5%，H公司有关的会计处理如下：

应交营业税＝550 000×5%＝27 500(元)

借：银行存款　　550 000

　累计摊销　　600 000

　贷：无形资产　　1 000 000

　　应交税费——应交营业税　　27 500

　　营业外收入　　122 500

(2) 转让使用权

企业转让无形资产使用权所发生的支出是通过“其他业务成本”科目核算的，因此转让无形资产应交纳的营业税应通过“其他业务成本”科目核算。

【例3－35】某集团公司将其购买的某品牌服装的商标权出租给L公司，每月收取使用费20 000元。该商标权的成本为300 000元，预计使用寿命5年，该公司有关的会计处理如下：

①每月收取使用费时

借：银行存款　　20 000

　贷：其他业务收入　　20 000

②每月摊销无形资产价值时

每月摊销金额＝300 000÷5÷12＝5 000(元)

借：其他业务支出　　5 000

　贷：累计摊销　　5 000

五、其他税费的核算

其他税费是指除增值税、消费税、营业税以外的税费，包括城市维护建设税、教育费附加、所得税、资源税、土地增值税、房产税、车船使用税、土地使用税等。小企业应在“应交税费”科目下设置相应的明细科目进行核算，贷方登记小企业应交纳的有关税费，借方登记已交纳的有关税费，该科目期末贷方余额表示小企业尚未交纳的有关税费。

(一)应交城市维护建设税

城市维护建设税，是指以单位和个人实际缴纳的增值税、消费税、营业税的税额为计税依据而征收的一种税。城市维护建设税实行纳税人所在地差别比例税率，在计算应纳税额时应根据纳税人所在地来确定适用税率。税率从1%到7%不等，其计算公式为：

应纳税额＝(实际缴纳的增值税税额＋实际缴纳的消费税税额＋实际缴纳的营业税税额)×适用税率

企业应交纳的城市维护建设税，借记“营业税金及附加”等科目，贷记“应交税费——应交城市维护建设税”科目。

【例3－36】B市区丁企业为增值税一般纳税人。2008年3月，该企业实际缴纳增值税480 000元，缴纳消费税56 000元，缴纳营业税15 000元。该企业适用的城市维护建设税率为7%。该企业有关的会计处理如下：

应交城市维护建设税 =(480 000 + 56 000 + 15 000) × 7% = 38 570(元)

借:营业税金及附加　　　　　　　　　　38 570

　贷:应交税费——应交城市维护建设税　　　　　38 570

(二)应交教育费附加

教育费附加是国家为了发展教育事业而向企业征收的附加费用，小企业按实际交纳的增值税、消费税、营业税的一定比例计算缴纳。企业应交纳的教育费附加，借记“营业税金及附加”等科目，贷记“应交税费——应交教育费附加”科目。

【例3 - 37】某企业为增值税一般纳税人。2008 年4 月1 日，该企业实际缴纳的增值税为300 000 元，消费税60 000 元，营业税20 000 元。应交教育费附加税率3%，该企业有关会计处理如下：

应交教育费附加 =(300 000 + 60 000 + 20 000) × 3% = 11 400(元)

借:营业税金及附加　　　　　　　　　　11 400

　贷:应交税费——应交教育费附加　　　　　　11 400

(三)应交所得税

根据企业所得税暂行条例及其细则的规定，企业的生产、经营所得和其他所得需要交纳所得税。

所得税是根据小企业应纳税所得额的一定比例上交的一种税金。

应纳税所得额是在企业税前会计利润(即利润总额)的基础上调整确定的，计算公式为：

应纳税所得额 = 税前会计利润 + 纳税调整增加额 - 纳税调整减少额

纳税调整增加额主要包括税法规定允许扣除项目中，小企业已计入当期费用但超过税法规定扣除标准的金额(如超过税法规定标准的工资支出、业务招待费支出)，以及小企业已计入当期损失但税法规定不允许扣除项目的金额(如税收滞纳金、罚款、罚金)。

纳税调整减少额主要包括按税法规定允许弥补的亏损和准予扣除的项目，如前五年内的未弥补亏损和国债利息收入等。

小企业当期所得税计算公式为：

应交所得税 = 应纳税所得额 × 所得税税率

小企业计算出当期应交的所得税，借记“所得税费用”科目，贷记“应交税费——应交所得税”科目。

交纳的所得税，借记“应交税费——应交所得税”科目，贷记“银行存款”等科目。

【例3 - 38】A 公司2007 年度按企业会计准则计算的税前会计利润为20 000 000 元，其中包括本年收到的国库券利息收入300 000 元；当年按税法核定的全年计税工资为2 400 000 元。A 公司全年实发工资为2 600 000 元；经查，A 公司当年营业外支出中有200 000 元为税款滞纳金。A 公司所得税税率为33%。假定A 公司全年无其他纳税调整因素。A 公司有关会计处理如下(本例题未考虑2008 年1 月1 日执行的 <所得税实施条例> 中规定的税率和工资列支规定)：

纳税调整增加额 = 2 600 000 - 2 400 000 + 200 000 = 400 000(元)

纳税调整减少额 = 300 000(元)

应纳税所得额 = 20 000 000 + 400 000 − 300 000 = 20 100 000(元)

应交所得税 = 20 100 000 × 33% = 6 633 000(元)

①计算应交所得税时

借:所得税费用　　　　　　　　　　6 633 000

　贷:应交税费——应交所得税　　　　　　　6 633 000

②交纳所得税时

借:应交税费——应交所得税　　　　6 633 000

　贷:银行存款　　　　　　　　　　　　　6 633 000

(四)应交个人所得税

小企业职工按规定应交纳的个人所得税通常由单位代扣代缴，小企业按规定计算应代扣代缴的职工个人所得税，借记"应付职工薪酬"科目，贷记"应交税费——应交个人所得税"科目。

交纳的个人所得税，借记"应交税费——应交个人所得税"科目，贷记"银行存款"科目。

【例3－39】C公司2007年8月应付职工工资总额为400 000元，其中代扣个人所得税18 000元。C公司有关会计处理如下：

①结转代扣款项时

借:应付职工薪酬——工资　　　　　　18 000

　贷:应交税费——应交个人所得税　　　　　18 000

②交纳时

借:应交税费——应交个人所得税　　　18 000

　贷:银行存款　　　　　　　　　　　　　　18 000

(五)应交资源税

1. 概念及计算公式

资源税是对在中华人民共和国境内开采应税矿产品或生产盐的单位和个人征收的一种税，其目的主要是为了调节资源开发过程中的级差收入。资源税的课税数量是计算资源税应纳税额的计税依据。资源税的应纳税额，按照应税产品的课税数量和规定的单位税额计算，其计算公式为：

应纳税额 = 课税数量 × 单位税额

代扣代缴应纳税额 = 收购未税矿产品的数量 × 适用的单位税额

① 纳税人开采或生产不同税目应税产品的应当分别核算不同税目应税产品的征税数量，未分别或不能准确提供不同税目应税产品的征税数量的从高适用税额。

② 纳税:人的减税、免税项目，应当单独核算征税数量，未单独核算或不能准确提供征税数量的不予减免或免税。

2. 科目设置

小企业应在"应交税费"科目下设置"应交资源税"明细科目来核算小企业资源税的发生和交纳情况，该科目贷方登记小企业应交的资源税，借方登记小企业已交的资源税，期末贷方余额，反映小企业尚未交纳的资源税。

3. 会计处理

(1)销售产品或自产自用产品

企业销售物资或自产自用物资应交纳的资源税，借记“营业税金及附加”、“生产成本”科目，贷记“应交税费——应交资源税”科目。

【例3-40】某油田2008年3月份生产原油12 000吨，对外销售原油8 000吨，单位税额10元/吨，该企业的有关会计处理如下：

应纳资源税 = 8 000 × 10 = 80 000(元)

借：营业税金及附加　　80 000

　贷：应交税费——应交资源税　　80 000

【例3-41】某公司将自产的有色金属矿原矿1 000吨用来生产产品，每吨应交资源税6元，该公司有关会计处理如下：

应纳资源税 = 1 000 × 6 = 6 000(元)

借：生产成本　　6 000

　贷：应交税费——应交资源税　　6 000

(2)收购未税矿产品

企业收购未税矿产品，按实际支付的收购款和代扣代缴的资源税作为收购矿产品的成本，借记“原材料”等科目，按实际支付的收购款，贷记“银行存款”科目，按代扣代交的资源税，贷记“应交税费——应交资源税”科目。

【例3-42】某煤炭公司2008年收购未税矿产品800吨，每吨收购价200元，价款以银行存款支付，每吨未税矿产品应交5元资源税。该公司有关的会计处理如下：

应纳资源税 = 800 × 5 = 4 000(元)

借：原材料　　164 000

　贷：银行存款　　160 000

　　应交税费——应交资源税　　4 000

(六)应交土地增值税

1. 概念

土地增值税是对转让国有土地使用权、地上建筑物及其附着物并取得收入的单位和个人，就其转让房地产所取得的增值额征收的一种税。

增值额是指纳税人转让房地产所取得的收入(包括货币收入、实物收入和其他收入)，减去取得土地使用权时所支付的土地价款、土地开发成本、地上建筑物成本及有关费用、销售税金等规定的扣除项目后的余额。如果纳税人转让房地产的收入减除规定的扣除项目后没有余额，则不需要缴纳土地增值税。

土地增值税的扣除项目包括：

① 取得土地使用权所支付的金额。

②开发土地的成本、费用。

③新建房及配套设施的成本、费用或者旧房及建筑物的评估价格。

④与转让房地产有关的税金。

土地增值税按照纳税人转让房地产所取得的增值额和规定的税率计算征收。

2. 科目设置

小企业应在“应交税费”科目下设置“应交土地增值税”明细科目，核算小企业应交土地增值税的发生、交纳情况，该科目贷方登记小企业应交的土地增值税，借方登记小企业交纳的土地增值税，期末贷方余额反映小企业尚未交纳的土地增值税。

3. 会计处理

企业转让的国有土地使用权连同地上建筑物及其附着物一并在“固定资产”或“在建工程”等科目核算的，转让时应交纳的土地增值税，借记“固定资产清理”、“在建工程”等科目，贷记“应交税费——应交土地增值税”。交纳的土地增值税，借记“应交税费——应交土地增值税”科目，贷记“银行存款”科目。

【例3-43】某企业对外转让一栋办公楼，按规定应交纳土地增值税30 000元，有关的会计处理如下：

借：固定资产清理　　30 000

　贷：应交税费——应交土地增值税　　30 000

（七）应交房产税、车船使用税、土地使用税

1. 概念及计税依据

房产税是国家对在我国城市、县城、建制镇和工矿区内拥有房屋产权的单位和个人等征收的一种税，房产税以房产的计税价值或房产租金收入为计税依据。按房产计税价值征税的称为从价计征，按房产租金收入征税的称为从租计征。

从价计征的房产税，依照房产原值一次减除10%~30%后的余值计算缴纳。

车船使用税是对在中国境内拥有或者管理的车辆、船舶的单位和个人征收的一种税。车船使用税的范围具体可分为车辆和船舶两大类。车船使用税的计税依据按车船的种类和性能分别为辆、自重吨位和净吨位三种，车船使用税的应纳税额为辆数、自重吨位数、净吨位数乘以适用年税额。

土地使用税是国家在城市、县城、建制镇和工矿区范围内，对使用土地的单位和个人，以其实际占用的土地面积为计税依据，按照规定的税额计算征收的一种税。土地使用税是以纳税人实际占用的土地面积为计税依据，按照规定的适用税额计算征收。

2. 会计处理

企业按规定计算应交的房产税、车船使用税、土地使用税时，借记“管理费用”科目，贷记“应交税费——应交房产税”（应交车船使用税、应交土地使用税）科目。

【例3-44】某企业2007年底自有房产原值1 000 000元，已知当地规定扣除比例为20%，适用税率为1.2%，该企业有关房产税的会计处理如下：

应交房产税 $=1\,000\,000\times(1-20\%)\times1.2\%=9\,600$（元）

借：管理费用　　9 600

　贷：应交税费——应交房产税　　9 600

【例3-45】某企业自有载货汽车10辆，自重吨位数共40吨，适用年税额20元/吨，该企业有关车船使用税的会计处理如下：

应交车船使用税 $=40\times20=800$（元）

借：管理费用　　800

　贷：应交税费——应交车船使用税　　800

【例3－46】某企业实际占地面积6 800平方米，经税务机关核定，该企业所处地段适用税率为每平方米年税额为8元，该企业有关土地使用税的会计处理如下：

应交土地使用税＝6 800×8＝54 400(元)

借:管理费用　　　　　　　　　　54 400

　贷:应交税费——应交土地使用税　　　　　　54 400

第五节　应付职工薪酬

一、职工薪酬的概念

职工薪酬是指企业为获得职工提供的服务而给予各种形式的报酬以及其他相关支出，这里所称"职工"主要包括三类人员：

一是与企业订立劳动合同的所有人员，含全职、兼职和临时职工；

二是未与企业订立劳动合同，但由企业正式任命的企业治理层和管理层人员，如董事会成员、监事会成员等；

三是在企业的计划和控制下，虽未与企业订立劳动合同或未由其正式任命，但为其提供与职工类似服务的人员，如劳务用工合同人员。

二、职工薪酬的内容：

职工薪酬主要包括以下八方面内容：

(1)职工工资、奖金、津贴和补贴；

(2)职工福利费；

(3)医疗保险费、养老保险费、失业保险费、工伤保险费和生育保险费等社会保险费；

(4)住房公积金；

(5)工会经费和职工教育经费；

(6)非货币性福利；

(7)因解除与职工的劳动关系给予的补偿；

(8)其他与获得职工提供的服务相关的支出。

三、应付职工薪酬的核算

(一) 确认和计量

在职工为小企业提供服务的会计期间，小企业应根据职工提供服务的受益对象，将应确认的职工薪酬(包括货币性薪酬和非货币性福利)计入相关资产成本或当期损溢，同时确认为应付职工薪酬，但解除劳动关系补偿除外。

小企业计量应付职工薪酬时，国家规定了计提基础和计提比例的，应当按照国家规定的标准计提。比如，应向社会保险经办机构等缴纳的医疗保险费、养老保险费、失业保险费、工伤保险费、生育保险费等社会保险费，应向住房公积金管理机构缴存的住房公积金以及工会经费和职工教育经费。

没有规定计提基础和计提比例的，小企业应当根据历史经验数据和实际情况，合理预计当期应付职工薪酬。当期实际发生金额大于预计金额的，应当补提应付职工薪酬；当期实际发生金额小于预计金额的，应当冲回多提的应付职工薪酬。

（二）账户设置

小企业应当通过“应付职工薪酬”科目，核算应付职工薪酬的提取、结算、使用等情况。该科目贷方登记已分配计入有关成本费用项目的职工薪酬的金额，借方登记实际发放职工薪酬的金额；期末贷方余额，反映小企业应付未付的职工薪酬。“应付职工薪酬”科目可按“工资”、“职工福利”、“社会保险费”、“住房公积金”、“工会经费”、“职工教育经费”、“非货币性福利”、“辞退福利”、“股份支付”等进行明细核算。

（三）会计处理

1. 小企业发生应付职工薪酬的主要账务处理

（1）生产部门人员的职工薪酬，借记“生产成本”、“制造费用”、“劳务成本”等科目，贷记“应付职工薪酬”科目。应由在建工程、研发支出负担的职工薪酬，借记“在建工程”、“研发支出”等科目，贷记“应付职工薪酬”科目。管理部门人员、销售人员的职工薪酬，借记“管理费用”或“销售费用”科目，贷记“应付职工薪酬——工资”科目。

【例3－47】2008年5月鸿运公司当月应发工资总额856 700元，工资结算汇总表中列示：A产品生产工人工资260 000元，B产品生产工人工资215 000元，车间管理人员工资98 600元，行政管理人员工资54 000元，销售人员工资36 000元，在建工程人员工资193 100元。该公司有关会计处理如下：

借：生产成本——基本生产成本（A产品）	260 000	
生产成本——基本生产成本（B产品）	215 000	
制造费用	98 600	
管理费用	54 000	
销售费用	36 000	
在建工程	193 100	
贷：应付职工薪酬——工资		856 700

（2）小企业以其自产产品发放给职工作为职工薪酬的，借记“管理费用”、“生产成本”、“制造费用”等科目，贷记“应付职工薪酬——非货币性福利”科目。无偿向职工提供住房等固定资产使用的，按应计提的折旧额，借记“管理费用”、“生产成本”、“制造费用”等科目，贷记“应付职工薪酬——非货币性福利”科目；同时，借记“应付职工薪酬——非货币性福利”科目，贷记“累计折旧”科目。

租赁住房等资产提供职工无偿使用的，按每期应支付的租金，借记“管理费用”、“生产成本”、“制造费用”等科目，贷记“应付职工薪酬——非货币性福利”科目；贷记“应付职工薪酬——非货币性福利”科目。

难以认定受益对象的非货币性福利，直接计入当期损溢和应付职工薪酬。

【例3－48】A公司以其自己生产的微波炉作为福利发放给职工，该微波炉成本380元，市场售价538元。该公司共有职工180名，其中管理部门50人，生产工人130人。该公司适用的增值税税率为17%。该公司有关会计处理如下：

应确认的应付职工薪酬：$180\times538\times17\%+180\times380=84\ 862.80$（元）

应记入"生产成本"科目的金额 $=130\times538\times17\%+130\times380=61\ 289.80$（元）

应记入"管理费用"科目的金额 $=50\times538\times17\%+50\times380=23\ 573$（元）

借：生产成本　　61289.80

　管理费用　　23573.00

　贷：应付职工薪酬——非货币性福利　　84862.80

【例3－49】某大型百货商场为员工提供免费住宿。该商场有3层宿舍楼一幢共18套宿舍。假定该宿舍楼每套宿舍每月计提折旧500元。其中管理部门人员住8套，营业员住10套。该商场有关会计处理如下：

应确认的应付职工薪酬：$500\times18=9\ 000$（元）

应记入"管理费用"科目的金额 $=8\times500=4\ 000$（元）

应记入"销售费用"科目的金额 $=10\times500=5\ 000$（元）

借：管理费用　　4 000

　销售费用　　5 000

　贷：应付职工薪酬——非货币性福利　　9 000

借：应付职工薪酬——非货币性福利　　9 000

　贷：累计折旧　　9 000

【例3－50】某工业制造企业租赁住房无偿提供给职工。该企业中层以上干部每人一套，每套月租金600元，生产工人每4人一套，月租金500元，该企业中层以上干部15人，生产工人100人。该企业有关会计处理如下：

应记入"应付职工薪酬"的金额 $=15\times600+100\div4\times500=21\ 500$（元）

应记入"管理费用"科目的金额 $=15\times600=9\ 000$（元）

应记入"生产成本"科目的金额 $=100\div4\times500=12\ 500$（元）

借：管理费用　　9 000

　生产成本　　12 500

　贷：应付职工薪酬——非货币性福利　　21500

2．小企业发放职工薪酬的主要账务处理

（1）小企业向职工支付工资、奖金、津贴、福利费等，从应付职工薪酬中扣还的各种款项（代垫的家属药费、个人所得税等）等，借记"应付职工薪酬"，贷记"银行存款"、"库存现金"、"其他应收款"、"应交税费——应交个人所得税"等科目。

【例3－51】C公司根据"工资结算汇总表"结算2008年6月应付职工工资总额568 000元，代扣职工房租56 000元，企业代垫职工家属医药费6 000元，代扣职工个人所得税12 000元，实发工资494 000元。C公司有关会计处理如下：

① 向银行提取现金

借：库存现金　　494 000

　贷：银行存款　　494 000

② 发放工资

借：应付职工薪酬——工资　　494 000

贷:库存现金　　　　　　　　　　　　494 000

③ 代扣款项

借:应付职工薪酬——工资　　　　　74 000

　贷:其他应收款——职工房租　　　　　　56 000

　　　　　　　——代垫医药费　　　　　　6 000

　　应交税费——应交个人所得税　　　　12 000

(2) 支付工会经费和职工教育经费。小企业支付工会经费和职工教育经费用于工会活动和职工培训，借记“应付职工薪酬——工会经费”(或职工教育经费)，贷记“银行存款”科目。

【例3-52】D公司聘请专家为职工进行培训，2008年5月以银行存款支付本月专家授课费6000元。D公司有关会计处理如下：

借:应付职工薪酬——职工教育经费　　　6 000

　贷:银行存款　　　　　　　　　　　　6 000

(3) 支付社会保险费、住房公积金。小企业按照国家有关规定缴纳社会保险费和住房公积金，借记“应付职工薪酬——社会保险费(或住房公积金)”科目，贷记“银行存款”科目。

【例3-53】C企业以银行存款缴纳职工基本养老费、医疗保险费、失业保险费、生育保险费等共361 600元。C企业有关会计处理如下：

借:应付职工薪酬——社会保险费　　　361 600

　贷:银行存款　　　　　　　　　　　361 600

(4) 支付职工福利费。小企业向生活困难职工、职工医院、职工食堂等支付职工福利费时，借记“应付职工薪酬——职工福利”科目，贷记“银行存款”“库存现金”等科目。

【例3-54】2008年6月，H公司以银行存款支付职工李某、王某等十位职工生活困难补助30 000元。H公司的有关会计处理如下：

借:应付职工薪酬——职工福利　　　　30 000

　贷:银行存款　　　　　　　　　　　　30 000

(5) 发放非货币性福利。小企业以其自产产品发放给职工时，借记“应付职工薪酬——非货币性福利”科目，贷记“主营业务收入”等科目；同时结转产成品成本。涉及增值税销项税额的，还应进行相应的处理。

支付租赁住房等资产用于职工无偿使用所发生的租金，借记“应付职工薪酬——非货币性福利”科目，贷记“银行存款”等科目。

【例3-55】承【例3-48】，A公司以自产的微波炉作为福利发放给职工，根据增值税有关条例规定，视同销售计算增值税销项税额，同时结转微波炉成本。A公司有关会计处理如下：

借:应付职工薪酬——非货币性福利　　84862.80

　贷:库存商品　　　　　　　　　　　　　68 400

　　应交税费——应交增值税(销项税额)　16 462.80

【例3-56】承【例3-50】，该工业制造企业每月支付住房租金时，有关会计处理如下：

借:应付职工薪酬——非货币性福利　　　21 500

　贷:银行存款　　　　　　　　　　　　　21 500

第六节 其他流动负债

一、应付股利

应付股利是指企业经董事会或类似机构决议并经批准分配给投资者的利润（含现金股利）。

小企业应设置“应付股利”科目核算小企业利润的分配、支付情况。该科目贷方登记小企业应支付的利润，借方登记实际支付的利润。期末贷方余额反映小企业尚未支付的利润。

小企业应当根据批准的利润分配方案，按应分配的利润，借记“利润分配——应付股利”科目，贷记“应付股利”科目。实际支付时，借记“应付股利”科目，贷记“库存现金”、“银行存款”等科目。

【例 3－57】B 公司 2007 年实现净利润 600 万元，经董事会决议并经批准向投资者分配 100 万元，B 公司有关的会计处理如下：

①确定分配金额时：

借：利润分配——应付股利　　100

　贷：应付股利　　100

②支付时：

借：应付股利　　100

　贷：银行存款　　100

二、其他应付款

其他应付款是指除小企业应付账款、应付票据、应付职工薪酬、应交税费、预收账款、应付股利等以外的各项应付、暂收其他单位或个人的款项。如应付租入固定资产和包装物的租金、存入保证金等，具体包括：

1. 应付经营租入固定资产和包装物的租金；
2. 职工未按期领取的工资；
3. 如收入包装物押金；
4. 其他应付、暂收款项。

小企业应设置“其他应付款”科目，核算其他应付款的发生、支付及结存情况。该科目贷方登记发生的各种应付、暂收款项，借方登记偿还或转销的各种应付、暂收款项；期末贷方余额，反映小企业尚未支付的其他应付款。本科目应按应付和暂收款项的类别和单位或个人设置明细账，进行明细核算。

小企业发生各种应付、暂收款项时，借记“银行存款”、“管理费用”等科目，贷记“其他应付款”科目；支付时，借记“其他应付款”科目，贷记“银行存款”等科目。

【例 3－58】2008 年 6 月 8 日，F 公司出租包装物给丁公司，收取押金 3 000 元，存入银行。2008 年 6 月 31 日，丁公司将包装物如数归还 F 公司，F 公司退回押金。F 公司有关会计处理如下：

6 月 8 日收到押金时

借:银行存款　　　　　　　　　　3 000
　　贷:其他应付款——丁公司　　　　　　3 000
6 月 31 日退回押金时
借:其他应付款——丁公司　　　　3 000
　　贷:银行存款　　　　　　　　　　　3 000

第七节　长期负债

一、长期负债的概念及特点

长期负债是指偿还期在一年或者超过一年的一个营业周期以上的负债。与流动负债相比，长期负债具有债务金额大、偿还期限长、可以分期偿还等特点。

二、长期负债的分类

长期负债可以从不同的角度进行分类，按负债内容可分为长期借款、长期应付款。按计息及偿还的方式可分为定期偿还的长期负债和分期偿还的长期负债。

三、长期借款核算

(一)长期借款的概念及分类

1. 长期借款的概念

长期借款是指小企业从银行或其他金融机构借入的期限在 1 年以上(不含 1 年)的借款。企业借款的目的一般用于购建固定资产、改扩建工程、大修理工程、对外投资以及为了保持长期经营能力等方面。它是小企业长期负债的重要组成部分，必须加强管理与核算。

2. 长期借款的分类

长期借款按利息支付的方式可分为一次还本付息的长期借款和分期付息到期还本的长期借款。

一次还本付息方式又称利随本清。是指借款企业借款的利息待所借款项到期后连同本金一并归还。

分期付息到期还本方式，是指借款企业分期支付利息，本金到期后偿还。

(二) 长期借款费用

1. 借款费用的概念及组成

借款费用是指小企业因借款而发生的利息及其他相关成本。

借款费用包括以下几方面内容:

(1) 借款利息

因借款而发生的利息，包括小企业向银行或者其他金融机构等借入资金发生的利息，发行公司债券发生的利息，以及为购建或者生产符合资本化条件的资产而发生的带息债务所承担的利息等。

(2) 折价或溢价的摊销

因借款而发生的折价或者溢价的摊销主要是指发行债券所发生的折价或者溢价。由于折价或溢价的摊销实质上是对每期借款费用的调整，因而构成了借款费用的组成部分。

（3）辅助费用

因借款而发生的辅助费用，是指小企业在借款过程中，因安排借款而发生的费用，如手续费、佣金、印刷费等。

（4）因外币借款而发生的汇兑差额

因外币借款而发生的汇兑差额，是指由于汇率变动导致市场汇率与账面汇率出现差异，从而对外币借款本金及其利息的记账本位币金额所产生的影响金额。

2. 借款费用的处理方法

企业发生的借款费用，可直接归属于符合资本化条件的资产的购建或者生产的，应予以资本化，计入相关资产成本，其他借款费用应当在发生时根据其发生额确认为费用计入当期损溢。具体处理方法为：

（1）对因专门借款发生的应资本化利息、折价或溢价的摊销以及因外币借款而发生的汇兑差额，在符合规定的资本化条件下，应当予以资本化，计入资产成本。

（2）其他的借款利息、折价或者溢价的摊销和汇兑差额，一般应于当期确认为费用，但当资产支出超过专门借款的金额时，所占用的一般借款费用也应资本化。

（3）专门借款发生的辅助费用，在所购建或者生产的资产达到预定可使用或者可销售状态之前发生的，应当在发生时根据其发生额予以资本化，计入符合资本化条件的资产成本；在所购建或者生产的资产达到预定可使用或者可销售状态之后发生的，应当在发生时根据其发生额确认为费用，计入当期损溢。

（4）一般借款发生的辅助费用，应当在发生时根据其发生额确认为费用，计入当期损溢。

3. 借款费用资本化金额的计算

在借款费用资本化期间内，每一会计期间的利息（包括折价或溢价的摊销）资本化金额应当按照下列规定确定：

（1）专门借款利息费用资本化金额的确定

为购建或者生产符合资本化条件的资产而借入专门借款的，应当以专门借款当期实际发生的利息费用，减去将尚未动用的借款资金存入银行取得的利息收入或进行暂时性投资取得的投资收益后的金额确定。

例如：企业向银行专门借款 2 000 万元，期限为三年，年利率 6%，则借款利息一年为 120 万元（2 000 × 6%）。一年中使用 1 200 万元，且使用时间上有先后，若未动用的专门借款取得利息收入 8 万元，则应资本化的利息 = 2 000 × 6% − 8 = 112（万元）。

（2）一般借款利息费用资本化金额的确定

为购建或者生产符合资本化条件的资产而占用了一般借款的，企业应当根据累计资产支出超过专门借款部分的资产支出加权平均数乘以所占用一般借款的资本化率，计算确定一般借款应予资本化的利息金额，资本化率应当根据一般借款加权平均利率计算确定。计算公式如下：

一般借款利息费用资本化金额

= 累计资产支出超过专门借款部分的资产支出加权平均数 × 所占用一般借款的资本化率

所占用一般借款的资本化率＝所占用一般借款加权平均利率

＝所占用一般借款当期实际发生的利息之和÷所占用一般借款本金加权平均数

所占用一般借款本金加权平均数＝Σ(所占用每笔一般借款本金×每笔一般借款在当期所占用的天数/当期天数)。

(3)折价或者溢价的处理

借款存在折价或者溢价的，应按照实际利率法确定每一会计期间应摊销的折价或者溢价金额，调整每期利息金额。在资本化期间，每一会计期间的利息资本化金额，不应当超过当期相关借款实际发生的利息金额。

【例3－59】乙公司为建造一栋厂房，于2006年11月1日借入6 000万元的专门借款，该款项期限为三年，年利率7%，利息支付方式为按年付息，到期还本。另外，乙公司还借入一般借款1 200万元，年利率为8%，期限为2年，每年年末计提利息，将于2008年12月31日到期。工程采用出包方式，2007年1月1日，用银行存款支付工程进度款1 800万元，工程因出现安全事故于2007年4月1日到7月30日发生非正常中断。

2007年9月1日用银行存款支付工程进度款4 800万元，工程于2008年2月5日达到预定可使用状态，2008年2月15日办理竣工决算，2008年3月1日交付使用。

乙公司借款费用按年资本化。2007年未动用的专门借款资金取得的利息收入为12万元。

分析：

(1)乙公司借款费用资本化的时间点为2007年1月1日，停止资本化的时间点为2008年2月5日。

(2)由于2007年4月1日至7月30日连续发生三个月以上的非正常中断。根据规定，在此期间应暂停资本化。

2007年借款利息资本化金额的计算如下：

利息资本化金额＝6 000×7%－12－6 000×7%÷12×4

＝420－12－140

＝268(万元)

(3)在2007年8月1日时累计资产支出为6 600万元，超过了专门借款6 000万元，超过的600万元部分占用的是一般借款，其应资本化的金额为600×8%×4÷12＝16(万元)

2007年借款利息应资本化的金额＝268＋16＝284(万元)

乙公司2007年末计提利息的会计处理如下：

借：在建工程　284

　财务费用　232

　贷：应付利息　516

【例3－60】A公司于2008年1月1日动工兴建一幢办公楼，工程于2009年6月30日完工，达到预定可使用状态。有关资料如下：

(1)A公司为建造办公楼于2008年1月1日专门借款1 500万元，期限为4年，年利率8%。除此之外，无其他专门借款。

办公楼的建造还占用一笔一般借款：2007年12月1日向建设银行借入的长期借款2 000万

元，期限为3年，年利率7%，利息按年支付。2008年闲置专门借款资金取得利息收入4万元。

(2)工程建设期间支出的情况如下：

2008年1月1日，支出1 000万元；

2008年7月1日，支出2 000万元，累计支出3 000万元；

2009年1月1日，支出1 500万元，累计支出4 500万元。

分析：

(1)2008年专门借款利息资本化金额 = 1 500 × 8% − 4 = 116(万元)

(2)一般借款利息资本化金额

2008年占用的一般借款的资产支出加权平均数 = (1 000 + 2 000 − 1 500) × 180 ÷ 360 = 750(元)

2008年一般借款利息资本化金额为750 × 7% = 52.5(万元)

2008年利息资本化金额 = 116 + 52.5 = 168.5(万元)

(3)A公司2008年有关的会计处理如下：

借：在建工程　　　　1 685 000

　贷：应付利息　　　　1 685 000

(三) 长期借款的核算

小企业应设置“长期借款”科目核算长期借款的取得、利息的偿还情况。该科目贷方登记长期借款本息的增加额，借方登记本息的减少额，贷方余额反映小企业尚未偿还的长期借款本息。“长期借款”科目应按贷款单位或债权人设置明细账，分别按“本金”、“利息调整”等进行明细核算。

1. 取得长期借款

小企业借入的长期借款，应按实际收到的金额，借记“银行存款”科目，贷记“长期借款”科目。如存在差额，还应借“长期借款——利息调整”。

【例3-61】丁公司于2008年3月30日从银行借入本金1 000 000元，借款期限2年，年利率6%(到期一次还本付息)，所借款项已存入银行。丁公司有关的会计处理如下：

借：银行存款　　　　1 000 000

　贷：长期借款　　　　1 000 000

2. 借款利息的核算

资产负债表日，小企业应按摊余成本和实际利率计算确定的长期借款利息费用，借记“在建工程”、“制造费用”、“财务费用”、“研发支出”等科目，按合同利率计算确定的应付未付利息贷记“应付利息”科目，按其差额贷记“长期借款——利息调整”科目。具体为：属于筹建期间的，计入管理费用；属于生产经营期间的，计入财务费用。如果长期借款用于购建固定资产的，在固定资产尚未达到预定可使用状态后发生的利息支出，以及按规定不予资本化的利息支出，计入财务费用。

实际利率与合同利率差异较小的，也可以采用合同利率计算确定利息费用。

【例3-62】F公司于2007年10月1日向银行借款1 200 000元，借款期限3年，年利率7%(到期一次还本付息)，款项存入银行。该笔借款全部用于建造办公楼，办公楼2007年10

月1日开工，于2008年9月底完工。F公司有关借款利息的会计处理如下：

每月应计提利息 =1 200 000 ×7% ÷12 =7 000(元)

F公司2007年10月至2008月每月提的利息计入办公楼的成本：

借:在建工程　　7 000

　贷:应付利息　　7 000

F公司2008年10月至2009年9月每月计提的利息应计入当期损溢：

借:财务费用　　7 000

　贷:应付利息　　7 000

3. 偿还本息的核算

小企业归还的长期借款本金，借记"长期借款——本金"，贷记"银行存款"科目;归还的利息，借记"应付利息"科目，贷记"银行存款"科目。

【例3-63】承【例3-62】,2009年10月1日，F公司归还借款本息时：

借:应付利息　　168 000

　长期借款——本金　　1 200 000

　贷:银行存款　　1 368 000

四、长期应付款

(一) 长期应付款的概念

长期应付款指小企业除长期借款和应付债券以外的其他各种长期应付款项。包括应付融资租入固定资产的租赁费，以分期付款方式购入固定资产等发生的应付款项等。

(二) 长期应付款核算账户设置

小企业应设置"长期应付款"科目核算长期应付款项的发生、支付情况，该科目贷方登记长期应付款应支付的金额，借方登记长期应付款的实际支付金额，期末贷方余额反映小企业应付未付的长期应付款项。该科目可按长期应付款的种类和债权人进行明细核算。

(三) 长期应付款的核算

1. 应付补偿贸易引进设备款

补偿贸易是指小企业从国外引进设备，再用该设备生产的产品归还设备价款。

小企业按照补偿贸易方式引进设备时，应按设备、工具等的价款以及国外运杂费的外币金额和规定的汇率折合为人民币记账，借记"在建工程"、"原材料"等科目，贷记"长期应付款——应付补偿贸易设备款"科目。小企业用人民币借款支付进口关税，国内运杂费和安装费时，借记"在建工程"、"原材料"等科目，贷记"银行存款"、"长期借款"等科目。

按补偿贸易方式引进的国外设备交付验收使用时，应将其全部价值，借记"固定资产"科目，贷记"在建工程"科目。

归还引进设备款时，借记"长期应付款——应付补偿贸易引进设备款"科目，贷记"银行存款"、"应收账款"等科目。

【例3-64】K公司开展补偿贸易业务，从国外引进某种不需要安装的设备、折合人民币680 000元，企业准备用所生产的产品归还引进设备款。引进设备投产后，第一批生产产品

210件，每件售价400元(不含增值税)，销售成本360元，款项已存入银行，这一批产品全部用于归还设备价款，该产品适用的增值税税率为17%。K公司有关该笔业务的会计处理如下：

(1) 引进设备时

借:固定资产　680 000

　贷:长期应付款——应付补偿贸易引进设备款　680 000

(2) 第一批产品销售时

借:银行存款　98 280

　贷:主营业务收入　84 000

　　应交税费——应交增值税(销项税额)　14 280

同时结转成本:

借:主营业务成本　75 600

　贷:库存商品　75 600

(3) 用第一批产品价款偿还设备价款

借:长期应付款——应付补偿贸易引进设备款　98 280

　贷:银行存款　98 280

2. 应付融资租赁费

企业采用融资租赁方式租入的固定资产，应在租赁开始日，按应计入固定资产成本的金额(租赁开始日租赁资产公允价值与最低租赁付款额现值两者中较低者，加上初始直接费用)，借记“在建工程”或“固定资产”科目；按最低租赁付款额，贷记“长期应付款”科目；按发生的初始直接费用，贷记“银行存款”等科目；按其差额，借记“未确认融资费用”科目；按期支付的租金，借记“长期应付款”科目，贷记“银行存款”等科目。

【例3-65】2007年12月30日，甲公司与乙公司签订了一份租赁合同。合同规定:

(1) 租赁开始日:2008年1月1日

(2) 租赁期:2008年1月1日至2010年12月31日，3年

(3) 租赁物:生产设备

(4) 租金支付方式:自租赁期开始日起每年年末支付租金100 000元;

(5) 该生产线为全新设备，预计使用寿命6年，采用双倍余额递减法计提折旧;

(6) 租赁合同规定的利率为7%;

(7) 该生产线在2008年1月乙公司的公允价值为2 800 000元;

(8) 甲公司采用实际利率法按年分摊未确认融资费用;

(9) 2010年12月31日，甲公司将该生产线退还乙公司。甲公司的会计处理如下:

(1)判断租赁类型

本例中租赁期(3年)占租赁资产尚可使用年限(6年)的50%(小于75%)，没有满足融资租赁的第3条标准;另外，最低租赁付款额的现值为2 624 300元，大于租赁资产原账面价值的90%，即2 520 000元(2 800 000×90%)，满足融资租赁的第4条标准，因此甲公司应当将该项租赁认定为融资租赁。

(2)计算最低租赁付款额的现值

1 000 000 × (PA, 3, 7%) 查表得知(PA, 3, 7%) = 2.6243

1 000 000 × 2.6243 = 2 624 300(元)

每期租金的现值之和 2 624 300(元)小于租赁资产公允价值 280 000 元。根据最低原则，租赁资产的入账价值为 2 624 300 元。

(3)计算未确认融资费用

未确认融资费用 = 最低租赁付款额 - 最低租赁付款额现值 = 3 000 000 - 2 624 300 = 375 700(元)

(4)会计处理

2008 年 1 月 1 日，租入生产设备时

借:固定资产——融资租入固定资产　　2 624 300

　　未确认融资费用　　　　　　　　375 700

　　贷:长期应付款——应付融资租赁款　　　　3 000 000

2008 年末、2009 年末、2010 年每期支付租金

借:长期应付款——应付融资租赁款　　1 000 000

　　贷:银行存款　　　　　　　　　　　　　1 000 000

分摊未确认融资费用，有关折旧的会计处理略。

本章思考题

1. 什么是负债？流动负债和非流动负债一般是如何区分的？各包括哪些内容？

2. 短期借款核算的内容有哪些？带息应付票据如何核算？

3. 附有现金折扣的应付账款如何核算？

4. 应付职工薪酬包括哪些内容？应付职工薪酬应当如何进行计量？非货币性福利如何核算？

5. 单位和个体经营者的哪些行为虽然没有取得销售收入，也视同销售应税货物征收增值税？

6. 企业的哪些税费不通过“应交税费”科目进行核算？

7. 不得在销项税中扣除的进项税有哪些？

8. 其他应付款包括哪些内容？

9. 长期应付款的核算内容包括哪些？分别是如何核算的？

第四章 所有者权益

学习目标:

(1)掌握实收资本的核算;

(2)掌握资本公积的来源及核算;

(3)掌握留存收益的核算;

(4)熟悉盈余公积和未分配利润的概念及内容。

所有者权益，是指企业的资产扣除负债后由所有者享有的剩余权益。所有者权益反映企业自有资本的多少，是企业生存和发展的基础。所有者权益包括:实收资本、资本公积、盈余公积和未分配利润。

第一节 所有者权益概述

一、所有者权益的概念及内容

(一)所有者权益的概念

所有者权益，是指所有者在企业资产中享有的经济利益，其金额为资产减去负债后的余额。在我国现行的会计核算中，所有者权益包括实收资本、资本公积、盈余公积和未分配利润。

(二)所有者权益的内容

1. 实收资本。实收资本是由所有者直接投入资本形成法定资本的价值。

2. 资本公积。资本公积是非经营活动产生的资本增值，如资本溢价、接受捐赠等。

3. 盈余公积和未分配利润则是由企业在生产经营过程中所实现的利润留存在企业所形成的，因此，盈余公积和未分配利润又被称为留存收益。

二、所有者权益与债权人权益的区别与联系

所有者权益与债权人权益同属权益，都表现为对企业资产的求偿权，二者共同提供了企业资产的资金来源。但两者之间又存在着显著的区别:作为二者的权利主体，享有的权利和承担的义务不同。债权人不具有参与公司的经营的权利，但享有按照合约规定到期收取本金和利息的权利，利息在企业所得税前扣除。当公司经营收益超过企业应享有的收益后，债权人不再参加剩余收益的分配。企业破产时,债权人享有先于所有人从破产财产中取回破产债权的权利。所有者可以按照企业或公司法的规定参与公司经营管理，对企业享有资产扣除负债后的剩余部分。所有者向企业投入的资本无须偿还，可供企业长期使用。

第二节　实收资本

一、实收资本的概述

（一）实收资本的概念

实收资本是指投资者按照企业章程或合同、协议的规定，实际投入资本形成的法定资本。

（二）注册资本金制度的有关规定

我国目前实行注册资本金制度。我国法律规定，企业申请设立必须具备一定量的资本金，这种由法律规定的企业资本金的最低数额，称为法定资本金。企业设立必须具备不低于法定资本金数额的资本金，并到工商管理部门登记注册，形成企业的注册资本金。企业投资者应按注册资本金的数额，将资金投放到企业。企业实际收到投资者投入作为资本金的资金，就是实收资本金，简称实收资本。

资本金按照投资主体分为国家资本金、法人资本金、个人资本金以及外商资本金等。投资者可以用现金、实物、无形资产等形式向企业投资。企业可以接受投资者以货币资金、实物、无形资产、股权、特定债权等形式的出资。其中，特定债权是指企业依法发行的可转换债券、符合有关规定转作股权的债权等。企业接受投资者非货币资产出资时，法律、行政法规对出资形式、程序和评估作价等有规定的，依照其规定执行。企业接受投资者商标权、著作权、专利权及其他专有技术等无形资产出资的，应当符合法律、行政法规规定的比例。投资者未按照投资合同、协议履行出资义务的，企业或者其他投资者可以依法追究其违约责任。

二、实收资本的核算

（一）小企业投入资本的核算

投资者投入资本的形式可以有多种，如投资者可以用现金投资，也可以用非现金资产投资，符合国家规定的，还可以用无形资产投资。企业实收资本入账价值的确认取决于不同的资本取得方式。

1. 投资者以现金投入的资本。应以实际收到或者存入企业开户银行的金额，借记“银行存款”账户，按投资者出资享有企业注册资本的份额，贷记“实收资本”账户，投资者出资超过其占企业注册资本份额的部分，贷记“资本公积——资本溢价”账户。

【例4-1】甲、乙、丙共同投资设立长江有限责任公司，公司注册资本50 000 000元。甲、乙、丙分别持有该公司股权的比例为60%、30%、10%。2007年5月8日长江有限责任公司收到各股东交纳的全部股份款项。

长江有限责任公司在收到各方交款时应作以下账务处理：

借：银行存款　　50 000 000
　贷：实收资本——甲　　30 000 000
　　　　　　——乙　　15 000 000
　　　　　　——丙　　5 000 000

2. 投资者以非现金投入的资本。按投资各方确认的价值，借记有关资产账户，按投资者应享有注册资本的份额所计算的金额，贷记“实收资本”账户，如有差额，贷记“资本公积——资本溢价”账户。

【例4-2】10月6日，大地有限责任公司收到南方有限责任公司投入的数控机床一台，双方经过协商确认其价值为58万。

借：固定资产　　　　　　　　　　　　580 000

　贷：实收资本——南方有限责任公司　　　　580 000

3. 投资者投入的外币。合同约定汇率的，应按收到外币当日的汇率折合的记账本位币金额，借记“银行存款”等账户，按合同约定汇率折合的记账本位币金额，贷记“实收资本”账户，按其差额，借记或贷记“资本公积(外币资本折算差额)”账户；合同没有约定汇率的，按收到出资额当日的汇率折合的记账本位币金额，借记“银行存款”账户，贷记“实收资本”账户。

【例4-3】长江有限责任公司10月10收到外商A的投资现金300万美元，当日的美元兑人民币汇率为1∶7.6000，双方在合同中没有约定汇率。

长江有限责任公司在收到外商投资时编制的会计分录为：

借：银行存款——美元户　　　　　　22 800 000

　贷：实收资本 ——外商A　　　　　　22 800 000

如果投资双方在合同中有约定汇率，为1∶7.4000，则：

应计入实收资本的人民币金额＝3 000 000×7.4000＝22 200 000(元)

应计入资本公积的人民币金额＝(7.6000－7.4000)×3 000 000＝600 000(元)

借：银行存款——美元户　　　　　　2 2800 000

　贷：实收资本——外商A　　　　　　22 200 000

　　资本公积——外币资本折算差额　　　600 000

(二)小企业资本变化的核算

投资者投入的资本，除下列情况外，不得随意变动：

1. 符合增资条件，并经有关部门批准增资。

2. 按法定程序报经批准减少注册资本。

小企业不对外筹集资金，其增资的主要渠道有：投资者追加投资；以资本公积或盈余公积转增资本金。前者的会计核算与投资者初始投资的核算相同；后者的会计核算在资本公积和留存收益中讲解。

小企业按法定程序报经批准减少注册资本时，借记“实收资本”账户，贷记“库存现金”、“银行存款”账户。因减资而使资本构成发生变动的情况，在该账户的有关明细账及备查账簿中详细登记。

【例4-4】长江有限责任公司由于市场发生变化，经过股东大会决定同意丙退出企业，公司减少注册资本5 000 000元，以银行存款支付丙企业。

公司根据上述事项做如下账务处理：

借：实收资本——丙　　　　　　　　5 000 000

　贷：银行存款　　　　　　　　　　　5 000 000

投资者按规定转让出资的，应于有关的转让手续办理完毕时，将出让方所转让的投资，在投资者账户有关明细账及备查记录中转为受让方。

第三节　资本公积

一、资本公积的概念

资本公积是企业非生产经营活动形成的资本增值。通常是指投资者投入到企业或从其他来源取得归属于投资者所有，但不构成实收资本的资金。资本公积从来源上看，它不是由企业实现的利润转化而来的，从本质上讲应当属于投入资本范畴，因此它与留存收益有根本区别，因为后者是由企业实现的利润转化而来的。

资本公积的主要用途主要是用于转增资本。

二、资本公积的内容

小企业应当设置"资本公积"账户，核算资本公积增减变化的发生额及其余额。该账户是所有者权益账户，贷方登记资本公积的增加数，借方登记资本公积的减少数，期末为贷方余额，表示资本公积结余数。本账户可以设置以下明细账户:资本溢价;接受捐赠非现金资产准备;外币资本折算差额;其他资本公积。对资本公积按不同形成方式进行明细分类核算。

(一)资本溢价的核算

在小企业创立时，投资者认缴的出资额往往与注册资本一致，不会产生资本溢价。但在企业重组有新的投资者加入时，为了维护原投资者的权益，新加入的投资者的出资额，一般会大于在注册资本中所占的份额。这是因为企业吸纳的新投资者将与原投资者一样对企业的经营决策享有表决权，并参与原有留存收益的分配，只有新的出资额大于在实收资本中所占的份额，才能维护原投资者的权益不受损害。新投资者投入的资本超过其应作为实收资本的部分，即资本溢价。

小企业收到投资者的投资超过实收资本时，借记"银行存款"账户、"固定资产"等账户，按其在注册资本中所占份额计算的金额，贷记"实收资本"账户，将两者差额，贷记"资本公积——资本溢价"账户。

【例4-5】张、王、李三人共同出资100万元设立昌盛有限责任公司。一年后赵某要求加入。经协商赵某投入银行存款60万,享有公司1/3的股份，即50万元的注册资本。相关的账户处理为:

借:银行存款	600 000	
贷:实收资本——赵某		500 000
资本公积——资本溢价		100 000

(二)外币资本折算差额

收到投资者投入的外币，合同约定汇率的，应按收到外币当日的汇率折合的记账本位币金额，借记"银行存款"等账户，按合同约定汇率折合的记账本位币金额，贷记"实收资本"账户，按其差额，借记或贷记本账户(外币资本折算差额);合同没有约定汇率的，应按收到出资额当日的汇率折合的记账本位币金额，借记"银行存款"账户，贷记"实收资本"账户。

（三）接受捐赠非现金资产准备的核算

（1）企业接受非货币性资产捐赠，如果接受捐赠待转的资产价值全部计入当期应纳税所得额，企业应按接受捐赠待转资产的价值，借记“待转资产价值——接受捐赠非货币性资产价值”账户，按接受捐赠待转的资产价值与现行所得税税率计算的应交所得税，或接受捐赠待转的资产价值在抵减当期亏损后的余额与现行所得税税率计算的应交所得税，贷记“应交税费——应交所得税”账户，按其差额，贷记“待转资产价值——接受捐赠非货币性资产价值”账户。

【例4－6】黄河公司接受捐赠的设备一台，根据捐赠设备发票确定其入账价值为80 000元。期末所得税税率按33%计算交纳所得税，并转销资产价值。相关账务处理如下：

①接受捐赠设备时

借：固定资产　　80 000

　贷：待转资产价值——接受捐赠非货币性资产价值　　80 000

②年末转销资产价值时

借：待转资产价值——接受捐赠非货币性资产价值　　80 000

　贷：应交税费——应交所得税　　26 400

　　资本公积——接受捐赠非现金资产准备　　53 600

（2）如果接受捐赠的非货币性资产金额较大，经批准可以在规定期限内分期平均计入各年度应纳税所得额的，各期计算交纳所得税时，应按主管税务机关审核确认当期应计入应纳税所得额的待转捐赠非货币性资产价值部分，借记“待转资产价值”账户，按当期计入应纳税所得额的待转捐赠非货币性资产价值与现行所得税税率计算的应交所得税，或按当期应计入应纳税所得额的待转捐赠非货币性资产价值在抵减当期亏损后的余额与现行所得税税率计算的应交所得税金额，贷记“应交税费——应交所得税”账户，按其差额，贷记“资本公积”。

（四）其他资本公积的核算

小企业对其他资本公积的核算，应根据不同的情况，分别进行处理，主要有：

1. 对无法支付的应付款项，应借记“应付账款”账户，贷记“资本公积——其他资本公积”账户。

【例4－7】大地有限责任公司两年前欠清光厂30 000元，因清光厂破产而无法偿还该笔债务。则做如下账务处理：

借：应付账款——清光厂　　30 000

　贷：资本公积——其他资本公积　　30 000

2. 期末，对因接受货币性资产捐赠而产生的“待转资产价值——接受捐赠货币性资产价值”账面余额，在抵减应交所得税后，按其差额，贷记“资本公积——其他资本公积”账户。

【例4－8】长江有限责任公司接受30万元现金捐赠，款项已存入银行，该公司所得税税率为33%，则会计处理为：

借：银行存款　　300 000

　贷：待转资产价值——接受捐赠货币性资产价值　　300 000

期末，计算应交所得税，核销待转资产价值。

借:待转资产价值——接受捐赠货币性资产价值　300 000

　贷:资本公积——其他资本公积　201 000

　　应交税费——应交所得税　99 000

3. 小企业进行债务重组，以低于债务账面价值的现金清偿某项债务的，应将重组债务的账面价值与支付的现金之间的差额，确认为资本公积。

以低于账面价值的现金抵偿债务时，按进行重组的债务账面价值，借记“应付账款”等账户，按实际支付的现金，贷记“银行存款”账户，将收益部分，贷记“资本公积——其他资本公积”账户。

【例4－9】大地有限公司应付B公司货款20万元，现财务发生困难不能按时支付，经与B公司协商达成债务重组协议，大地公司以现金17万元清偿债务，并于当日将款项划给B公司。

大地公司应编制如下会计分录：

借:应付账款——B公司　200 000

　贷:银行存款　170 000

　　资本公积——其他资本公积　30 000

4. 小企业的资本公积准备项目按规定转入“资本公积——其他资本公积”账户。如处置接受捐赠的非现金资产后，可将接受捐赠非现金资产准备转为其他资本公积，借记“资本公积——接受捐赠非现金资产准备”账户，贷记“资本公积——其他资本公积”账户。

【例4－10】大地公司5年前接受捐赠的一台设备现在报废，发生清理费用10 000元，回收材料价值收入40 000元。该设备原账面价值600 000元，现已提折旧450 000元。接受捐赠时已交纳所得税198 000元，列入“资本公积——接受捐赠非现金资产准备”402 000元。

该公司应做的账务处理为：

借:固定资产清理　150 000

　累计折旧　450 000

　贷:固定资产　600 000

借:固定资产清理　10 000

　贷:银行存款　10 000

借:材料　40 000

　贷:固定资产清理　40 000

借:资本公积——接受捐赠非现金资产准备　402 000

　贷:资本公积——其他资本公积　402 000

三、资本公积转增资本

资本公积除准备项目外可用于转增资本。资本公积转增资本时,应借记“资本公积”账户,贷记“实收资本”账户。

【例4－11】长江有限责任公司股东大会通过决议，决定用资本公积50万元转增资本。则相关的账务处理为：

借:资本公积　500 000

　贷:实收资本　500 000

第四节　留存收益

一、留存收益概述

(一)留存收益的概念

留存收益是指企业从历年实现的利润中提取的留存于企业的内部积累，它来源于企业生产经营活动所实现的净利润。小企业的留存收益包括盈余公积和未分配利润两个部分。

(二)留存收益的内容

1. 盈余公积

盈余公积是指企业按照规定从净利润中提取的积累资金。小企业的盈余公积包括法定盈余公积、任意盈余公积和法定公益金。

(1)法定盈余公积。是指小企业按规定的比例从净利润中提取的盈余公积。公司制企业按照净利润的10%提取，计提的法定盈余公积累计达到注册资本的50%时，可以不再提取。

(2)任意盈余公积。是指小企业经股东大会或类似机构批准按照企业自行确定的比例从净利润中提取的盈余公积。它与法定盈余公积的主要区别在于其计提比例由小企业自行决定，而法定盈余公积的比例则由国家的法律或法令决定。

(3)法定公益金。是指小企业按照规定的比例从利润中提取的用于职工集体福利设施的公益金。公司制企业按净利润的5% ~10%提取法定公益金。

2. 未分配利润

未分配利润是企业实现的净利润按规定进行分配后留在企业的历年累计结存利润。未分配利润通常用于留待以后年度向投资者进行分配。

二、盈余公积核算

(一)提取盈余公积

小企业按照规定提取盈余公积时，借记“利润分配——提取法定盈余公积、提取法定公益金、提取任意盈余公积”账户，贷记“盈余公积——法定盈余公积、法定公益金、任意盈余公积”账户。

【例4-12】长江有限责任公司2006年度实现净利润500万，公司分别按照净利润的10%和5%提取法定盈余公积和公益金。同时经股东大会决议，按净利润的5%提取任意盈余公积。

公司提取盈余公积的账务处理如下：

借:利润分配——提取法定盈余公积　　500 000
　　　　　　——提取法定公益金　　250 000
　　　　　　——提取任意盈余公积　　250 000
　贷:盈余公积——法定盈余公积　　　　500 000
　　　　　　——法定公益金　　　　250 000
　　　　　　——任意盈余公积　　　　250 000

（二）盈余公积的使用

小企业提取的盈余公积主要有以下几个方面的用途：

1. 弥补亏损。小企业发生亏损，可以用发生亏损后5年内实现的税前利润弥补，发生亏损后5年内实现的税前利润不足弥补的，可以用以后年度实现的税后利润弥补。税后利润仍不足弥补的，经股东大会或类似机构批准，可以用提取的盈余公积来弥补。

小企业经董事会或类似机构决议，用盈余公积弥补亏损时，借记“盈余公积”账户，贷记“利润分配——其他转入”账户。

【例4－13】长城公司经董事会研究决定，用以前年度提取的法定盈余公积100 000元和任意盈余公积100 000元弥补亏损。

用盈余公积弥补亏损的账务处理：

借：盈余公积——法定盈余公积　　100 000
　　　　　　——任意盈余公积　　100 000
　贷：利润分配——其他转入　　　　200 000

2. 转增资本。小企业经股东大会或类似机构批准，可以将盈余公积转增资本，但盈余公积转增资本后，留存的盈余公积数额，不得少于注册资本的25%。

用盈余公积转增资本，应当于实际转增资本时，借记“盈余公积——法定盈余公积账户”，贷记“实收资本”账户。

【例4－14】A公司股东会决定用法定资本公积800 000元转增资本。相关的会计分录为：

借：盈余公积——法定盈余公积　　800 000
　贷：实收资本　　　　　　　　　　800 000

3. 分配现金股利或利润。对于符合规定条件的小企业，在特殊情况下，也可以用盈余公积发放现金利润。盈余公积从本质上讲是由收益形成的，属于资本增值部分。当企业积累的盈余公积比较多，而可供分配的利润较少时，为维护企业形象，给投资者以合理回报，可以用盈余公积分派现金利润。

用盈余公积分配现金股利或利润时，借记“盈余公积——任意盈余公积”账户，贷记“应付股利”账户。

【例4－15】长城公司经董事会决议，用任意盈余公积分配现金利润200 000元。

借：盈余公积——任意盈余公积　　200 000
　贷：应付股利　　　　　　　　　　200 000

4. 法定公益金。主要用于企业集体福利设施的建设，如兴建职工宿舍、幼儿园、理发室等，法定公益金用于企业集体福利设施时，应将其转为任意盈余公积。

小企业按规定以法定公益金用于集体福利设施的，应按实际发生的金额，借记“盈余公积——法定公益金”账户，贷记“盈余公积——任意盈余公积”账户。

【例4－16】长城有限公司用公益金建造价值75万元的文化活动中心，已投入使用。

借：在建工程　　750 000
　贷：银行存款　　750 000
借：固定资产　　750 000

　　贷:在建工程　　　　　　　　　　　　750 000

借:盈余公积——法定公益金　　　　　　750 000

　　贷:盈余公积——任意盈余公积　　　　750 000

三、未分配利润核算

企业的未分配利润通过“利润分配——未分配利润”账户进行核算。企业在年末应将本年实现的净利润(或净亏损)从“本年利润”账户转入“利润分配——未分配利润”账户。将“利润分配”账户的其他明细账户的余额均转入“利润分配——未分配利润”账户。结转后,“利润分配——未分配利润”账户如为贷方余额,表示累计未分配的利润数额;如为借方余额,则表示未弥补的亏损数额。

本章思考题

1. 所有者权益包括哪些内容?
2. 所有者权益与债权人权益的区别与联系是什么?
3. 什么是留存收益?包括哪些内容?
4. 盈余公积的用途有哪些?
5. 试述资本公积与实收资本的概念。分别是如何核算的?

第五章　收入核算

学习目标：

(1)掌握收入的特点和分类；

(2)掌握销售商品收入金额的确定；

(3)掌握销售商品收入的核算；

(4)掌握完工百分比法确认提供劳务收入的核算；

(5)掌握让渡资产使用权的核算；

(6)熟悉销售商品收入的确认条件；

(7)熟悉劳务开始并完成于同一会计期间、劳务的开始和完成分属不同会计期间等情况下提供劳务的收入的确认原则。

第一节　收入概述

一、收入的概念

收入有狭义与广义之分。狭义的收入仅指企业在日常活动中所形成的、会导致所有者权益增加的、与所有者投入资本无关的经济利益的总流入。如商品销售收入、提供劳务收入、租金、股利及利息收入等。

广义的收入则指企业的全部收益，包括狭义的收入与日常活动以外形成的利得。收入源于企业的日常活动，包括主营业务收入、其他业务收入和投资收益等；利得产生于企业的非日常活动，是小企业的偶发性交易或事项的结果，包括非经营性资产处置收益、罚没收入等。

本章主要采用收入的狭义概念。

二、收入的特点

从收入的定义中，可以看出其主要特点：

1. 收入产生于企业的日常活动。即销售商品、提供劳务等经营业务中所取得的收入，不包括在偶发的交易或事项中产生的利得。

2. 企业的收入表现形式是增加资产、减少负债或两者兼而有之。如收到货币资金等而增加资产，减少预收账款等而减少负债。

3. 收入能导致企业的所有者权益增加。无论收入以哪种形式表现，都可以使所有者权益增加。但收入最终是否增加所有者权益，要看与收入相配比的费用是否小于收入。

4. 收入仅包括本企业经济利益的流入，不包括为他人代收的款项。

三、收入的分类

收入可以有不同的分类。

按照企业从事日常活动的性质不同，收入可以分为销售商品收入、提供劳务收入和让渡资产使用权等取得的收入。其中，销售商品收入是指企业通过销售商品实现的收入，如工业企业制造并销售产品、商业企业销售商品等实现的收入。提供劳务收入是指企业通过提供劳务实现的收入，如咨询公司提供咨询服务、软件开发企业为客户开发软件等实现的收入。让渡资产使用权收入是指企业通过让渡资产使用权实现的收入，如商业银行对外贷款、租赁公司出租资产等实现的收入。

按企业经营业务的主次，收入可分为主营业务收入和其他业务收入。其中，主营业务收入是指企业为完成其经营目标从事的经常性活动实现的收入。如工业企业制造并销售产品、商业企业销售商品、咨询公司提供咨询服务、软件开发公司为客户开发软件、安装公司提供安装服务、商业银行对外贷款等实现的收入。这些活动形成的经济利益的总流入构成收入，属于企业的主营业务收入。根据其性质不同，分别通过“主营业务收入”等账户进行核算。其他业务收入是指与企业为完成其经营目标所从事的经常性活动相关的活动实现的收入。例如，工业企业对外出售不需用的原材料、对外转让无形资产使用权等。这些活动形成的经济利益的总流入也构成收入，属于企业的其他业务收入，根据其性质的不同，分别通过“其他业务收入”账户进行核算。

四、收入的确认条件

(一)销售商品收入确认的条件

企业销售商品，应当同时满足下列四项条件，才能确认收入：

1. 企业已将商品所有权上的主要风险和报酬转移给购货方。与商品所有权有关的风险，是指商品可能发生毁损或减值等形成的损失。与商品所有权有关的报酬，是指商品价值增值或通过使用商品等形成的经济利益。当与商品所有权相关的主要风险和报酬全部转移给购货方时，本项条件才算成立。

判断主要风险和报酬是否转移，要遵循实质重于形式的原则。

(1)通常情况下，转移商品所有权并交付实物后，商品所有权上的所有风险和报酬随之转移，如大多数零售商品。

(2)某些情况下，转移商品所有权凭证但未交付实物，商品所有权上的主要风险和报酬随之转移，企业只保留商品所有权上的次要风险和报酬，如交款提货方式销售商品。

(3)某些情况下，转移商品所有权凭证或交付实物后，商品所有权上的主要风险和报酬并未随之转移。主要包括以下情形：

①企业销售的商品在质量、品种、规格等方面不符合合同或协议要求，又未根据正常的保证条款予以弥补，因而仍负有责任。

②企业销售商品的收入是否能够取得，取决于购买方是否已将商品销售出去。

如采用支付手续费方式委托代销商品，委托方在发出商品时不能确认销售商品收入，而只有在收到受托方开出的代销清单时才能确认收入。

③企业尚未完成售出商品的安装或检验工作，且安装或检验工作是销售合同或协议的重要组成部分。如需要安装或检验的销售等。

④销售合同或协议中规定了买方由于特定原因有权退货的条款，且企业又不能确定退货

的可能性。

2. 企业既没有保留通常与所有权相联系的继续管理权，也没有对已售出的商品实施控制。企业虽将商品所有权上的主要风险和报酬全部转移给了购货方，但仍对商品具有管理权或控制权，使购货方不能自主处置该商品，则不能确认收入。如售后回购与售后回租业务，就不能作为商品销售业务收入予以确认。只有企业放弃对商品的管理权和控制权，并符合其他确认条件时，收入才能够被确认。

3. 与商品所有权相关的经济利益能够流入企业。如果货款不能可靠收回，即使其他条件成立，也不能确认为收入。如附有商品安装调试条件的商品销售业务，合同规定只有将商品安装调试合格后方能付款时，则在商品发出而未安装调试合格前，由于货款未能收回，即使其他条件已经成立，也不得确认收入。

4. 相关的收入与成本能够可靠地计量。如果企业的商品在销售时无法确定售价，就无法确认收入；同样，与商品销售相关的成本无法计量，也不能确认收入。因为不能计量就无法进行会计核算，所以，只有在商品的销售收入与成本可以可靠计量时，才能确认收入。

（二）提供劳务收入确认的条件

小企业核算劳务收入，通常按劳务是否跨年度将劳务分为不跨年度的劳务和跨年度的劳务。不跨年度的劳务是指劳务的发生和完成均在同一年度。跨年度劳务是指劳务的发生和完成分属于不同年度。

对于不跨年度的劳务可采用完成合同法确认劳务收入，即在劳务完成时确认收入。对于不跨年度的劳务以合同或协议的总金额作为确认劳务收入的依据。确认时，可参照销售商品收入的确认原则。

对于跨年度劳务，按提供的劳务的结果在期末能否可靠计量，分别采用不同的确认原则。

1. 期末对劳务的结果能够可靠计量。这种情况下应采用完工百分比法确认劳务收入。

对同时满足下列条件的劳务，可以认为提供劳务的交易结果能够可靠计量：

（1）合同的总收入和总成本能够可靠地计量。合同的总收入一般按双方签订的合同或协议注明的交易总金额确定。如果在劳务供应过程中增加或减少了交易总金额，企业应及时调整合同的总收入。合同的总成本是指提供劳务开始至期末止已发生的劳务成本和完成劳务将要发生的劳务成本之和。

（2）与交易相关的经济利益能够流入企业。

（3）劳务的完成程度能够可靠地确定。

采用完工百分比法确认劳务收入时，其收入与成本按下列公式计算：

本期确认的收入 = 劳务总收入 × 本期末止劳务的完成程度 − 以前期间已确认的收入

本期确认的成本 = 劳务总成本 × 本期末止劳务的完成程度 − 以前期间已确认的成本

企业采用完工百分比法时，关键是确定劳务的完成程度。在估计劳务的完成程度时，可以依据劳务的进度或成本开支的比重进行判定。

2. 期末对劳务的结果不能够可靠估计。当上述三个条件不能同时满足时，可认为对劳务结果不能够可靠估计。对此可采用“成本补偿法”确认劳务收入，即按已经收回或将要收回的款项能弥补多少已发生的成本来确认劳务收入。具体有三种情况：

(1)已经发生的劳务成本预计能够得到补偿，按已经发生的劳务成本金额确认收入，按相同的金额结转成本，不反映利润。

(2)已经发生的劳务成本预计能够部分得到补偿，按能够得到补偿的劳务成本确认收入，按实际发生的劳务成本结转成本，其差额确认为当期损失。

(3)已经发生的劳务成本全部得不到补偿，不确认收入，并将已经发生的劳务成本确认为当期损失。

(三)让渡资产使用权收入确认的条件

让渡资产使用权收入主要包括:(1)利息收入，主要是指金融企业对外贷款形成的利息收入，以及同业之间发生往来形成的利息收入等。(2)使用费收入，主要是指企业转让无形资产(如商标权、专利权、软件、版权)等资产的使用权形成的使用费收入。

让渡资产使用权收入同时满足下列条件的，才能予以确认:

1. 相关的经济利益很可能流入企业

相关的经济利益很可能流入企业，是指让渡资产使用权收入金额收回的可能性大于不能收回的可能性。企业在确定让渡资产使用权收入金额能否收回时，应当根据对方企业的信誉和生产经营情况、双方就结算方式和期限等达成的合同或协议条款等因素，综合进行判断。如果企业估计让渡资产使用权收入金额收回的可能性不大，就不应确认收入。

2. 收入的金额能够可靠地计量

收入的金额能够可靠地计量，是指让渡资产使用权收入的金额能够合理地估计。如果让渡资产使用权收入的金额不能够合理地估计，则不应确认收入。

第二节 主营业务收入的核算

主营业务是指小企业开展的经常性业务，开展主营业务而流入的经济利益构成主营业务收入。经营范围不同的小企业存在着不同的主营业务。在通常的情况下，商品销售收入和提供劳务收入属于小企业的主营业务收入。

主营业务收入的确认必须符合收入确认的基本条件。在确认主营业务收入的同时，还要根据配比原则确认主营业务成本，以及主营业务税金及附加，以便计算小企业开展主营业务的成果。

一、商品销售业务核算

(一)商品销售业务核算的账户设置

为了反映小企业商品销售业务的情况，应当设置下列有关账户:

1. 主营业务收入。这是损溢类账户，用来核算小企业在销售商品、提供劳务等日常活动中所产生的收入。贷方登记确认的收入，借方登记期末结转本年利润的收入，结转后该账户无余额。该账户按主营业务的种类设置明细账，进行明细分类核算。

2. 主营业务成本。这是损溢类账户，用来核算小企业销售商品、提供劳务等日常活动发生的实际成本。借方登记确认的主营业务实际成本，贷方登记期末结转本年利润的主营业务成本，结转后该账户无余额。该账户按销售及其他业务的种类设置明细账，进行明细分类核算。

3. 营业税金及附加。这是损溢类账户，核算小企业日常主要经营活动应负担的税金及附加，包括营业税、消费税、城市维护建设税、资源税、土地增值税和教育费附加等。借方登记按规定计算出应由日常销售业务负担的税金及附加，贷方登记小企业收到多征退回或先征后返的上述税金和期末结转本年利润的主营业务税金及附加，结转后该账户无余额。

4. 委托代销商品。为了核算商品代销业务，需要设置“委托代销商品”账户。“委托代销商品”是资产类账户，核算小企业委托其他单位代销的商品实际成本(或进价)或售价。借方登记发出的代销商品，贷方登记结转的代销商品成本。期末借方余额表示小企业委托其他单位代销商品的实际成本(或进价)或售价。本账户应当按受托单位设置明细账，进行明细分类核算。

5. 受托代销商品。为核算供销业务，还需设“受托代销商品”账户，“受托代销商品”是资产类账户，核算小企业接受其他单位委托代销的商品。借方登记收到并按接收价或售价入账的受托代销商品，贷方登记代销商品销售后结转的成本或核销的代销商品，期末借方余额表示小企业受其他单位委托代销商品的接收价或售价。本账户应当按委托单位设置明细账，进行明细分类核算。

6. 代销商品款。“代销商品款”是负债类账户，核算小企业接受代销商品的价款。贷方登记收到并按接收价或售价计价的代销商品，借方登记结转的代销商品成本或核销的代销商品，期末贷方余额表示小企业尚未销售的接受代销商品的价款。该账户应当按委托单位设置明细账，进行明细分类核算。

(二)商品销售业务核算

1. 现销的核算。现销是指在商品销售的同时即能收回货款的销售方式，这是一种无风险的销售业务。在商品销售时采用现金结算，或通过银行支票、银行本票和银行汇票等支付结算方式结付货款的，均形成现销业务。

小企业采用现销方式销售商品，根据不同的收款方式，按实际收到的款项，借记“库存现金”、“银行存款”等账户，按确认的收入金额贷记“主营业务收入”，按应收的增值税额贷记“应交税费——应交增值税(销项税额)”。

【例5-1】长江有限责任公司销售给A公司一批甲产品，价格300 000元，收取增值税销项税额51 000元。公司已开出增值税发票，收到A公司的转账支票，填制进账单并连同支票送存银行。

该公司应确认本期实现的商品销售收入，并做下列账务处理：

借:银行存款	351 000	
贷:主营业务收入		300 000
应交税费——应交增值税(销项税额)		51 000

2. 赊销及现金折扣的核算。赊销是指在商品销售时未能即时收回货款的销售方式。赊销方式存在发生坏账的可能，因此是一种有风险的销售业务。在商品销售时采用托收承付、委托收款、汇兑和商业汇票等支付结算方式结付货款，会形成赊销业务。小企业为降低赊销业务的风险、及时回笼销货款，必要时可以给购货方以一定比例的现金折扣。

小企业采用赊销方式销售商品，结合不同的结算方式，借记“应收票据”或“应收账款”账户，贷记“主营业务收入”和“应交税费——应交增值税(销项税额)”账户。

【例5-2】长江有限责任公司采用委托收款方式销售给绿地公司钢材50吨，每吨价格2 000元，增值税金额17 000元。公司已将钢材发出，同时垫付运费3 000元，并办好委托收款手续。公司根据委托收款结算凭证的第一联回单和相关凭证作如下账务处理：

借:应收账款——绿地公司　　120 000
　贷:主营业务收入　　100 000
　　应交税费——应交增值税(销项税额)　　17 000
　　银行存款　　3 000

长江有限责任公司在收到上述款项后：

借:银行存款　　120 000
　贷:应收账款——绿地公司　　120 000

【例5-3】10月9日，长江有限公司销售给华南商贸有限公司一台起重设备，价格40万元，增值税6.8万元，采用商业汇票结算方式。

借:应收票据——华南商贸有限公司　　468 000
　贷:主营业务收入　　400 000
　　应交税费——应交增值税(销项税额)　　68 000

上述应收票据到期收回时：

借:银行存款　　468 000
　贷:应收票据——华南商贸有限公司　　468 000

现金折扣，是指债权人为鼓励债务人在规定的期限内付款而向债务人提供的债务扣除。现金折扣在实际发生时直接计入当期财务费用。小企业应按实际收到的金额，借记“银行存款”等账户，按给予的现金折扣，借记“财务费用”账户，按应收的账款，贷记“应收账款”、“应收票据”等账户。购买方实际获得的现金折扣，冲减取得当期的财务费用。

【例5-4】若上例中长江有限责任公司为华南商贸有限公司提供1/20、N/30的付款条件，华南商贸有限公司在10月20日付款并取得1%的现金折扣。

10月20日收款时：

借:银行存款　　463 320
　财务费用　　4 680
　贷:应收票据　　468 000

3. 商业折扣的核算。商业折扣是指企业为了促进商品的销售而在商品标价上给予的价格扣除。企业销售涉及商业折扣的，应当按照扣除商业折扣的金额确定商品的销售收入。其会计核算和上述核算相同。

4. 发生销售折让的核算。销售折让，是指企业因售出商品的质量不合格等原因而在售价上给予的减让。销售折让应在实际发生时直接从当期实现的销售收入中抵减。对发生的销售折让，小企业要根据购货方所在地税务机关出具的“商品销售折让证明单”开出红字增值税发票，视同销售退回处理。

【例5-5】11月20日，长江有限责任公司收到华南有限公司的通知，所购商品质量存在一些问题，要求给予折让，经协商长江有限责任公司同意给予10%的销售折让，共计价款40 000元，同时冲回增值税6 800元。根据华南商贸有限公司所在地税务机关出据的"商品销售折让证明单"，开出红字增值税发票，并汇出销售折让款46 800元。

借:主营业务收入　　40 000

　应交税费——应交增值税(销项税额)　6 800

　贷:银行存款　　46 800

5. 销售退回，是指小企业售出的商品，由于质量、品种不符合要求等原因而发生的退货。销售退回应当分情况处理：

(1)未确认收入的已发出商品的退回，不进行账务处理。

(2)已确认收入的销售商品退回，应直接冲减退回当月的销售收入、销售成本等。企业发生的销售退回，按应冲减的销售收入，借记"主营业务收入"账户，按允许扣减当期销项税额的增值税额，借记"应交税费——应交增值税(销项税额)"账户，按已付或应付的金额，贷记"应收账款"、"银行存款"、"应付账款"等账户。按退回商品的成本，借记"库存商品"账户，贷记"主营业务成本"账户。如果该项销售已发生现金折扣，应在退回当月一并处理。

【例5－6】12月8日长江有限责任公司根据A公司的要求，对不符合合同要求的甲产品予以退货。根据A公司所在地税务机关出具的销货退回证明单，开出红字增值税专用发票，并签发转账支票。同时收到A公司退回的甲产品，成本为230 000元。

借:主营业务收入　　300 000

　应交税费——应交增值税(销项税额)　51 000

　贷:银行存款　　351 000

借:库存商品　　230 000

　贷:主营业务成本　　230 000

【例5－7】长江有限责任公司在2006年12月25日销售给乙公司一批商品价值100 000元，增值税额为17 000元。该批商品成本为80 000元，为了及早收回货款，长江有限责任公司开出了2/10、N/30的付款条件，乙公司在12月30日付款，2007年6月5日，该批商品因质量问题被乙公司退回。长江有限责任公司的账务处理如下：

2006年12月25日，销售实现时：

借:应收账款　　117 000

　贷:主营业务收入　　100 000

　　应交税费——应交增值税(销项税额)　　17 000

借:主营业务成本　　80 000

　贷:库存商品　　80 000

2006年12月30日，收到货款时：

借:银行存款　　114 660

　财务费用　　2 340

　贷:应收账款　　117 000

2007年6月5日发生销售退回时：

借:主营业务收入　　100 000

　应交税费——应交增值税(销项税额)　17 000

　　贷:银行存款　　　　　　　　　　　　　114 660
　　　财务费用　　　　　　　　　　　　　　2 340

(3)对于报告年度资产负债表日至财务报告批准报出日之间发生的报告年度或以前年度的销售退回，应增设"以前年度损溢调整"账户核算，并调整报告年度会计报表相关项目。企业应按退回商品相对应的收入，借记"以前年度损溢调整"账户，按可冲减的增值税销项税额，借记"应交税费——应交增值税(销项税额)"账户，按已付或应付给购买方的款项，贷记"银行存款"或"应付账款"账户。按退回商品的成本，借记"库存商品"账户(如未按售价核算的库存商品,应按售价),贷记"以前年度损溢调整"账户(按售价核算的库存商品,还应同时确认与所退回商品相对应的进销差价)。经过上述调整后，将"以前年度损溢调整"账户的金额，转入"利润分配——未分配利润"，借记或贷记"利润分配——未分配利润"，贷记或借记"以前年度损溢调整"账户。

【例5-8】A公司2005年12月15日，销售产品一批，售价20 000元，增值税3400元，该批商品的成本为16 000元。合同规定的现金折扣条件为:2/10、N/30。假定买方已于12月24日付清款项，并享受现金折扣400元。2006年1月20日财务会计报告尚未批准报出之前，该批商品因质量不合格而被退回，所收款项已如数退还购货方(假定不考虑所得税)。A公司应作如下账务处理:

借:以前年度损溢调整	19 600	
应交税费——应交增值税(销项税额)	3 400	
贷:银行存款		23 000
借:库存商品	16 000	
贷:以前年度损溢调整		16 000
借:利润分配——未分配利润	3 600	
贷:以前年度损溢调整		3 600

6.代销商品的核算。小企业将委托代销的商品发往受托代销单位时，按实际成本(采用售价核算的，按售价)，借记"代销商品"账户，贷记"库存商品"账户。收到代销单位送来的代销清单时，按应收金额，借记"应收账款"账户，按应确认的收入，贷记"主营业务收入"等账户，按专用发票上注明的增值税额，贷记"应交税费——应交增值税(销项税额)"账户;按应支付的手续费等，借记"营业费用"账户，贷记"应收账款"账户。同时，按代销商品的实际成本(或售价)，借记"主营业务成本"等账户，贷记"代销商品"账户。

小企业采用售价核算委托代销商品的，月度终了，应将售出委托代销商品的售价调整为实际成本。收到代销单位的代销款项，借记"银行存款"账户，贷记"应收账款"等账户。"代销商品"账户期末借方余额，反映小企业委托其他单位代销商品的实际成本(或进价)或售价。

小企业商品代销通常有两种方式:一是视同买断;二是收取手续费。现分别说明如下:

(1)视同买断方式。由委托方与受托方签订代销协议，委托方按协议价收取代销货款，实际售价由受托方自定，实际售价与协议价之间的差额归受托方所有。由于是代销,在代销商品发出时，风险和报酬并未转移给受托方，因此委托方不能在商品发出时确认收入，受托方也不能作商品购进处理。受托方在商品销售后确认收入，并向委托方开出"代销商品清单”。委托方根据受托方出具的“代销商品清单”确认收入，并结转成本。

【例 5 - 9】甲公司委托乙公司销售商品 100 件，协议价为 300 元/件，成本为 240 元/件。代销协议约定，乙公司在取得代销商品后，无论是否能够卖出、是否获利，均与甲公司无关。这批商品已经发出。当月乙公司将该批商品销售完毕，实际售价为 350 元/件。甲公司收到乙公司的代销清单，据此开出增值税专用发票。增值税税率 17%。

甲公司采用视同买断方式委托乙公司代销商品。因此，甲公司在发出商品时：

借：委托代销商品——乙公司　　24 000

　贷：库存商品　　24 000

收到代销清单时：

借：应收账款　　35 100

　贷：主营业务收入　　30 000

　　应交税费——应交增值税（销项税额）　　5 100

借：主营业务成本　　24 000

　贷：委托代销商品——乙公司　　24 000

乙公司的会计处理：

收到代销商品时：

借：受托代销商品——甲公司　　30 000

　贷：代销商品款——甲公司　　30 000

销售代销商品时：

借：银行存款　　40 950

　贷：主营业务收入　　35 000

　　应交税费——应交增值税（销项税额）　　5 950

借：主营业务成本　　30 000

　贷：受托代销商品——甲公司　　30 000

向甲公司提供代销清单并取得增值税时：

借：代销商品款——甲公司　　30 000

　应交税费——应交增值税（进项税额）　　5 100

　贷：应付账款——甲公司　　35 100

（2）收取手续费方式。由委托方与受托方签订代销协议，委托方确定代销商品的售价，商品销售后，受托方不作销售处理，只按约定的费率收取代销手续费。受托方在商品销售后向委托方开出代销商品清单。

【例 5 - 10】A 公司委托 B 公司销售商品 300 件，商品已经发出，每件成本为 30 元。合同约定丙公司应按每件 50 元对外销售，甲公司按销售价的 10% 向丙公司支付手续费。丙公司对外销售 50 件，开具的增值税专用发票上注明的销售价款为 15 000 元，增值税为 2 550 元，款项已经收到。A 公司收到丙公司开具的代销清单时，向丙公司开具一张相同金额的增值税专用发票。假定 A 公司发出商品时纳税义务尚未发生，不考虑其他因素。

A 公司的账务处理如下：

（1）发出商品时

借:委托代销商品 9 000

贷:库存商品 9 000

(2)收到代销商品清单时

借:应收账款——B 公司 17 550

贷:主营业务收入 15 000

应交税费——应交增值税(销项税额) 2 550

借:主营业务成本 9 000

贷:委托代销商品 9 000

借:营业费用 1 500

贷:应收账款 1 500

(3)收到丙公司支付的货款时

借:银行存款 16 050

贷:应收账款 16 050

B 公司(受托方)的账务处理如下:

(1)收到商品时

借:受托代销商品 15 000

贷:受托代销商品款 15 000

(2)对外销售时

借:银行存款 17 550

贷:应付账款——A 15 000

应交税费——应交增值税(销项税额) 2 550

(3)收到增值税专用发票时

借:应交税费——应交增值税(进项税额) 2 550

贷:应付账款——A 2 550

借:受托代销商品款 15 000

贷:受托代销商品 15 000

(4)支付货款并计算代销手续费时

借:应付账款 ——A 17 550

贷:银行存款 16 050

主营业务收入 1 500

7. 预收款销售的核算。预收款销售是指购货方按合同规定预先支付货款，销售方在收到最后一笔货款后，按合同发货的销售方式。采用这种销售方式时，收到预收货款时，商品并未发出，与商品所有权相关的主要风险和报酬末转移给购买方，因此不能确认收入。为此要设置“预收账款”账户进行核算。“预收账款”是负债类账户,核算小企业采用预收款方式销售商品时按合同约定而预收的贷款。贷方登记收到的预收款，借方登记发出商品并确认的收入，期末贷方余额表示已经收到尚未发货的预收货款;该账户按预付贷款的单位设置明细账，进行明细分类核算。对预收账款的明细账中出现的借方余额，在编制资产负债表时应列入应收账款项目。

如果小企业预收款业务较少，可以不设“预收账款”账户，将预收款业务在“应收账款”账户中核算。

8. 商品销售成本的计算与结转。月度终了，小企业应当根据本月销售的各种商品、提供的各种劳务等的实际成本，计算应结转的主营业务成本，借记“主营业务成本”账户，贷记“库存商品”账户。

本月的销售商品退回，可以单独计算退回商品的成本，借记“库存商品”等账户，贷记“主营业务成本”账户；如本月销售商品尚未结转成本的，也可以直接从本月的销售商品数量中减去。

小企业可以根据具体情况，采用先进先出法、加权平均法、移动平均法、个别计价法等方法，确定销售商品等的实际成本。确定销售商品及提供劳务成本的方法一经确定，不得随意变更。如需变更，应当在会计报表附注中予以说明。

小企业采用售价核算库存商品的，平时的销售成本按售价结转，月度终了，计算并结转本月销售商品应分摊的进销差价，将已销商品的售价调整为进价。

9. 主营业务税金及附加的计算与核算。小企业日常主要经营活动应负担的税金及附加，包括营业税、消费税、城市维护建设税、资源税、土地增值税和教育费附加等。小企业按照规定计算出应由日常销售业务负担的税金及附加，借记“主营业务税金及附加”账户，贷记“应交税费——应交营业税”、“应交税费——应交消费税”、“其他应交款”等账户。

小企业收到因多计等原因退回的消费税、营业税等原记入该账户的各种税金，应于收到时冲减收到当期的营业税金及附加，借记“银行存款”账户，贷记“主营业务税金及附加”账户。

期末，应将本账户的余额转入“本年利润”账户，结转后该账户无余额。

二、提供劳务收入核算

小企业提供劳务的收入，应按实际收到或应收的金额，借记“银行存款”或“应收账款”账户；按确认的劳务收入，贷记“主营业务收入”账户，如属需要缴纳增值税的劳务收入，还应根据增值税发票注明的增值税额，贷记“应交税费——应交增值税(销项税额)”账户。并按确认的劳务成本，借记“主营业务成本”账户，贷记“劳务成本”账户。“劳务成本”是成本计算类账户，核算小企业开展各项劳务业务过程中发生的成本费用，借方登记发生的劳务成本，贷方登记结转确认的劳务成本，期末借方余额表示小企业尚未完工劳务的实际成本。编制“资产负债表”时，将“劳务成本”账户余额计入该表的“存货”项目。

【例 5 - 11】甲公司于 2005 年 12 月 1 日接受一项设备安装任务，安装期为 3 个月，合同总收入 600 000 元，至年终已预收安装费 440 000 元，实际发生安装费用 280 000 元(假定均为安装人员薪酬)，估计还会发生 120 000 元。假定甲公司按实际发生的成本占估计总成本的比例确定劳务的完工进度。甲公司的账务处理如下：

(1)计算：

实际发生的成本占估计总成本的比例 = 280000 ÷ (280000 + 120000) = 70%

2005 年 12 月 31 日确认的提供劳务收入 = 600 000 × 70% - 0 = 420 000(元)

2005 年 12 月 31 日结转的提供劳务成本 = (280 000 + 120 000) × 70% - 0 = 280 000(元)

(2)账务处理:

实际发生劳务成本时:

借:劳务成本　　280 000

　贷:应付职工薪酬　　280 000

预收劳务款时:

借:银行存款　　440 000

　贷:预收账款　　440 000

12月31日确认劳务收入并结转劳务成本时:

借:预收账款　　420 000

　贷:主营业务收入　　420 000

借:主营业务成本　　280 000

　贷:劳务成本　　280 000

第三节 其他业务收支的核算

一、其他业务概述

(一)其他业务概念

其他业务是指小企业在生产经营过程中发生的除主营业务以外的各种业务。一般包括出售材料、转让无形资产使用权、出租包装物等。其他业务的特点是:发生次数不多,交易金额不大。

(二)其他业务收支核算账户设置

其他业务核算包括其他业务收入的核算与其他业务支出的核算。

1. 其他业务收入。本账户核算小企业除主营业务收入以外的其他销售或其他业务的收入,如材料销售、无形资产出租、包装物出租等收入。其他业务收入的确认原则,比照主营业务收入的规定办理。"其他业务收入"是损溢类账户,贷方登记取得的各种其他业务收入,借方登记期末结转本年利润的其他业务收入,结转后无余额。本账户应按其他业务的种类设置明细账,进行明细核算。

2. 其他业务支出

其他业务支出是小企业在开展其他业务过程中为取得收入而发生的各种耗费,包括其他业务成本和相关的税金及附加。为此要设置"其他业务支出"账户进行核算。"其他业务支出"是损溢类账户,借方登记发生的其他业务成本、相关税金及附加,贷方登记期末结转本年利润的其他业务支出,结转后无余额。

二、其他业务收支核算

(一)出售材料的核算

材料是小企业为进行产品生产而购进的,当小企业因处置多余材料等原因出售材料时,作其他业务处理。小企业销售材料,按售价和应收的增值税,借记"银行存款"、"应收账款"

等账户，按实现的营业收入，贷记“其他业务收入”账户，按专用发票上注明的增值税额，贷记“应交税费——应交增值税(销项税额)”账户。月度终了，按出售原材料的实际成本，借记“其他业务支出”账户，贷记“材料”账户。

【例5-12】长江有限责任公司将不用的一批材料出售，取得收入50 000元，增值税销项税额8 500元，该批材料的实际成本为42 000元。

编制会计分录如下：

借：银行存款　　58 000
　贷：其他业务收入　　50 000
　　应交税费——应交增值税(销项税额)　　8 500
借：其他业务支出　　42 000
　贷：原材料　　42 000

(二)转让无形资产使用权的核算

出租无形资产所取得的租金收入，借记“银行存款”等账户，贷记“其他业务收入”账户；结转出租无形资产的成本时，借记“其他业务支出”账户，贷记“无形资产”等账户。

【例5-13】12月1日，长江有限责任公司与A公司达成一项无形资产转让协议，将其一项专利使用权转让给A公司，使用期3年，每年收取费用10万元。按租金收入5%计算缴纳营业税，该项专利尚有摊余价值30万元，剩余摊销年限4年。账务处理如下：

每年收取费用时：

借：银行存款　　100 000
　贷：其他业务收入　　100 000

计算缴纳营业税：应交营业税 $=100\ 000\times5\%=5\ 000$(元)

借：其他业务支出　　5 000
　贷：应交税费——应交营业税　　5 000

每年结转出租无形资产的成本：

借：其他业务支出　　75 000
　贷：无形资产　　75 000

(三)出租包装物的核算

小企业收到出租包装物的租金，借记“库存现金”、“银行存款”等账户，按实现的收入金额，贷记“其他业务收入”账户，按专用发票上注明的增值税额，贷记“应交税费——应交增值税(销项税额)”账户。出租包装物，在第一次领用新包装物时，应当结转成本，借记“其他业务成本”账户，贷记“材料”账户。

【例5-14】11月9日，长江有限责任公司随产品销售出租新包装箱100个，每个成本40元，按70元收取押金，存入银行。当月25日收回包装箱，租金1 170(含增值税170元)，从押金中扣除，其余以现金退回。包装物成本于领用时一次摊销。相关会计处理如下：

11月9日，领用包装物时：

借：其他业务支出　　4 000
　贷：原材料——包装箱　　4 000

11 月 9 日收取押金时：

借：银行存款	7 000	
贷：其他应付款——存入保证金		7 000

11 月 25 日，扣除租金并退还押金时：

借：其他应付款——存入保证金	7 000	
贷：其他业务收入		1 000
应交税费——应交增值税（销项税额）		170
银行存款		5 830

本章思考题

1. 收入具有哪些特点？收入与利得如何区分？

2. 销售商品收入的确认条件是什么？销售商品收入金额如何确定？商品销售业务设置哪些账户？

3. 一般销售业务、不满足收入确认条件的销售业务、销售折让、销售退回如何进行会计处理？

4. 采用预收款方式、支付手续费代销方式销售商品时，如何确认销售商品收入？如何进行具体会计处理？

5. 在同一会计期间内开始并完成的所提供的劳务如何确认收入？如何进行具体会计处理？

6. 采用完工百分比法确认劳务收入的条件是什么？完工百分比法下，本期确认的收入和费用如何计算？如何进行会计处理？

7. 让渡资产使用权的使用费收入如何确认和计量？如何进行会计处理？

第六章 费用核算

学习目标:

(1)掌握费用的特点和主要内容;

(2)掌握费用的会计核算。

第一节 费用概述

一、费用的概念及特点

1. 概念。费用有狭义和广义之分。狭义的费用是指企业在日常活动中所发生的经济利益流出,广义的费用泛指企业各种日常活动发生的所有耗费,包括狭义的费用和日常活动以外所发生的损失及支出。

会计制度所讲的费用是指狭义的费用。费用是指企业日常活动中发生的、会导致所有者权益的减少、与向所有者分配利润无关的经济利益的总流出。费用仅指与本期营业收入相配比的那部分耗费,包括生产费用和期间费用。生产费用是企业在一定期间为生产产品而发生的各种耗费,包括直接材料、直接人工和制造费用。期间费用是指企业在一定期间所发生的不能直接归属于某个特定产品生产成本的费用,包括企业在组织管理生产经营活动过程等所发生的管理费用,为销售产品或提供劳务过程中发生的营业费用,为筹集生产经营所需资金而发生的财务费用等。生产费用最终计入产品成本;期间费用在发生时直接计入当期损溢。

2. 费用的特点

(1)费用发生的表现形式是使企业资产减少或负债增加,或两者兼而有之。费用的发生必定会造成经济利益的流出,导致企业资源的减少,正好与收入形成经济利益的流入相反。

(2)费用必定会减少企业的所有者权益。费用的发生使企业的资产减少或负债增加,都会导致企业所有者权益的减少。当然,并非所有减少资产、增加负债或减少所有者权益的事项都构成费用,像对外投资、对外捐赠、偿还债务、向投资者分配利润等,就不属于企业的费用。

二、费用与支出、成本和损失的关系

1. 费用与支出。费用应按照权责发生制和配比原则确认,凡属于本期发生的费用,不论其款项是否支付,均确认为本期的费用;反之,不属于本期发生的费用,即使其款项已在本期支付,也不确认为本期费用。

2. 费用与成本。生产费用与一定的时期相联系,而与生产的产品无关;产品成本与一定的数量与种类相联系,而不论发生在哪一期。

3. 费用与损失的关系。费用是企业直接或间接为取得收入所发生的必要的支出,费用的发生是为了能够给企业带来经济利益的流入。损失则是指净的经济利益的流出。

三、费用的分类

1. 按照费用的经济内容分类

费用按照经济内容分类包括：外购材料费用；外购燃料费用；外购动力费用；工资费用及职工福利费用；折旧费用；利息支出；税金及其他支出。

2. 按照费用的经济用途分类

费用按照经济用途分类包括：

(1)生产成本。包括直接材料；直接人工；制造费用。

(2)期间费用。包括管理费用；营业费用；财务费用。

第二节　期间费用

一、期间费用概述

(一)期间费用的概念

期间费用是企业当期发生的费用中的重要组成部分，是指小企业在一定期间发生的、不能直接或间接归属于某种特定产品成本的、直接计入当期损溢的各项费用，包括管理费用、营业费用和财务费用。

期间费用的特点是与收入没有直接的联系，且产生的效益只体现在一个会计期间，或耗费的受益期无法合理确定，应确认为发生当期的费用。如管理人员的工资、日常的通讯费用等，均应列为发生当期的费用。又如广告费用，其支出的受益期难以估计，也可以直接确认为当期费用。

(二)发生期间费用的方式

小企业发生期间费用的方式有四种：

1. 直接支付。直接支付是指直接以货币资金支付费用款，如以银行存款支付业务费，以现金支付日常办公费用等。

2. 转账核销。转账核销是指通过转账方式确认发生的期间费用，如计提固定资产折旧费用、计提坏账准备、计提职工福利费等。

3. 已付待摊。已付待摊是指某些费用受益期较长，需要在受益期内摊销计入各期的期间费用，如预付的广告费用、报刊杂志费用等。

4. 预提待付。预提待付是指按权责发生制确认本期费用，需要在后期支付的期间费用，如银行借款的利息费用等。

不同的费用发生方式，使期间费用的核算各不相同。在直接支付的情况下，借记有关期间费用账户，贷记“银行存款”或“库存现金”账户。在转账核销的情况下，借记有关期间费用账户，贷记“累计折旧”、“无形资产”、“应付职工薪酬”等账户。在已付待摊的情况下，支付费用款时，借记“长期待摊费用”账户，贷记“银行存款”或“库存现金”账户；按受益期确认每期应负担费用时，借记有关期间费用账户，贷记“长期待摊费用”账户。在预提待付的情况下，确认本期应负担期间费用时，借记有关期间费用账户，贷记“其他应付款”账户；实际支付已预提的费用时，借记“其他应付款”账户，贷记“银行存款”账户。

二、管理费用

(一)管理费用的概念

管理费用是小企业行政管理部门为组织和管理生产经营活动而发生的各项费用。

(二)管理费用的内容。

小企业的行政管理部门在经营管理中发生的公司经费(包括行政管理部门职工工资、修理费、物料消耗、低值易耗品摊销、办工费和差旅费等)、工会经费、待业保险费、劳动保险费、聘请中介机构费、咨询费(含顾问费)、诉讼费、业务招待费、房产税、车辆使用税、土地使用税、印花税、技术转让费、矿产资源补偿费、无形资产摊销、职工教育经费、研究与开发费、排污费、存货盘亏或盘盈(不包括应计入营业外支出的存货损失)、计提的坏账准备、存货跌价准备等。

商品流通企业可不设置本账户，而将发生的管理费用在“销售费用”账户核算。

(三)管理费用的核算

为核算发生的管理费用，小企业要设置“管理费用”账户。“管理费用”是损溢类账户，借方登记发生管理费用，贷方登记期末结转本年利润的管理费用，结转后无余额。本账户按费用项目设置明细分类账，进行明细分类核算。期末，应将本账户的余额转入“本年利润”账户，结转后本账户应无余额。

对小企业发生的管理费用，应借记“管理费用”账户，贷记有关账户。

发生的行政管理部门人员的工资及福利费，借记“管理费用”账户，贷记“应付职工薪酬”账户。行政管理部门计提的固定资产折旧，借记“管理费用”账户，贷记“累计折旧”账户。

发生的办公费、修理费、水电费等，借记“管理费用”账户，贷记“银行存款”等账户。

交纳待业保险费、劳动保险费时，借记“管理费用”账户，贷记“银行存款”账户。

发生业务招待费、聘请中介机构费、咨询费、诉讼费、技术转让费、职工教育经费、研究开发费时，借记“管理费用”账户，贷记“银行存款”等账户。

按规定计算出应交的矿产资源补偿费，借记“管理费用”账户，贷记“应交税费”账户。

按规定计算出应交给工会部门的工会经费，借记“管理费用”账户，贷记“应付职工薪酬”账户。

按规定计算出应交的房产税、车船使用税、土地使用税，借记“管理费用”账户，贷记“应交税费”账户。

无形资产、长期待摊费用按规定摊销时，借记“管理费用”账户，贷记“累计摊销”、“长期待摊费用”账户。

【例6-1】长江有限责任公司2006年12月发生下列管理费用：

(1)应付管理部门职工工资8万元，计提管理人员职工福利费1.12万元。

借:管理费用	80 000	
贷:应付职工薪酬——工资		80 000
借:管理费用	11 200	
贷:应付职工薪酬——职工福利费		11 200

(2)按全体职工工资总额计提工会经费1.6万元和职工教育经费1.2万元。

借:管理费用　　　　28 000

　贷:其他应付款——工会经费　　　　16 000

　　　　　　　——职工教育经费　　　　12 000

(3)给全体职工缴纳保险费6 000元。

借:管理费用　　　　6 000

　贷:银行存款　　　　6 000

(4)当月报销管理人员差旅费9 000元。

借:管理费用　　　　9 000

　贷:现金　　　　9 000

(5)以银行存款支付本月业务招待费10 000元。

借:管理费用　　　　100 00

　贷:银行存款　　　　10 000

(6)当月发生办公楼水电费300元,缴纳电话费400元,购买办公用品支出150元,以现金支付。

借:管理费用　　　　850

　贷:现金　　　　850

(7)管理部门办公楼应计提折旧费用2万元。

借:管理费用　　　　20 000

　贷:累计折旧　　　　20 000

三、营业费用

(一)营业费用的概念及内容

营业费用是指小企业销售商品过程中发生的费用,包括运输费、装卸费、包装费、保险费、展览费和广告费,以及为销售本企业商品而专设的销售机构(含销售网点、售后服务网点等)的职工工资、业务费等经营费用。

商品流通企业在购买商品过程中发生的运输费、装卸费、包装费、保险费、运输途中的合理损耗和入库前的挑选整理费,也在本账户核算。商品流通企业可不单独设置“管理费用”账户,其核算内容并入本账户。

(二)营业费用的核算

为核算营业费用,要设置“营业费用”账户。“营业费用”是损溢类账户,借方登记小企业实际发生的营业费用,贷方登记期末结转本年利润的营业费用,结转后无余额。本账户按费用项目设置明细分类账,进行明细分类核算。

小企业在销售过程中发生的运输费、装卸费、包装费、保险费、展览费和广告费,借记本账户,贷记“现金”、“银行存款”账户。

企业发生的为销售本企业商品而专设的销售机构的职工工资、福利费、业务费等经营费用,借记本账户,贷记“应付工资”、“应付福利费”、“银行存款”等账户。

【例6-2】2006年12月长江有限责任公司发生以下营业费用:

(1)当月营销人员的工资20 000元,应计提福利费2 800元

借:销售费用　　20 000

　　贷:应付职工薪酬——工资　　20 000

借:销售费用　　2 800

　　贷:应付职工薪酬——职工福利费　　2 800

(2)当月销售商品发生运输费用20 000元,包装费5 000元

借:销售费用　　25 000

　　贷:银行存款　　25 000

(3)当月发生营销人员差旅费2 000元

借:销售费用　　2 000

　　贷:库存现金　　2 000

四、财务费用

(一)财务费用的概念及内容

财务费用是小企业在筹集生产经营资金过程中发生的各项费用，包括利息支出(减利息收入、汇兑损失(减汇兑收益)以及相关的结算手续费。小企业为购建固定资产的专门借款所发生的借款利息费用，在固定资产达到预定可使用状态前按规定应予以资本化的部分，计入在建工程成本，不作财务费用处理。

(二)财务费用的核算

为核算财务费用，小企业要设置“财务费用”账户。“财务费用”是一个损溢类账户，发生财务费用记入本账户的借方，发生应冲减财务费用的利息收入或汇兑收益时，贷记本账户。期末将余额结转“本年利润”账户，结转后本账户无余额。本账户应按支出的项目设置明细账，进行明细分类核算。

发生的财务费用，借记“财务费用”账户，贷记“预提费用”、“银行存款”、“长期借款”等账户。发生的应冲减财务费用的利息收入、汇兑收益等，应借记“银行存款”等账户，贷记“财务费用”账户。

【例6－3】长江有限责任公司5月1日向珠江商业银行借款200万元，月利率为0.5%，期限3个月。相关账务处理如下：

5月1日向银行借款：

借:银行存款　　2 000 000

　　贷:短期借款　　2 000 000

5月31日，预提当月利息：

借:财务费用　　10 000

　　贷:应付利息　　10 000

6月30日计提利息同上。

7月31日，还本付息：

借:短期借款　　2 000 000

　　应付利息　　20 000

财务费用　　　　　　　　　　10 000
贷:银行存款　　　　　　　　　　2 030 000

本章思考题

1. 费用具有哪些特点？费用与损失如何区别？企业各项经济利益流出中，哪些构成费用，哪些不构成费用？

2. 费用的主要内容包括哪些？如何分别进行核算？

3. 期间费用包括哪些内容？

4. 费用是如何进行分类的？

第七章　利润核算

学习目标：

(1)掌握利润的构成内容；

(2)掌握所得税费用的核算；

(3)熟悉利润分配的内容。

第一节　利润的形成

一、利润概述

(一)利润的概念

利润是小企业在一定会计期间的经营成果，利润包括收入减去费用后的净额、直接计入当期利润的利得和损失等。

(二)利润的构成内容

小企业的利润由损溢项目构成，包括主营业务利润、营业利润、利润总额和净利润四个层次。各个利润层次与损溢类项目之间的关系如下：

主营业务利润＝主营业务收入－主营业务成本－主营业务税金及附加

营业利润＝主营业务利润＋其他业务净收入－营业费用－管理费用－财务费用

利润总额＝营业利润＋投资收益＋营业外收入－营业外支出

净利润＝利润总额－所得税费用

1. 营业外收入的核算

营业外收入是企业发生的与其生产经营无直接关系的各项收入，包括固定资产盘盈、处置固定资产净收益、出售无形资产净收益、非货币性交易收益、罚款净收入等。对小企业发生的营业外收入通过“营业外收入”账户进行核算。该账户是损溢类账户中的收入账户，贷方登记取得的各种营业外收入，借方登记期末结转本年利润的营业外收入，期末应将本账户的余额转入“本年利润”账户，结转后本账户应无余额。本账户应按收入项目设置明细账，进行明细核算。

小企业在生产经营期间，固定资产清理所取得的收益，应借记“固定资产清理”账户，贷记“营业外收入”账户。

企业在清查财产过程中，对于查明的固定资产盘盈，按确定的价值，借记“固定资产”账户，贷记“营业外收入”账户。

企业出售无形资产，按实际取得的转让收入，借记“银行存款”等账户，按无形资产的账面余额，贷记“无形资产”账户，按应支付的相关税费，贷记“应交税费”等账户，按实际取得的转让收入大于无形资产账面余额与相关税费之和的差额，贷记“营业外收入”账户。

小企业取得的罚款净收入，借记“银行存款”等账户，贷记“营业外收入”账户。

【例7－1】长城有限责任公司将一座不需用的建筑物，该建筑物账面原值800 000元，已提折旧700 000元，售价200 000元，营业税税率5%，发生清理费用20 000元。相关账务处理如下：

借:固定资产清理　　100 000
　累计折旧　　700 000
　贷:固定资产　　800 000
借:银行存款　　200 000
　贷:固定资产清理　　200 000
借:固定资产清理　　10 000
　贷:应交税费——应交营业税　　10 000
借:固定资产清理　　20 000
　贷:银行存款　　20 000
结转固定资产清理净收益：
借:固定资产清理　　70 000
　贷:营业外收入——处置固定资产净收益　　70 000

【例7－2】长江有限责任公司12月进行财产清查，盘盈设备一台，根据其同类设备市场价格确定其价值为250 000元。根据固定资产盘点报告单作如下账务处理：

借:固定资产　　250 000
　贷:营业外收入　　250 000

【例7－3】长江有限责任公司将一项专利出售给A公司，取得收入500 000元，营业税率为5%。该项专利尚有账面摊余价值400 000元。其账务处理如下：

借:银行存款　　500 000
　累计摊销　　100 000
　贷:无形资产　　500 000
　　应交税费——应交营业税　　25 000
　　营业外收入　　75 000

2. 营业外支出的核算

营业外支出是企业发生的与其生产经营无直接关系的各项支出，如固定资产盘亏、处置固定资产净损失、出售无形资产净损失、罚款支出、捐赠支出、非常损失等。对小企业发生的营业外支出发生时通过“营业外支出”账户进行核算。该账户是损溢类账户中的支出账户，借方登记发生的营业外支出，贷方登记期末结转本年利润的营业外支出，结转后无余额。

企业在生产经营期间，进行固定资产清理所发生的损失，借记“营业外支出”账户，贷记“固定资产清理”账户。

企业在财产清查过程中查明的固定资产盘亏，借记“营业外支出”账户，贷记“固定资产”账户。

企业发生的罚款支出，借记“营业外支出”账户，贷记“银行存款”等账户。

物资在运输途中发生的非常损失，借记“营业外支出”账户，贷记“在途物资”等账户。

企业出售无形资产，按实际取得的转让收入，借记“银行存款”等账户；按无形资产的账面余额，贷记“无形资产”账户；按应支付的相关税费，贷记“应交税费”等账户；按实际取得的转让收入小于无形资产账面余额与相关税费之和的差额，借记“营业外支出”账户。

【例 7－4】长城有限责任公司将一台不需用的旧设备报废，该设备账面原值 600 000 元，已提折旧 580 000 元，支付清理费用 30 000 元。相关账务处理如下：

借：固定资产清理　　20 000
　　累计折旧　　580 000
　　贷：固定资产　　600 000
借：固定资产清理　　30 000
　　贷：银行存款　　30 000
借：营业外支出　　50 000
　　贷：固定资产清理　　50 000

【例 7－5】长江有限责任公司 12 月进行财产清查，盘亏设备一台，该设备账面原价 600 000 元，已提折旧 450 000 元，根据固定资产盘点报告单作如下账务处理：

借：营业外支出　　150 000
　　累计折旧　　450 000
　　贷：固定资产　　600 000

【例 7－6】长江有限责任公司因违反环境保护法规被处以 100 000 元罚款。

借：营业外支出　　100 000
　　贷：银行存款　　100 000

【例 7－7】长江有限责任公司将一项非专利技术出售给 A 公司，取得收入 10 000 元，营业税率为 5%。该项技术尚有账面摊余价值 38 000 元。账务处理如下：

借：银行存款　　10 000
　　营业外支出　　28 500
　　贷：无形资产　　38 000
　　　　应交税费——应交营业税　　500

（三）利润的确认方法

小企业的利润确认方法包括表结法与账结法。

1. 表结法。表结法是指年终以外的各个会计期末，对本期利润和本年累计利润均通过“利润表”予以反映。表结法下，各损溢类账户在 1～11 月份都会有期末余额，表示当年自年初到报告期止收入与费用的累计发生额。到年终决算时，再将所有损溢类账户余额结转至“本年利润”账户，结平损溢类账户。采用表结法的优点是简化了利润结转的手续，不足之处是平时不能在账面上反映当年度已实现的利润或已发生的亏损。

2. 账结法。账结法是指在每月末均将各个损溢类账户余额结转至“本年利润”账户，通过“本年利润”账户反映本期利润和本年累计利润。具体做法是将损溢类账户中的贷方余额转入“本年利润”账户的贷方，将损溢类账户中的借方余额转入“本年利润”账户的借方。结转后结平各个损溢类账户。采用账结法的优点是能够通过“本年利润”账户反映本年已实现的利润或已发生的亏损，不足之处是增加了结转利润的工作量。

二、利润形成的核算

(一)利润核算前的准备工作

为了保证小企业利润核算的正确，在期末(特别是年末)进行利润核算之前，除了要将各项经济业务全部登记入账外，还要进行下列准备工作：

1. 财产清查。会计期末，特别是在年度终了时，小企业必须对全部资产进行全面清查。通过实地盘点、核对银行对账单、函证往来账款等手段，确认企业资产的实有数，并据以调整账面记录，保证账实相符。

2. 调整账项。即对小企业中应计提、应转账、应摊销、应处理的事项进行全面检查，按权责发生制原则进行处理。

应计提的事项主要有：固定资产折旧、职工福利费、工会经费、职工教育费、坏账准备、存货跌价准备、短期投资跌价准备、借款利息、有关税费等。

应转账事项主要有：将生产领用的材料按用途转作生产成本、销售费用、管理费用、其他业务成本等；将完工产品成本从生产成本账户转为库存商品；将已销售的库存商品转为主营业务成本等。

应摊销的事项主要有：长期待摊费用的摊销、无形资产的摊销等。

应处理的事项主要有：发生的待处理财产损溢等。

3. 账账核对。根据对账的要求，对总账账户余额与所属序时账的同期余额、总账账户余额与所属明细分类账户余额之和、数量金额明细账各账户的结存数量与实物保管账的结存数量之间都要核对相符。

(二)利润形成的核算

为了反映小企业净利润的实现情况，要设置“本年利润”账户。该账户是所有者权益类账户。贷方登记期末转入的主营业务收入、其他业务收入、营业外收入及投资净收益，借方登记期末转入的主营业务成本、营业税金及附加、其他业成本出、销售费用、管理费用、财务费用、营业外支出、所得税及投资净损失。期末贷方余额表示本年累计净利润，期末借方余额表示本年累计净亏损。年度终了，将本年利润的余额转入“利润分配——未分配利润”账户，结转后无余额。

【例7－8】长江有限责任公司2006年12月31日，各损溢类账户余额如下：主营业务收入200万元，主营业务成本160万元，营业税金及附加25万元，其他业务收入38万元，其他业务成本27万元，销售费用7万元，管理费用12万元，财务费用5万元，投资收益29万元，营业外收入3万元，营业外支出2万元，所得税费用10.5万元。

将收入类账户余额转入本年利润：

借：主营业务收入	2 000 000	
其他业务收入	380 000	
营业外收入	30 000	
投资收益	290 000	
贷：本年利润		2 700 000

将支出类账户余额转入本年利润：

借:本年利润	2 485 000	
贷:主营业务成本		1 600 000
营业税金及附加		250 000
其他业务支出		270 000
销售费用		70 000
管理费用		120 000
财务费用		50 000
营业外支出		20 000
所得税		105 000

本年度税后净利润 = 2 700 000 − 2 485 000 = 215 000（元）

第二节 所得税

所得税是企业取得纳税所得额后，按照所得税法规定向国家缴纳的税金。应纳税所得额是按照所得税法确定的所得税纳税依据，与会计按会计准则和会计制度确认的利润额不一定相同。

一、会计利润与纳税所得额

(一)会计利润与纳税所得额的关系

会计利润是指企业在缴纳所得税之前，按会计准则或会计制度核算确认的利润，表现为利润总额(也称会计税前利润)。其计算公式为：

会计利润总额 = 营业利润 ± 投资净收益 ± 营业外收支净额

纳税所得额是指小企业按所得税法规定计算确定的应税收入减去准予扣除项目金额后的余额，是计算交纳所得税的依据；纳税所得额的计算公式为：

纳税所得额 = 应税收入总额 − 准予扣除项目金额

按所得税法规定，小企业的纳税收入包括：生产经营收入、财产转让收入、利息收入、租赁收入、特许权使用收入、股息收入、其他收入。准予扣除的项目指与纳税人取得收入相关的成本、费用、税金与损失，所得税法中对准予扣除项目作了详细规定。

在纳税时，需要以财务会计提供的会计利润为基础，依据税法的规定进行相应的调整，确定纳税所得额，再计算应纳所得税额。由于所得税法与小企业会计制度或会计准则在某些收入、支出项目的计算口径和确认时间上存在不同的标准，因此产生了纳税调整问题，使会计利润总额与纳税所得额之间有了以下的关系：

纳税所得额 = 会计利润总额 ± 纳税调整项目金额

纳税调整项目包括永久性差异与时间性差异。

(二)永久性差异

永久性差异是指某一会计期间，由于会计制度和税法在计算收益、费用或损失时的口径不同，所产生的税前会计利润与应纳税所得额之间的差异。这种差异在本期发生，不会在以

后各期转回。永久性差异有以下几种类型:

(1)按会计制度规定核算时作为收益计入利润，但在计算应纳税所得额时不确认为收益。如税法规定企业购买的国债利息收入不计入应纳税所得额，不交纳所得税;但按照会计制度规定，企业购买国债产生的利息收入，计入当期损溢。

(2)按会计制度规定核算时不作为收益、未构成企业会计利润，但在计算应纳税所得额时作为收益，需要交纳所得税。如企业以自己生产的产品用于工程项目，税法上规定按该产品的售价与成本的差额计入应纳税所得额;但按照会计制度规定，则按成本转账，不产生利润，不计入当期损溢。

(3)按会计制度规定核算时确认为费用或损失，抵减了会计利润，但在计算应纳税所得额时则不允许扣减。如罚金、罚款和被没收的财物损失，按会计制度规定计入当期损溢，减少税前会计利润;但在计算应纳税所得额时则不允许扣减。

(4)按会计制度规定核算时不确认为费用或损失，在计算应纳税所得额时则允许扣减。

永久性差异的特征是:只在当期发生，并不在以后各期转回，因此只对当期所得税的计算有影响，不影响以后各期的所得税计算。

(三)时间性差异

时间性差异是指由于会计利润总额与纳税所得额之间的计算时间不一致而产生的差异。时间性差异是在当期发生，并在以后若干期内转回，即不仅对本期应纳税所得额的计算产生影响，而且对以后转回期的应纳税所得额的计算也产生影响。从一个较长时间看，会计利润总额与纳税所得额是一致的。时间性差异主要有以下几种类型:

(1)企业获得的某项收益，按照会计制度规定应当确认为当期收益，但按照税法规定需待以后期间确认为应纳税所得额，从而形成应纳税时间性差异。这里的应纳税时间性差异是指未来应增加应纳税所得额的时间性差异。

(2)企业发生的某项费用的损失，按照会计制度规定应当确认为当期费用和损失，但按照税法规定待以后期间从应纳税所得额中扣减，从而形成可抵减时间性差异。这里的可抵减时间性差异是指未来可以从应纳税所得额中扣除的时间性差异。

(3)企业获得的某项收益，按照会计制度规定应当于以后期间确认收益，但按照税法规定需计入当期应纳税所得额，从而形成可抵减时间性差异。

(4)企业发生的某项费用和损失，按照会计制度规定应当于以后期间确认为费用或损失，但按照税法规定可以从当期应纳税所得额中扣减，从而形成应纳税时间性差异。

二、所得税计算

小企业的所得税通常按季预交，年终清算。所得税按下列步骤进行计算:

1. 确定年度会计利润总额。按照会计制度或会计准则的规定进行会计核算，确定小企业的会计利润总额。

2. 确定应纳税所得额。按所得税法的规定 确认永久性差异和时间性差异，按下列公式计算应纳税所得额。

应纳税所得额 = 会计利润总额 ± 永久性差异额 ± 时间性差异额

3. 计算年度应纳所得税。计算公式为:

年度应纳所得税 = 年度应纳税所得额 × 适用所得税率

2008 年 1 月 1 日前，我国企业所得税实行 33% 的比例税率。对于小企业税法规定：年纳税所得额在 3 万元以内的为 18%；年纳税所得额在 3 万元以上、10 万元以内的为 27%；年纳税所得额在 10 万元以上的为 33%。

从 2008 年 1 月 1 日起：企业所得税率为 25%；对符合条件的小型微利企业和在中国境内未设立机构、场所，或者虽设立机构、场所但取得的所得与其所设机构、场所没有实际联系的非居民企业的中国境内所得税，减按 20% 的税率征收企业所得税；对国家需要重点扶持的高新技术企业，减按 15% 的税率征收企业所得税。

三、所得税核算

所得税的核算方法有应付税款法与纳税影响会计法两种。《小企业会计制度》规定，小企业采用应付税款法核算所得税。

（一）应付税款法

1. 应付税款法的概念和特点

应付税款法，是指企业不确认时间性差异对所得税的影响金额，按照当期计算应交所得税确认为当期所得税费用的方法。在这种方法下，当期所得税费用等于当期应交的所得税。

这种核算方法的特点是本期所得税费用按照本期应纳所得税额与适用的所得税率计算的应纳所得税，即本期从净利润中扣除的所得税费用等于本期应交的所得税。时间性差异产生的影响所得税的金额均在本期确认为所得税费用或在本期抵减所得税费用。也就是说不管税前会计利润多少，在计算缴纳所得税时均应按税法规定对税前会计利润进行调整，调整为应纳税所得额，再按照应纳所得税额计算出本期应交的所得税，作为本期的所得税费用，即本期所得税费用等于本期应交所得税。

2. 应付税款法账户设置

所得税额确认企业所得税费用的核算方法。为了正确核算小企业的所得税费用，要设置“所得税”账户，本账户核算小企业当期发生的所得税费用。该账户是损溢类账户，计算确认的所得税费用记入该账户的借方，期末将余额结转“本年利润”记入该账户的贷方，结转后无余额。

3. 应付税款法的核算

小企业计算的当期所得税金额，借记“所得税”账户，贷记“应交税费——应交所得税”账户。

小企业收到因多计等原因而退还的所得税，应在实际收到退还的所得税时，冲减收到当期的所得税费用。小企业应按实际收到的所得税返还款，借记“银行存款”账户，贷记“所得税”账户。

【例 7－9】某企业 2005 年度核定的全年计税工资为 300 000 元，全年实发 330 000 元。当年按会计制度规定核算的税前会计利润为 200 000 元，其中包括本年收到的国库券利息收入 20 000 元。该企业固定资产折旧采用直线法，本年折旧额为 150 000 元，按税法规定采用双倍余额递减法，本年折旧 190 000 元。假定无其他纳税调整项目，该企业所得税税率为 33%。

该企业本期应交的所得税费用如下：

税前会计利润　　200 000

加:永久性差异　　10 000 (330 000－300 000－20 000)

减:时间性差异　　40 000

应纳税所得额　　170 000

本期应交所得税　　56 100(170 000×33%)

本期所得税费用　　56 100

2005 年该公司应作会计处理如下:

借:所得税　　56 100

　贷:应交税费——应交所得税　　56 100

实际上交所得税时:

借:应交税费——应交所得税　　56 100

　贷:银行存款　　56 100

(二)纳税影响会计法

纳税影响会计法是指将本年度发生时间性差异对所得税的影响金额递延到以后各期，以后当时间性差异发生相反变化时，将其对所得税的影响金额予以转销。纳税影响会计法使各年度实现的收益与应负担的所得税费用相配比。

采用纳税影响会计法，除设置“所得税”账户外，还应设置“递延税款”账户。发生时间性差异使所得税费用大于应纳所得税时，其差额记入该账户的贷方，反之记入该账户的借方，该账户的期末贷方余额表示未来应付所得税款的债务;借方余额表示预付所得税款的资产。

在时间性差异转回期限内，如果企业的所得税率发生变动，按是否根据新税率调整递延税款账户余额，将纳税影响会计法分为递延法和债务法两种。

采用递延法时，不调整“递延税款”账户余额;本年度发生的时间性差异按现行税率计算所得税影响金额;以前年度发生在本年度转销的时间性差异对所得税影响金额，用当初发生时间性差异时的所得税率计算，通常是先发生的时间性差异先转销。

采用债务法时，需要按新税率调整“递延税款”账户余额;本年度发生的时间性差异按现行税率计算所得税影响金额;以前年度发生而在本年度转销的时间性差异对所得税的影响金额，也按现行税率计算。

第三节　利润分配

一、利润分配概述

小企业取得的净利润，应当按照规定进行分配。利润分配的过程和结果，不仅关系到所有者的合法权益是否得到保护，而且还关系到企业能否长期、稳定地发展。企业本年实现的净利润加上年初未分配利润为可供分配的利润。

(一)利润分配的有关规定

我国的《公司法》规定，企业实现的税后净利润，在按规定弥补亏损后，应当按税后利润的 10% 计提法定公积金，当提取的法定公积金达到公司注册资本金的 50% 时，可以不再计提。同时按税后利润的5% ~10%计提法定公益金。此外，还可以由企业自行确定一定的比例计提任意盈余公积金。

（二）利润分配程序

小企业在亏损弥补后，按照利润分配的有关规定进行利润分配时，应当按下列顺序进行：提取法定盈余公积；提取法定公益金；计提任意盈余公积；确定应付利润；确定转作资本的利润；确定未分配利润。

（三）账户设置

为反映企业利润分配（或亏损弥补）的情况和结果，要设置“利润分配”账户。“利润分配”是所有者权益类账户，通过不同的明细账户反映小企业亏损弥补、利润分配的情况和结果。《小企业会计制度》规定，“利润分配”账户下设七个明细账户：

（1）其他转入；

（2）提取法定盈余公积；

（3）提取法定公益金；

（4）提取任意盈余公积；

（5）应付利润；

（6）转作资本的利润；

（7）未分配利润。

二、利润分配的核算

利润分配的核算内容主要包括弥补以前年度亏损、提取公益金、向投资者分配利润等。

（一）弥补以前年度亏损的核算

根据税法规定：小企业某年度发生的亏损，可用其后盈利年度的税前利润弥补，但连续弥补期不能超过五年。五年内尚未弥补完的亏损，从第六年开始只能用税后利润弥补，如果税后利润还不够弥补时，可用亏损以前年度提取的盈余公积弥补。用法定盈余公积补亏的数额为超过注册资本25%的部分，用任意盈余公积补亏不受此限制。

小企业采用税前利润弥补前5年亏损，或用税后利润弥补5年前亏损时，不必作专门的会计处理，在年终利润清算时，自行弥补。

用盈余公积补亏时，借记“盈余公积”账户，贷记“利润分配——其他转入”账户。

【例7-10】甲公司经董事会研究决定，以法定盈余公积80 000元弥补7年前发生的未弥补亏损。会计处理如下：

借：盈余公积——法定盈余公积　　　80 000

　贷：利润分配——其他转入　　　　　80 000

（二）提取公积金与公益金的核算

小企业税后利润在弥补以前年度亏损后，尚有剩余的净利润，应按规定计提法定公积金和法定公益金，并可根据情况自行决定提取任意盈余公积金。借记“利润分配——提取法定盈余公积、提取法定盈余公积、提取任意盈余公积”账户，贷记“盈余公积”账户。

（三）应付利润的核算

小企业分配给投资者的现金利润，借记“利润分配——应付利润”，贷记“应付利润”。

（四）转增资本的核算

小企业按董事会或类似机构批准的应转增资本的金额，在办理增资手续后，借记“利润分配——转作资本的利润”，贷记“实收资本”。

（五）年终结转未分配利润

年度终了，企业应将全年实现的净利润，自“本年利润”账户转入“利润分配——未分配利润”账户，借记“本年利润”，贷记“利润分配——未分配利润”账户，如为亏损，作相反的会计分录；同时，将利润分配账户下的明细账户余额全部转入“利润分配”账户下的“未分配利润”明细账户。将本年利润和利润分配的其他转入明细账户余额转入时，记入该明细账户的贷方，年终将利润分配类各明细账户的余额转入时，记入该明细账户的借方。该账户的期末余额若为贷方，表示历年累积未分配利润额；期末余额若为借方，表示历年累积的未弥补亏损额。

【例 7－11】长江有限责任公司 2006 年实现净利润 215 000 元，经董事会决议，按 10% 提取法定盈余公积，按 5% 提取法定公益金，提取 30 000 元任意盈余公积金，分配给普通股东现金股利 50 000 元，将 50 000 元转作资本。相关账务处理如下：

应计提的法定公积金＝215 000×10%＝21 500（元）

应计提的法定公益金＝215 000×5%＝10 750（元）

借：利润分配——提取法定盈余公积　　21 500
　　　　　　——提取法定公益金　　10 750
　　　　　　——提取任意盈余公积　　30 000
　贷：盈余公积——法定盈余公积　　21 500
　　　　　　——法定公益金　　10 750
　　　　　　——任意盈余公积　　30 000

应分配给投资者的利润：

借：利润分配——应付利润　　50 000
　贷：应付股利　　50 000

转作资本的利润：

借：利润分配——转作资本的利润　　50 000
　贷：实收资本　　50 000

结转本年利润：

借：本年利润　　215 000
　贷：利润分配——未分配利润　　215 000

结转利润分配中的明细账户：

借：利润分配——未分配利润　　162 250
　贷：利润分配——提取法定盈余公积　　21 500
　　　　　　——提取法定公益金　　10 750
　　　　　　——提取任意盈余公积　　30 000
　　　　　　——应付利润　　50 000
　　　　　　——转作资本的利润　　50 000

本章思考题

1. 什么是利润？利润的构成内容有哪些？
2. 利润是如何核算的？
3. 什么是所得税？会计利润与纳税所得额的区别是什么？
4. 所得税的核算方法有哪些？
5. 利润分配的程序是什么？

第八章 债务重组

学习目标：

掌握债务人和债权人分别进行的会计处理。其中，债务人的会计处理应区别于以现金、以非现金资产、以债务转为资本、以修改其他债务条件四种方式进行的债务重组的会计处理。

第一节 债务重组的定义和重组方式

一、债务重组的定义

债务重组，是指在债务人发生财务困难的情况下，债权人按照其与债权人达成的协议或者法院的裁定作出让步的事项。债务人重组定义中的“债务人发生财务困难”，是指债务人出现资金周转困难或经营陷入困境，导致其无法或者没有能力按原定条件偿还债务；“债务人作出让步”，是指债权人同意发生财务困难的债务人现在或者将来以低于重组债务账面价值的金额或者价值偿还债务。“债权人作出让步”的情形主要包括：债权人减免债务人部分债务本金或者利息、降低债务人应付债务的利率等。债务人发生财务困难，是债务重组的前提条件，而债权人作出让步是债务重组的必要条件。

二、债务重组的方式

债务重组主要有以下几种方式：

1. 以资产清偿债务，是指债务人转让其资产给债权人以清偿债务的债务重组方式。债务人通常用于偿债的资产主要有：现金、存货、固定资产、无形资产、股权投资等。这里的现金，是指货币资金，即库存现金、银行存款和其他货币资金，在债务重组的情况下，以现金清偿债务，通常是指以低于债务的账面价值的现金清偿债务，如果以等量的现金偿还所欠债务，则不属于本章所指的债务重组。

2. 债务转为资本，是指债务人将债务转为资本，同时债权人将债权转为股权的债务重组方式。但债务人根据转换协议，将应付可转换公司债券转为资本的，则属于正常情况下的债务转为资本，不能作为债务重组处理。

债务转为资本时，对股份有限公司而言为将债务转为股本；对其他企业而言，是将债务转为实收资本。债务转为资本的结果是，债务人因此而增加股本（或实收资本），债权人因此而增加股权。

3. 修改其他债务条件，是指修改不包括上述第一、第二种情形在内的债务条件进行债务重组的方式，如减少债务本金、降低利率、免去应付未付的利息等。

4. 以上三种方式的组合，是指采用以上三种方法共同清偿债务的债务重组形式。例如，以转让资产清偿某项债务的一部分，另一部分债务通过修改其他债务条件进行债务重组。主要包括以下可能的方式：

(1)债务的一部分以资产清偿，另一部分则转为资本；

(2)债务的一部分以资产清偿，另一部分则修改其他债务条件；

(3)债务的一部分转为资本，另一部分则修改其他债务条件；

(4)债务的一部分以资产清偿，一部分转为资本，另一部分则修改其他债务条件。

第二节　债务重组的会计处理

一、以资产清偿债务

在债务重组中，企业以资产清偿债务的，通常包括以现金清偿债务和以非现金资产清偿债务等方式。

(一)以现金清偿债务

债务人以现金清偿债务的，债务人应当将重组债务的账面价值与支付现金之间的差额确认为债务重组利得，作为营业外收入，计入当期损溢，其中，相关重组债务应当在满足金额负债终止确认条件时予以终止确认。

债务人以现金清偿债务的，债务人应当将重组债务的账面价值与支付现金之间的差额确认为债务重组损失，作为营业外支出，计入当期损溢，其中，相关重组债务应当在满足金额资产终止确认条件时予以终止确认。重组债权已经计提减值准备的，应当先将上述差额冲减已计提的减值准备，冲减后仍有损失的，计入营业外支出(债务重组损失)；冲减后减值准备仍有余额的，应予转回并抵减当期资产减值损失。

【例 8-1】甲企业于 2006 年 1 月 20 日销售一批材料给乙企业，不含税价格为 200 000 元，增值税税率 17%，按合同规定，乙企业应于 2006 年 4 月 1 日前偿付货款。由于乙企业发生财务困难，无法按合同规定的期限偿还债务，经双方协议于 7 月 1 日进行债务重组。债务重组协议规定，甲企业同意减免乙企业 30 000 元债务，余额用现金立即偿清。乙企业于当日通过银行转账支付了该笔剩余款项，甲企业随即收到了通过银行转账偿还的款项。甲企业已为该项应收债权计提了 20 000 元的坏账准备。

(1)乙企业的账务处理

①计算债务重组利得：

应付账款账面余额	234 000
减:支付的现金	204 000
债务重组利得	30 000

②应作会计分录：

借:应付账款	234 000	
贷:银行存款		204 000
营业外收入——债务重组利得		30 000

(2)甲企业的账务处理

①计算债务重组损失：

应收账款账面余额	234 000

减:收到的现金 204 000
差额 30 000
减:已计提坏账准备 20 000
债务重组损失 10 000

②应作会计分录:

借:银行存款 204 000
　营业外支出——债务重组损失 10 000
　坏账准备 20 000
　贷:应收账款 234 000

(二)以非现金资产清偿某项债务

债务人以非现金资产清偿某项债务的,债务人应当将重组债务的账面价值与转让的非现金资产的公允价值之间的差额确认为债务重组利得,作为营业外收入,计入当期损溢。其中,相关重组债务应当在满足金融负债终止确认条件时予以终止确认。转让的非现金资产的公允价值与其账面价值的差额作为转让资产损溢,计入当期损溢。

债务人在转让非现金资产的过程中发生的一些税费,如资产评估费、运杂费等,直接计入转让资产损溢。对于增值税应税项目,如债权人不向债务人另行支付增值税,则债务重组利得应为转让非现金资产的公允价值和该非现金资产的公允价值和该非现金资产的增值税销项税额与重组债务账面价值的差额;如债权人向债务人另行支付增值税,则债务重组利得应为转让非现金资产的公允价值与重组债务账面价值的差额。

债务人以非现金资产清偿某项债务的,债权人应当对受让的非现金资产按其公允价值入账,重组债权的账面余额与受让的非现金资产的公允价值之间的差额,确认为债务重组损失,作为营业外支出,计入当期损溢,其中,相关重组债权应当在满足金融资产终止确认条件时予以终止确认。重组债权已经计提减值准备的,应当先将上述差额冲减已计提减值准备,冲减后仍有损失的,计入营业外支出(债务重组损失);冲减后减值准备仍有余额的,应予转回并抵减当期资产减值损失。对于增值税应税项目,如债权人不向债务人另行支付增值税,则增值税进项税额不能作为冲减重组债权的账面余额处理。

债权人收到非现金资产时发生的有关运杂费等,应当计入相关资产的价值。

1. 以库存材料、商品产品抵偿债务

债务人以库存材料、商品产品抵偿债务,应视同销售进行核算。企业可将该项业务分为两部分,一是将库存材料、商品产品出售给债权人,取得货款。出售库存材料、商品产品业务与企业正常的销售业务处理相同,其发生的损溢计入当期损溢;二是以取得的货币清偿债务,当然在这项业务中实际上并没有发生相应的货币流入与流出。

【例 8-2】甲公司欠乙公司购货款 350 000 元。由于甲公司财务发生困难,短期内不能支付已于 2007 年 5 月 1 日到期的货款。2007 年 7 月 1 日,经双方协商,乙公司同意甲公司以其生产的产品偿还债务。该产品的公允价值为 200 000 元,实际成本为 120 000 元。甲公司为增值税一般纳税人,适用的增值税税率为 17%。乙公司于 2007 年 8 月 1 日收到甲公司抵债的产品,并作为库存商品入库;乙公司对该项应收账款计提了 50 000 元的坏账准备。

(1)甲公司的账务处理

①计算债务重组利得：

应付账款账面余额　　350 000

减：所转让产品的公允价值　　200 000

增值税销项税额　34 000(200 000×17%)

债务重组利得　　116 000

②应作会计分录：

借：应付账款　　350 000

　贷：主营业务收入　　200 000

　　应交税费——应交增值税(销项税额)　　34 000

　　营业外收入——债务重组利得　　116 000

借：主营业务成本　　120 000

　贷：库存商品　　120 000

在本例中，甲公司销售产品取得的利润体现在营业利润中，债务重组利得作为营业外收入处理。

(2)乙公司的账务处理

①计算债务重组损失：

应收账款账面余额　　350 000

减：受让资产的公允价值　　200 000

增值税进项税额　　34 000

减：已计提坏账准备　　50 000

债务重组损失　　66 000

②应作会计分录：

借：库存商品　　200 000

　应交税费——应交增值税(进项税额)　34 000

　坏账准备　　50 000

　营业外支出——债务重组损失　　66 000

　贷：应收账款　　350 000

2. 以固定资产抵偿债务

债务人以固定资产抵偿债务，应将固定资产的公允价值与该项固定资产账面价值和清理费用的差额作为转让固定资产的损溢处理。同时，将固定资产的公允价值与应付债务的账面价值的差额，作为债务重组利得，计入营业外收入。债权人收到的固定资产应按公允价值计量。

【例8-3】甲公司于2005年1月1日销售给乙公司一批材料，价值400 000元(包括应收取的增值税)，按购销合同约定，乙公司应于2005年10月31日前支付货款，但至2006年1月31日乙公司尚未支付货款。由于乙公司财务发生困难，短期内不能支付货款。2006年2月3日，与甲公司协商，甲公司同意乙公司以一台设备偿还债务。该项设备账面原价为350 000元，已提折旧50 000元，设备的公允价值为360 000元(假定企业转让该项设备不需要交纳增值税)。

甲公司对该项应收账款已提坏账准备20 000元。抵债设备已于2006年3月10日运抵甲公司。假定不考虑该项债务重组相关的税费。

(1)乙公司的账务处理

①计算固定资产清理损溢与债务重组利得：

固定资产公允价值	360 000
减:固定资产净值	300 000
处置固定资产净收益	60 000

②计算债务重组利得：

应付账款的账面余额	400 000
减:固定资产公允价值	360 000
债务重组利得	40 000

③将固定资产净值转入固定资产清理,应作会计分录如下：

借:固定资产清理	300 000	
累计折旧	50 000	
贷:固定资产		350 000

④确认债务重组利得：

借:应付账款	400 000	
贷:固定资产清理		360 000
营业外收入——债务重组利得		40 000

(2)甲公司的账务处理

①计算债务重组损失：

应收账款的账面余额	400 000
减:受让资产的公允价值	360 000
差额	40 000
减:已计提坏账准备	20 000
债务重组损失	20 000

②应作会计分录如下：

借:固定资产	360 000	
坏账准备	20 000	
营业外支出——债务重组损失	20 000	
贷:应收账款		400 000

二、债务转为资本

以债务转为资本方式进行债务重组的，应分别以下情况处理：

1. 债务人为股份有限公司时，债务人应将债权人因放弃债权而享有股份的面值总额确认为股本；股份的公允价值总额之间的差额确认为债务重组利得，计入当期损溢。债务人为其他企业时，债务人应将债权人因放弃债权而享有的股权份额确认为实收资本；股权的公允价值与实收资本之间的差额确认为资本公积。重组债务的账面价值与股权的公允价值之间的差额作为债务重组利得，计入当期损溢。

2. 债务人将债务转为资本，即债权人将债权转为股权。在这种方式下，债权人应将重组债权的账面价值余额与因放弃债权而享有的股权的公允价值之间的差额，先冲减已提取的减值准备，减值准备不足冲减的部分，或为提取减值准备的，将该差额确认为债务重组损失。同时，债权人应将因放弃债权而享有的股权按公允价值计量。发生的相关税费，分别按照长期股权投资或者金融工具确认和计量的规定进行处理。

【例 8－4】2006 年 7 月 1 日，甲公司应收乙公司账款的账面余额为 60 000 元，由于乙公司发生财务困难，无法偿付应付账款。经双方协商同意，采取将乙公司所欠债务转为乙公司股本的方式进行债务重组，假定乙公司普通股的面值为 1 元，乙公司以 20 000 股抵偿该项债务，股票每股市价为 2.5 元。甲公司对该项应收账款计提了坏账准备 2 000 元。股票登记手续已办理完毕，甲公司对其作为长期股权投资处理。

(1) 乙公司的账务处理

①计算应计入资本公积的金额：

股票的公允价值	50 000
减：股票的面值总额	20 000
应计入资本公积	30 000

②计算应确认的债务重组利得：

债务账面价值	60 000
减：股票的公允价值	50 000
债务重组利得	10 000

③应作会计分录如下：

借：应付账款	60 000	
贷：股本		20 000
资本公积——股本溢价		30 000
营业外收入——债务重组利得		10 000

(2) 甲公司的账务处理

①计算债务重组损失：

应收账款账面余额	60 000
减：所转股权的公允价值	50 000
差额	10 000
减：已计提坏账准备	2 000
债务重组损失	8 000

②应作会计分录如下：

借：长期股权投资	50 000	
营业外支出——债务重组损失	8 000	
坏账准备	2 000	
贷：应收账款		60 000

三、修改其他债务条件

以修改其他债务条件进行债务重组的，债务人和债权人应分别以下情况处理。

1. 不附或有条件的债务重组

不附或有条件的债务重组，是指在债务重组中不存在或有应付(或应收)金额确定，该或有条件需要根据未来某种事项出现而发生的应付(或应收)金额，并且该未来事项的出现具有不确定性。

不附或有条件的债务重组，债务人应将修改其他条件后债务的公允价值作为重组后债务的入账价值。重组债务的账面价值与重组后债务的入账价值之间的差额计入损溢。

以修改其他债务条件进行债务重组，如修改后的债务条款不涉及或有应收金额，则债权人应当将修改其他债务条件后的债权的公允价值作为重组后债权的账面价值，重组债权的账面金额与重组后债权的账面价值之间的重组后债权的账面价值，重组债权的账面余额与重组后债权账面价值之间的差额确认为债务重组损失，计入当期损溢。如果债权人已对该项债权计提了减值准备，应当首先冲减已计提的减值准备。

【例 8－5】甲公司 2006 年 12 月 31 日应收乙公司票据的账面余额为 65 400 元，其中，5 400 元为累计未付的利息，票面年利率 4%。由于乙公司连年亏损，资金周转困难，不能偿付应于 2006 年 12 月 31 日前支付的应付票据。经双方协商，于 2007 年 1 月 5 日进行债务重组。甲公司同意将债务本金减至 50 000 元；并将债务到期日延至 2008 年 12 月 31 日，利息按年支付。该项债务重组协议从协议签定日起开始实施。甲、乙公司已将应收、应付票据转入应收、应付账款。甲公司已为该项应收款项计提了 5 000 元坏账准备。

(1)乙公司的账务处理

①计算债务重组利得：

应付账款的余额	65 400
减：重组后债务公允价值	50 000
债务重组利得	15 400

②债务重组时的会计分录：

借：应付账款	65 400	
贷：应付账款——债务重组		50 000
营业外收入——债务重组利得		15 400

③2007 年 12 月 31 日支付利息：

借：财务费用	1 000	
贷：银行存款		1 000(50 000×2%)

④2008 年 12 月 31 日偿还本金和最后一年利息：

借：应付账款——债务重组	50 000	
财务费用	1 000	
贷：银行存款		51 000

(2)甲公司的账务处理

①计算债务重组损失：

应收账款账面余额	65 400
减：重组后债务公允价值	50 000
差额	15 400

减:已计提坏账准备　　5 000

债务重组损失　　10 400

②债务重组日的会计分录:

借:应收账款——债务重组　　50 000

　营业外支出——债务重组损失　　10 400

　坏账准备　　5 000

　贷:应收账款　　65 400

③2007 年 12 月 31 日收到利息:

借:银行存款　　1 000

　贷:财务费用　　1 000(50 000 ×2%)

④2008 年 12 月 31 日收到本金和最后一年利息:

借:银行存款　　51 000

　贷:财务费用　　1 000

　　应收账款　　50 000

2. 附或有条件的债务重组

附或有条件的债务重组，是指在债务重组协议中附或有应付条件的重组。或有应付金额，是指依未来某种事项出现而发生的支出。未来事项的出现具有不确定性。如，债务重组协议规定，“将××公司债务 1 000 000 元免除 200 000 元，剩余债务展期两年，并按 2% 的年利率计收利息。如该公司一年后盈利，则自第二年起将按 5% 的利率计收利息。”根据此项债务重组协议，债务人依未来是否盈利而发生的 24 000 元(800 000 ×3%)支出，即为或有应付金额。但债务人是否盈利，在债务重组时不能确定，即具有不确定性。

附或有条件的债务重组，对于债务人而言，以修改其他债务条件进行的债务重组，修改后的债务条款如涉及或有应付金额，且该或有应付金额符合或有事项中有关预计负债确认条件的，债务人应当将该或有应付金额确认为预计负债。重组债务的账面价值与重组后债务的入账价值和预计负债金额之和的差额，作为债务重组里的，计入营业外收入。需要说明的是，在附或有支出的债务重组方式下，债务人应当在每期末，按照或有事项确认和计量要求，确定其最佳估计数，期末所确定的最佳估计数与原预计数的差额，计入当期损溢。

对债权人而言，以修改其他债务条件进行债务重组，修改后的债务条款中涉及或有应收金额的，不应当确认或有应收金额，不得将其计入重组后债权的账面价值。或有应收金额属于或有资产，或有资产不予确认。只有在或有应收金额实际发生时，才计入当期损溢。

四、以上三种方式的组合方式

以上三种方式的组合方式进行债务重组，主要有以下几种情况:

1. 以现金、非现金资产两种方式的组合清偿某项债务的，重组债务的账面价值与支付的现金、转让的非现金资产的公允价值的差额作为债务重组利得。非现金资产的公允价值与其账面价值的差额作为转让资产的损溢。

债权人重组债权的账面价值与收到的现金、受让的非现金公允价值，以及已提减值准备的差额作为债务重组损失。

2. 以现金、债务转为资本两种方式的组合清偿某项债务的，重组债务的账面价值与支付的现金、债权人因放弃债权而享有的股权的公允价值的差额作为资本公积。

债权人重组债权的账面价值与收到的现金、因放弃债权而享有的公允价值，以及已提减值准备的差额作为债务重组损失。

3. 以非现金资产、债务转为资本两种方式的组合清偿某项债务的，重组债务的账面价值与转让非现金资产的公允价值债权人因放弃债权而享有股权公允价值的差额为债务重组利得。非现金资产的公允价值与账面价值的差额作为转让资产损溢；股权的公允价值与股本(或实收资本)的差额作为资本公积。

债权人重组债权的账面价值与受让的非现金资产的公允价值、因放弃债权而享有股权的公允价值，以及已提减值准备的差额作为债务重组损失。

4. 以现金、非现金资产、债务转为资产三种方式的组合清偿某项债务的，重组债务的账面价值与支付的现金、转让的非现金资产的公允价值、债权人因放弃债权而享有股权的公允价值的差额作为债务重组的利得；非现金资产的公允价值与其账面价值的差额作为转让资产损溢；股权的公允价值与股本(或实收资本)的差额作为资本公积。

债权人重组债权的账面价值与收到的现金、受让的非现金资产的公允价值、因放弃债权而享有股权的公允价值，以及已提减值准备的差额作为债务重组损失。

5. 以资产债务转为资本等方式清偿某项债务的一部分，并且该项债务的另一部分以修改其他债务条件进行债务重组。在这种方式下，债务人应先以支付的现金、转让的非现金资产的公允价值、债权人因放弃债权而享有股权的公允价值冲减重组债务的账面价值，余额与重组后的债务的公允价值进行比较，据此计算债务重组利得。债权人因放弃债权而享有的股权的公允价值与股本(或实收资本)的差额作为资本公积；非现金资产的公允价值与其账面价值的差额作为转让资产损溢，于当期确认。

债权人应先以收到的现金、非现金资产的公允价值、因放弃债权而享有的股权的公允价值冲减重组债权的账面价值，差额与重组后债务的公允价值进行比较，据此计算债务重组损失。

本章思考题

1. 什么是债务重组？债务重组的方式有哪些？

2. 以非现金资产低偿债务的会计处理有何特点？在进行相关会计处理时应当注意哪些问题？

3. 将债务转为资本的债务重组方式下，债务人和债权人在会计处理时应当注意哪些问题？

4. 债务重组中所发生的债务重组损溢应当如何处理？

第九章　非货币性资产交换

学习目标：

(1) 了解非货币性资产交换的概念，非货币性资产交换成本的计量基础；
(2) 掌握涉及补价及不涉及补价非货币性资产交换的会计处理。

第一节　非货币性资产交换概述

一、非货币性资产交换

非货币性资产交换是指交易双方主要以存货、固定资产、无形资产和长期股权投资等非货币性资产进行的交换。它是一种特殊交易行为。非货币性资产交换一般不涉及货币性资产或只涉及少量货币性资产，认定涉及少量非货币性资产的交换为非货币性资产交换，通常以补价占整个资产交换金额的比例是否低于25%作为参考比例。也就是说，支付的货币性资产占换入资产公允价价值（或占换出资产公允价值与支付的货币性资产之和）的比例，或者收到的货币性资产占换出资产公允价值（或占换入资产公允价值和收到的货币性资产之和）的比例低于25%的视为非货币性资产交换，高于25%（含25%）的视为货币性资产交换，适用《企业会计准则第14号——收入》等。

二、货币性资产

货币性资产，是指企业持有的货币资金和将以固定或可确定的金额收取的资产，包括库存现金、银行存款、应收账款和应收票据以及准备持有至到期的债券投资等。货币性资产最基本的特征就是企业将来收回该资产的金额是固定的或是可确定的。例如企业以商业汇票形式进行商品交易，取得一张面值为585 000元，期限为二个月的不带息银行承兑汇票。只要汇票到期（即两个月后）企业就可以收回585 000元。

三、非货币性资产

非货币性资产是指货币性资产以外的资产。非货币性资产最基本的特征就是其为企业带来的经济利益即金额是不固定的或不可确定的。例如，企业持有的固定资产的主要目的是用于生产经营而非出售，固定资产磨损的价值以折旧的形式转移到产品成本中，然后将产品销售，从销售收入中获得补偿，固定资产在未来给企业带来的经济利益具有不确定性。因此，固定资产属于非货币性资产。非货币性资产具体包括：存货、长期股权投资、固定资产、在建工程、工程物资、无形资产等。

第二节　不涉及补价非货币性资产交换的会计处理

在非货币性资产交换的情况下，换入资产的成本有两种计量基础。

（一）公允价值

非货币性资产交换同时满足下列条件的，应当以公允价值和应支付的相关税费作为换入资产的成本，公允价值与换出资产账面价值的差额计入当期损溢：

1. 该项交换具有商业实质；

2. 换入资产和换出资产的公允价值能够可靠地计量。

换入资产和换出资产公允价值能可靠地计量，应当以换出资产的公允价值作为确定换入资产成本的基础，但有确凿证据表明换入资产的公允价值更加可靠的除外。

（二）账面价值

不具有商业实质或交换涉及资产的公允价值均不能可靠计量的非货币性资产交换，应当按照换出资产的账面价值和应支付的相关税费，作为换入资产的成本，无论是否支付补价，均不确认损溢。

在以公允价值计量的情况下，不论是否涉及补价，只要换出资产的公允价值，与其账面价值不同，就一定会出现差额，换出资产公允价值与其账面价值的差额应当分别不同情况处理：

1. 换出资产为存货的，应当视同销售处理，按照《企业会计准则第 14 号——收入》以其公允价值确认收入，同时结转相应的成本。

2. 换出资产为固定资产、无形资产的，换出资产公允价值和换出资产账面价值的差额，计入营业外收入或营业外支出。

3. 换出资产为长期股权投资的，换出资产公允价值与其账面价值的差额计入投资收益。

一、单项非货币性资产相交换

【例9－1】2008 年 7 月 10 日，甲公司以其库存商品一批换入乙公司的一台机床。该批库存商品的账面价值为 110 万元，公允价值 100 万元，计税价格等于公允价值，增值税税率为 17%。乙公司的机床原价为 140 万元，已提折旧 30 万元，未计提减值准备。机床的公允价值为 100 万元，甲公司换入的机床作为固定资产管理，乙公司换入的库存商品作为存货管理。假定不考虑除增值税以外的其他相关税费，且该交换具有商业实质，公允价值能够可靠计量。

分析：整个资产交换过程没有涉及收付货币性资产，因此，该项交换属于非货币性资产交换。甲公司以库存商品进行交换，换出的存货应视同销售处理。乙公司将换入的库存商品作为存货管理，应视同购进进行处理。

甲公司的会计处理：

借：固定资产	1 170 000	
贷：主营业务收入		1 000 000
应交税费——应交增值税（销项税额）		170 000

借:主营业务成本　　1 100 000
　贷:库存商品　　1 100 000

乙公司的会计处理:

借:固定资产清理　　1 100 000
　累计折旧　　300 000
　贷:固定资产　　1 400 000
借:库存商品　　1 000 000
　应交税费——应交增值税(进项税额)170 000
　贷:固定资产清理　　1 100 000
　　营业外收入　　70 000

【例9-2】A公司以自用的设备一台换入丙公司的商标权，设备的原价为80万元，已提折旧32万元，已提减值准备5万元，设备的公允价值50万元。商标权的账面原价为70万元，累计摊销为16万元，公允价值50万元。假定不考虑其他相关税费，且该非货币性资产交换具有商业实质。

A公司的会计处理:

借:固定资产清理　　430 000
　累计折旧　　320 000
　固定资产减值准备　　50 000
　贷:固定资产　　800 000
借:无形资产　　500 000
　贷:固定资产清理　　430 000
　　营业外收入　　70 000

丙公司的会计处理:

借:固定资产　　500 000
　累计摊销　　160 000
　营业外支出　　40 000
　贷:无形资产　　700 000

二、多项非货币性资产交换

非货币性资产交换同时换入多项资产的，在确定各项换入资产的成本时，应当分别下列情况处理:

1. 非货币性资产交换具有商业实质，且换入资产的公允价值能够可靠计量的，应当按照换入各项资产的公允价值占换入资产公允价值总额的比例，对换入资产的成本总额进行分配，确定各项换入资产的成本。

2. 非货币性资产交换不具有商业实质，或者虽具有商业实质但换入资产的公允价值不能可靠计量的，应当按照换入各项资产的原账面价值占换入资产原账面价值总额比例对换入资产的成本总额进行分配，确定各项换入资产的成本。

【例9-3】2007年8月5日华运公司因生产发展的需要，决定以其持有的长期股权投资换入达海公司的厂房、设备和库存商品，华运公司的长期股权投资的账面原价为1 200万元，在交换日的公允价值为1 250万元；达海公司的厂房原价1 800万元，在交换日的累计折旧为900万元，公允价值1 000万元，设备的原价为400万元，在交换日的累计折旧为290万元，公允价值100万元，库存商品账面价值120万元，在交换日的公允价值为150万元。公允价值等于计税价格，华运公司换入的厂房和设备作为固定资产使用和管理，换入的库存商品作为原材料使用和管理。整个交易过程中没有发生除增值税以外的其他相关税费。该交换具有商业实质。

华运公司的会计处理：

(1)计算换入资产、换出资产公允价值总额

换出资产公允价值 =1 250(万元)

换入资产公允价值 =1 000 +100 +150 =1 250(万元)

(2)计算确定换入各项资产的公允价值占换入资产公允价值总额的比例

厂房公允价值占换入资产公允价值总额的比例 =1 000 ÷1 250 =80%

设备公允价值占换入资产公允价值总额的比例 =100 ÷1 250 =8%

库存商品价值占换入资产公允价值总额的比例 =150 ÷1 250 =12%

(3)换入资产总成本 =1 250 −25.5 =1224.5(万元)

(4)计算确定换入各项资产的入账价值

厂房的入账价值 =1 224.50 ×80% =979.6(万元)

设备的入账价值 =1 224.50 ×8% =97.96(万元)

库存商品的入账价值 =1 224.50 ×12% =146.94(万元)

(5)会计分录

借:固定资产——厂房	979.6	
固定资产——设备	97.96	
原材料	146.94	
应交税费——应交增值税(进项税额)	25.50	
贷:长期股权投资		1200
投资收益		50

达海公司的会计处理：

借:固定资产清理	1 010	
累计折旧	1 190	
贷:固定资产——厂房		1 800
固定资产——设备		400
借:长期股权投资	1 275.5	
贷:固定资产清理		1 010
主营业务收入		150
应交税费——应交增值税(销项税额)		25.5
营业外收入		90

同时：

借:主营业务成本　　120

　贷:库存商品　　　　120

第三节　涉及补价非货币性资产交换的会计处理

企业在按照公允价值确定换入资产成本的情况下，发生补价的，应当分别下列情况处理：

1. 支付补价的，换入资产成本与换出资产账面价值加支付的补价，应支付的相关税费之和的差额，应当计入当期损溢。

2. 收到补价的，换入资产成本加收到的补价之和与换出资产账面价值加应支付的相关税费之和的差额，应当计入当期损溢。

一、单项非货币性资产交换

【例9-4】A公司以其生产用的机床一台换入C公司运输用的大卡车。该机床原值60万元，已提折旧35万元，公允价值30万元，大卡车的原值38万元，已提折旧10万元，公允价值25万元；双方协议，C公司支付现金5万元给A公司，A公司将机床运至C公司。在此项交易中，A公司支付运杂费1.5万元，C公司支付相关税费0.3万元。A、C公司都没有对交换的资产计提减值准备。假定该项交易具有商业实质，公允价值能够可靠计量。

分析：从收到补价的A公司看，收到的补价5万元占换出资产公允价值30万元的比例为16.7%。该比例小于25%属非货币性资产交换。

A公司换入大卡车的入账价值 = 30 - 5 + 1.5 = 26.5（万元）

C公司换入机床的入账价值 = 25 + 5 + 0.3 = 30.3（万元）

A公司的会计处理：

(1) 换出资产转入清理

借:固定资产清理　　25

　累计折旧　　35

　贷:固定资产　　　　60

(2) 支付运杂费

借:固定资产清理　　1.5

　贷:银行存款　　　　1.5

(3) 收到补价，换入大卡车

借;固定资产——大卡车　　26.5

　银行存款　　5

　贷:固定资产清理　　　　26.5

　　营业外收入　　　　5

C公司的会计处理：

(1) 换出大卡车转入清理

借:固定资产清理　　28
　累计折旧　　10
　贷:固定资产　　38

(2) 支付相关税费

借:固定资产清理　　0.3
　贷:银行存款　　0.3

(3) 支付补价，换入机床

借:固定资产——机床　　30.3
　营业外支出　　3
　贷: 银行存款　　5
　　固定资产清理　　28.3

二、多项非货币性资产相交换

【例9-5】丁公司以一幢办公楼和一辆小汽车与S公司交换机器设备一台和专利权一项。丁公司的办公楼账面原价为150万元，计提折旧20万元，公允价值130万元;小汽车的账面原价100万元，已提折旧30万元，公允价值60万元;S公司的机器设备原价为90万元，累计折旧50万元，公允价值50万元，无形资产账面价值为200万元，已摊销60万元，公允价值150万元，丁公司支付给S公司补价10万元。假设不考虑相关税费，并且该非货币性资产交换具有商业实质，公允价值能够可靠计量。

分析:丁公司支付补价10万元占换出资产公允价值与支付补价之和200万元的比例为5%，小于25%，属非货币性资产交换。丁公司的会计处理:

(1)计算换入资产、换出资产公允价值总额:

换出资产公允价值总额=130+60=190(万元)

换入资产公允价值总额=50+150=200(万元)

(2)计算换入资产总成本

=换出资产公允价值+补价

=190+10=200(万元)

(3)计算确定换入各项资产的公允价值占换入资产公允价值总额比例

机器设备公允价值占换入资产公允总额比例=50÷(50+150)=25%

无形资产公允价值占换入资产公允价值总额的比例=150÷(50+150)=75%

(4)计算确定换入各项资产的成本

机器设备的入账价值=200×25%=50(万元)

无形资产的入账价值=200×75%=150(万元)

(5)会计分录

借:固定资产清理　　200
　累计折旧　　50
　贷:固定资产——办公楼　　150
　　固定资产——小汽车　　100

借:固定资产——设备　　50

无形资产——专利权　150
营业外支出　10
贷:银行存款　10
固定资产清理　200

S公司的会计处理:

(1)计算换入资产,换入资产公允价值总额

换入资产公允价值总额 = 130 + 60 = 190(万元)

换出资产公允价值总额 = 50 + 150 = 200(万元)

(2)计算换入资产总成本

= 换出资产公允价值 - 补价

= 200 - 10 = 190(万元)

(3)计算确定换入各项资产的公允价值占换入资产公允价值总额的比例

办公楼公允价值占换入资产公允价值总额的比例 = 130 ÷ 190 = 68.42%

小汽车公允价值占换入资产公允价值总额的比例 = 60 ÷ 190 = 31.58%

(4)计算各项换入资产的成本

办公楼的入账价值 = 190 × 68.42% = 130(万元)

小汽车的入账价值 = 190 × 31.58% = 60(万元)

(5)会计分录

借:固定资产清理　40
累计折旧　50
贷:固定资产——设备　90

借:固定资产——办公楼　130
固定资产——小汽车　60
累计摊销　60
银行存款　10
贷:固定资产清理　40
无形资产——专利权　200
营业外收入　20

本章思考题

1. 什么是货币性资产?什么是非货币性资产?两者的区别是什么?

2. 非货币性资产交换交易中资产成本的计量基础是什么?它们运用的具体条件是什么?

3. 非货币性资产交换同时换入多项资产时,各项换入资产的成本如何确定?

4. 企业在按照公允价值和应支付的相关税费作为换入资产成本的情况下,发生补价的应如何处理?

5. 什么是商业实质?判断是否具有商业实质的主要依据是什么?

第十章　财务会计报告

学习目标：

(1)掌握财务报表的概念和组成；
(2)掌握资产负债表的内容、结构和编制方法；
(3)掌握利润表的内容、结构和编制方法。

第一节　财务会计报告概述

财务会计的基本目标是向企业外部有关方面提供有用的会计信息，有助于它们做出各种相关的经济决策。财务会计信息的主要载体是财务会计报告。财务会计报告既是会计管理活动的直接结果，也是一个企业生产经营活动的综合反映。

一、财务会计报告的概念

财务会计报告，是指企业对外提供的反映企业某一特定日期财务状况和某以会计期间经营成果、现金流量的文件。

企业发生的经济业务，运用账户和复式记账，通过会计凭证连续、系统地记入账簿，为日常生产经营管理提供有用的财务会计信息。但是，这些日常核算资料分散在账簿上，有关指标之间没有互相联系。就以某会计期间经济活动的整体情况而言，凭证、账簿所提供的信息仍然是属于比较分散的、部分的会计信息，因而不能集中地揭示和反映该会计期间经营活动和财务收支的全貌。为了满足会计信息使用者需要，还必须对日常的核算资料进行加工整理，编制成财务会计报告，向有关方面报告企业财务状况、经营成果和现金流量的总括情况。

二、财务会计报告的种类

财务会计报告包括会计报表、会计报表附注和财务情况说明书。

(一) 会计报表

会计报表，是指以会计账簿记录和有关资料为依据，按照规定的报表格式，全面、系统地反映企业财务会计报告的主体，企业向外界传递最相关和最重要的会计信息主要是通过会计报表来完成的。按照会计报表报送对象不同，会计报表可以分为对外会计报表和对内会计报表。对外会计报表是指企业对外报送的会计报表，包括“资产负债表”、“利润表”、“现金流量表”以及有关的附表。企业对外报送会计报表的种类、具体格式和编制方法均由财政部统一制定，任何单位都不得随意增减。对内会计报表是指企业对内的会计报表，包括各种费用和成本报表。对内会计报表的种类、格式、内容及编制方法是根据企业内部管理的需要，由企业自行规定、自行设计的。本书要介绍对外会计报表。

为了正确理解和运用会计报表，可将小企业对外会计报表按不同标准进行分类：

1. 按照会计报表财务状况及其变动情况，分为以下几类：

(1)反映企业某一特定日期(月末、季末或年末)全部资产、负债及所有者权益的会计报表，例如“资产负债表”等。

(2)反映企业在一定会计期间内有关先进和先进等价物的流入和流出信息的会计报表，例如“现金流量表”。

(3)反映企业一定期间内利润(亏损)实现情况的会计报表，例如“利润表”等。

2. 按照会计报表编制单位的不同，可以分为单位会计报表和汇总会计报表两类。

(1)单位会计报表，是指由独立核算的会计主体编制的，用以反映某一会计主体的财务状况和经营成果的会计报表。

(2)汇总会计报表，是由上级主管部门将其所属各基层经济单位的会计报表，与其本身的会计报表汇总编制的会计报表，用以反映一个部门或一个地区的财务状况和经营成果。

3. 按照会计报表的会计主体的编制不同，可分为个别会计报表和合并会计报表两类。

这种划分是在企业对外单位进行投资的情况下，由于特殊的财务关系所形成的。

(1)个别会计报表，是只反映对外投资企业本身的财务状况和经营成果的会计报表，包括对外和对内会计报表。

(2)合并会计报表，是指企业对外投资，当其投资总额占被投资企业的资本总额的50%以上的情况下，将被投资企业与本企业视为一个整体，将其有关经济指标与本企业的数字合并而编制的会计报表。

4. 按会计报表所提供会计资料的重要程度分类。

按提供会计资料重要程度的不同，会计报表又可以分为主要会计报表和附属会计报表。主要会计报表又称主表，它是全面反映企业资金增减变化、经营成果和财务状况的报表，为宏观调控、微观经济管理提供照耀的经济信息。主要反映的内容比较简单扼要、重点突出，便于会计报表的使用者了解全面情况。如资产负债表、利润表和先进流量表;附属会计报表又称附表。是进一步详细说明主表某项或某几项指标情况的会计报表，如应交增值税明细表等。

5. 按报表的编制时间分类。

按报表的编制时间，会计报表又可分为每年编制一次的年度报表(简称年报)、每半年编制一次的报表(简称半年报)和每月编制一次的月份报表(简称月报)。短于一个会计年度的财务会计报告统称为中期财务会计报告。年报要求的报表种类和揭示的信息最为完整齐全，可以全面反映企业一个会计期间的经营活动。中期财务会计报告则要求简明扼要，能及时地反映企业的主要经营情况。

6. 按会计报表所反映的资金运动状态分类。

会计报表按其所反映的企业资金运动状态分为动态报表和静态报表,静态报表是反映企业资金运动处于某相对静止状态时的会计报表，如资产负债表。动态报表是反映企业资金运动处于变动状态的报表，如利润表等。

(二)会计报表附注

会计报表附注，是指为了帮助会计信息使用者理解会计报表的内容而对报表有关项目等所做的解释。会计报表附注主要包括两项内容：一是对会计报表各项目的补充说明;二是对那些会计报表中无法描述的其他财务信息的补充说明。

（三）财务情况说明书

财务情况说明书，是指对企业一定期间经济活动进行分析总结的文字报告。它是在会计报表的基础上，对企业财务状况、经营成果、资金周转情况以及发展前景等所做的总括说明。

三、财务会计报告编制要求

为充分发挥财务会计报告的作用，达到利用会计报告有效地管理经济的目的，企业编制会计报告要做到“数字真实、核算准确、内容完整、报送及时”。

（一）数字真实

会计报表是评价企业经营情况的依据，报表数字必须真实可靠，如实反映企业在一定时期内的经营活动过程和结果。切忌匡算估计，伪造会计数据，编报不真实的会计报表。虚假的会计报表资料，不仅不能发挥会计报表的作用，相反，还会使会计报表的使用者对企业财务状况和经营业绩做出错误判断，从而导致决策失误。

为了会计报表的数字真实准确，应做到以下几点：

1. 报告期内所有的经济业务必须全部登记入账，应根据真实的交易事项和完整、准确的账簿记录编制会计报表，要按照规定的时间进行结账，不得提前或者延迟。

2. 在编制会计报表之前，应认真核对账簿记录是否做到账证相符、账账相符、账实相符。发现有不符之处，应先查明原因，加以改正，再据以编制会计报表。

3. 在编制会计报表时，要核对会计报表之间的数字。各种会计报表之间，以及同一以会计报表各项之间，凡有对应关系的数字都要核对相符；本期会计报表与上期会计报表之间有关的数字应相互衔接，本年度会计报表与上年度会计报表之间的相关指标数字应衔接一致。

（二）计算准确

会计报表所列数字的关系要清楚、正确，各项目明细数字与小计、合计、总计数字以及相关数字必须一致相符，防止数字的遗漏和重复计算。

（三）内容完整

编制会计报表要按照规定的格式和内容填制，凡是国家规定的要求提供会计报表时，必须按照规定的要求编报，不得漏编漏报。企业某些重要的会计事项，应当在会计报表附注中进行说明。

（四）实效性强

会计报表的实效性很强，在编制会计报表时，必须按照规定的期限和对象及时报送，以便有关方面及时掌握企业的财务状况和经营动态，及时做出科学的经营决策。会计报表能否作到报送及时，往往取决于日常会计核算工作的质量。为此，应加强企业日常核算的基础工作。企业不得以及时报送会计报表为理由，赶编会计报表而提前结账。而编制、报送不及时的会计报表，即使是真实可靠完整的，也没有任何价值。特别是市场经济条件下，市场瞬息万变，企业如果不能及时得到有关信息资料，对市场变化情况做出及时反应，就会在市场竞争中处于波动。

第二节　资产负债表

一、资产负债表的作用

资产负债表是反映企业在一定日期(月末、年末)财务状况的报表，是特定日期企业所控制的资产、承担的债务责任以及投资人要求权益的静态反映。资产负债表是企业会计报表体系中的主要报表，它能够提供丰富的信息，具有以下作用：

1. 资产负债表中的资产项目，反映了企业所拥有的各种资源数量、结构以及企业偿还债务的能力，有助于预计企业履行支付承诺的能力。

2. 资产负债表中的负债、所有者权益项目，揭示了企业所承担的偿还其债务的数量、偿还期限的长短；反映了企业的投资者对本企业资产所持有的权益。

3. 根据不同时期其资产负债表中相同的横向对比和不同时期不同项目的纵向对比，反映了企业财务状况的发展趋势。

二、资产负债表的结构

资产负债表的结构由表头和基本内容两部分组成。

1. 表头部分包括报表名称、编制单位、编制日期、货币种类和金额单位等内容。

2. 基本内容部分是资产负债表的核心，它以“账户式”或“报表式”分项列示企业的资产、负债和所有者权益。所谓“账户式”资产负债表是指报表用左右排列成“T”字账户基本结构的形式，反映资产、负债和所有者权益的基本状况。资产项目列示在报表的左方，负债和所有者权益项目列示在报表的右方。左方资产总额等于右方负债和所有者权益总额之和，“账户式”结构见表 10－1。“报表式”资产负债表其报表项目一般按资产、负债和所有者权益三部分上下纵向排列。上半部分列示资产，下半部分列示负债和所有者权益。具体排列形式又有两种：一是按“资产＝负债＋所有者权益”的原理排列；二是按“资产－负债＝所有者权益”的原理排列。

依据《企业会计准则》，“会计报表可以根据需要，采用前后期对比方式编制”，将报表金额栏分设“前期数”、“期末数”两栏，以反映和比较不同时期资产、负债和所有者权益增减变化的状况。

企业的资产负债表采用账户式结构，为适应会计报表使用者的需要，根据各项资产、负债，所有者权益在经营中的作用以及管理要求归类排列，以便取得经营管理所需的资料。资产负债表的资产分为以下四个类别：

(1)流动资产，是指可以在 1 年或者超过 1 年的一个营业周期内变现或者耗用的资产。流动资产各项目按流动性和变现能力的大小顺序排列。流动性较高、变现能力较强的资产项目排列在先、流动性及变现能力低的资产项目排列在后。由于流动资产在企业经营活动中不断周转、直接影响企业经营活动，所以在资产项目中排为第一类。

(2)长期投资，是指企业不准备在 1 年内变现的投资。它是企业在财务上合理调度、充分利用资金、提高资金使用效果或实现某些经营目标的一种手段。

(3)固定资产，是指使用年限在 1 年以上，单位价值在规定标准以上，并在使用过中保持原有物质形态的资产。为反映固定资产的原值和净值，报表将固定资产原值、累计折旧、固定资产减值准备和固定资产净值等项目一同排列，总括反映企业固定资产各种计价标准。对于融资租入固定资产在产权尚未确定之前，将其原值及已计提折旧也包括在内，一并反映。

(4)无形及其他资产，是指企业各项无形资产和其他资产的净额。

在资产负债表的"负债及所有者权益"项目中分为以下三个类别：

1. 流动负债，是指需在1年或者超过1年的一个营业周期内偿还的债务。

2. 长期负债，是指偿还期在1年或者超过1年的一个营业周期以上偿还的债务。

3. 所有者权益，是企业投资人对企业全部资产扣除负债后的净资产的所有权。

资产负债表的"负债及所有者权益"项目是按照需要偿还出资额的先后顺序排列。流动负债需要在1年内或一个营业周期内偿还，排在最先；所有者权益只有在企业解散时才需要偿还，排列在最后。负债部分也是按照债务清偿缓急排列的，先流动负债，后长期负债。

在资产负债表中，资产各项目的年初总计数和期末总计数，应分别与负债、所有者权益各项目年初的总计数和期末总计数相等。

三、资产负债表的编制

1. 资产负债表反映小企业一定日期全部资产、负债和所有者权益的情况。

2. 资产负债表"年初数"栏内各项数字，应根据上年末资产负债表"期末数"栏内所列数字填写。如果本年资产负债表规定的各个项目的名称和内容同上年度不相一致，应对上年年末资产负债表各项目的名称和数字按照本年度的规定进行调整，填入本表"年初数"栏内。

3. 资产负债表"期末数"各项目的内容和填列方法：

(1)"货币资金"项目，反映小企业库存现金、银行结算户存款、外埠存款、银行汇票存款等的合计数。本项目应根据"现金"、"银行存款"、"其他货币资金"科目的期末余额合计填列。

(2)"短期投资"项目，反映小企业购入的各种能随时变现、并准备随时变现的、持有时间不超过1年(含1年)的股票、债券等，减去短期投资跌价准备后的净额。本项目应根据"短期投资"科目的期末余额，减去"短期投资跌价准备"科目的期末余额后的金额填列。

(3)"应收票据"项目，反映小企业收到的未到期收款、也未向银行贴现的应收票据，包括商业承兑汇票和银行承兑汇票。本项目应根据"应收票据"科目的期末余额填列。已向银行贴现和已背书转让的应收票据不包括在本项目内，其中已贴现的商业承兑汇票在会计报表附注中单独披露。

(4)"应收股息"项目，反映小企业应进行股权投资和债券投资而应收取的现金股利和利息，应收其他单位的利润，也包括在本项目内。该项目应根据"应收股息"科目的期末余额填列。

(5)"应收账款"项目，反映小企业因销售商品、产品和提供劳务等应向购买单位收取的各种款项，减去已计提的坏账准备后的净额。本项目应根据"应收账款"项目所属明细科目的期末借方余额合计，减去"坏账准备"科目中有关应收账款计提的还账准备期末余额后的金额填列。

如"应收账款"科目所属明细科目期末有贷方余额，应在本表中增设"预收账款"项目填列。

(6)“其他应收款”项目，反映小企业对其他单位和个人的应收和暂付款项，减去已计提的坏账准备后的净额。本项目应根据“其他应收款”科目的期末余额，减去“坏账准备”科目中有关其他应收款计提的坏账准备期末余额后的金额填列。

(7)“存货”项目，反映小企业期末在库、在途和在加工中的各项存货的可变现净值，包括各种材料、商品、在产品、半成品、包装物、低值易耗品、委托代销商品等。本项目应根据“在途物资”、“材料”、“低值易耗品”、“库存商品”、“委托加工物资”、“委托代销商品”、“生产成本”等科目的期末合计，减去“存货跌价准备”科目期末余额后的金额填列。材料采用计划成本核算，以及库存商品采用计划成本或售价核算的企业，应按加或减材料成本差异、商品进销差价后的金额填列。

(8)“待摊费用”项目，反映小企业已经支出但应由以后各期分期摊销的费用。小企业摊销期限在1年以上(不含1年)的其他待摊费用，应在本表“长期待摊费用”项目反映，不包括在本项目内。本项目应根据“待摊费用”科目的期末余额填列。“长期待摊费用”科目中将于1年内到期的部分，也在本项目内反映。

(9)“其他流动资产”项目，反映小企业除以上流动资产项目外的其他流动资产，本项目应根据有关科目的期末余额填列。

(10)“长期股权投资”项目，反映小企业不准备在1年内(含1年)变现的各种股权性质投资的账面余额。本项目应根据“长期股权投资”科目的期末余额填列。

(11)“长期股权投资”项目，反映小企业不准备在1年内(含1年)变现的各种债券性质的账面余额。长期股权投资中，将于1年内到期的长期债券投资，应在流动资产类下“1年内到期的长期债券投资”项目单独反映。本项目应根据“长期债券投资”科目的期末余额分析填列。

(12)“固定资产原价”和“累计折旧”项目，反映小企业的各种固定资产原价及累计折旧。融资租入的固定资产，其原价及已计提折旧也包括在内。融资租入固定资产原价应在会计报表附注中另行反映。这两个项目应根据“固定资产”和“累计折旧”等科目的期末余额填列。

(13)“工程物资”项目，反映小企业期末各项未完工程尚未使用的工程物资的实际成本。本项目应根据“工程物资”的期末余额填列。

(14)“在建工程”项目，反映小企业期末各项未完工程的实际支出，包括交付安装的设备价值，未完建筑安装工程已经耗用的材料、工资和费用支出、预付出包工程的价款、已经建筑安装完毕但尚未交付使用的工程等的账面余额。本项目应根据“在建工程”科目的期末余额填列。

(15)“固定资产清理”项目，反映小企业因出售、毁损、报废等原因转入清理但尚未清理完毕的固定资产的账面价值，以及固定资产清理过程中所发生的清理费用和变价收入等各项金额的差额。本项目根据“固定资产清理”科目的期末借方余额填列；如“固定资产清理”科目期末为贷方余额，以“－”号填列。

(16)“无形资产”项目，反映小企业持有的各项无形资产的账面余额。本项目应根据“无形资产”科目的期末余额填列。

(17)“长期待摊费用”项目，反映小企业尚未摊销期限在1年以上(不含1年)的各种费用。长期待摊费用中在1年内(含1年)摊销的部分，应在本表"待摊费用"项目填列。本项目应根据"长期待摊费用"科目的期末余额减去将于1年内(含1年)摊销的数额后的金额填列。

(18)"其他长期资产"项目，反映小企业除以上资产以外的其他长期资产。本项目应根据有关科目的期末余额填列。

(19)"短期借款"项目，反映小企业借入尚未归还的1年期以下(含1年)的借款。本项目应根据"短期借款"科目的期末余额填列。

(20)"应付票据"项目，反映小企业为了抵付货款等而开出、承兑的尚未到期付款的应付票据，包括银行承兑汇票和商业承兑汇票。本项目应根据"应付票据"科目的期末余额填列。

(21)"应付账款"项目，反映小企业购买原材料、商品和接受劳务供应等而应付给供应单位的款项。本项目应根据"应付账款"科目所属各有关明细科目的期末贷方余额合计填列；如"应付账款"科目所属各明细科目期末为借方余额，应在本表内增设"预付账款"项目填列。

(22)"应付工资"项目，反映小企业应付未付的职工工资。本项目应根据"应付工资"科目期末贷方余额填列。如"应付工资"科目期末为借方余额，以"-"号填列。

(23)"应付福利费"项目，反映小企业提取的福利费的期末余额。本项目应根据"应付福利费"科目的期末余额填列。

(24)"应付利润"项目，反映小企业尚未支付的现金股利或利润。本项目应根据"应付利润"科目的期末余额填列。

(25)"应交税金"项目，反映小企业期末未交、多交或未抵扣的各种税金。本项目应根据"应交税金"科目的期末贷方余额填列；如"应交税金"科目期末为借方余额，以"-"号填列。

(26)"其他应交款"项目，反映小企业应交未交的除税金、应付利润等以外的各种款项。本项目应根据"其他应交款"科目的期末贷方余额填列；如"其他应交款"科目期末为借方余额，以"-"号填列。

(27)"其他应付款"项目，反映小企业所有应付和暂收其他单位和个人的款项。本项目应根据"其他应付款"科目的期末余额填列。

(28)"预提费用"项目，反映小企业所有已预提计入成本费用而尚未支付的各项费用。本项目应根据"预提费用"科目的期末贷方余额填列。如"预提费用"科目期末为借方余额，应合并在"待摊费用"项目内反映，不包括在本项目内。

(29)"其他流动负债"项目，反映小企业除以上流动负债以外的其他流动负债。

(30)"长期借款"项目，反映小企业借入尚未归还的1年期以上(不含1年)的借款本息。本项目应根据"长期借款"科目的期末余额填列。

(31)"长期应付款"项目，反映小企业除长期借款以外的其他各种长期应付款。本项目应根据"长期应付款"科目的期末余额填列。

(32)"其他长期负债"项目，反映小企业除以上长期负债项目以外的其他长期负债，包括小企业接受捐赠计入"待转资产价值"科目尚未转入资本公积的余额。本项目应根据有关科目的期末余额填列。

以上长期负债各项目中将于1年内(含1年)到期的长期负债，应在"1年内到期的长期负债"项目内单独反映。上述长期负债各项目均应根据有关科目期末余额减去将于1年内(含1年)到期的长期负债后的金额填列。

(33)“实收资本”项目，反映小企业各投资者实际投入的资本总额。本项目应根据“实收资本”科目的期末余额填列。

(34)“资本公积”项目，反映小企业资本公积的期末余额。本项目应根据“资本公积”科目的期末余额填列。

(35)“盈余公积”项目，反映小企业盈余公积的期末余额。本项目应根据“盈余公积”科目的期末余额填列。其中，法定公益金期末余额，应根据“盈余公积”科目所属的“法定公益金”明细科目的期末余额填列。

(36)“未分配利润”项目，反映小企业尚未分配的利润。本项目应根据“本年利润”科目和“利润分配”科目的余额计算填列。未弥补的亏损，在本项目内以“－”号填列。

【例 10－1】尚科小企业 2007 年度发生的经济业务及编制的会计分录如下：

(1)2 月 15 日购入原材料一批，取得增值税专用发票上注明的原材料价款 300 000 元，增值税额为 51 000 元，款项以银行存款付讫，原材料验收入库。

借:原材料　　300 000
　应交税金——应交增值税(进项税额)　　51000
　贷:银行存款　　351 000

(2)4 月 8 日将账面价值为 300 000 元的短期股票投资售出，获得价款 600 000 元，确认投资收益 300 000 元，价款已存银行。

借:银行存款　　600 000
　贷:短期投资　　300 000
　　投资收益　　300 000

(3)6 月 20 日购入不需要安装的设备 1 台，设备价款及增值税共计 900 000 元，全部款项均用银行存款支付，设备直接交付使用。

借:固定资产　　900 000
　贷:银行存款　　900 000

(4)12 月 31 日计提全年固定资产折旧 450 000 元，其中:生产车间的房屋及设备折旧 300 000 元，公司行政办公用房及设备折旧 150 000 元。

借:制造费用　　300 000
　管理费用　　150 000
　贷:累计折旧　　450 000

(5)以现金支付全年职工工资 600 000 元，并将其分配计入相关成本费用项目。其中，计入生产成本的生产人员工资 300 000 元，计入管理费用的管理人员工资 150 000 元，计入在建工程的人员工资 150 000 元。

借:生产成本　　300 000
　管理费用　　150 000
　在建工程　　150 000
　贷:应付工资薪酬　　600 000
借:应付工资薪酬　　600 000
　贷:现金　　600 000

(6)12 月 31 日经汇总计算，本年生产产品耗用原材料 1 200 000 元。

借:生产成本 1 200 000

　贷:原材料 1 200 000

(7)期末，将制造费用 300 000 元，分配计入产品生产成本。

借:生产成本 300 000

　贷:制造费用 300 000

(8)年末，结转完工产品生产成本 1 800 000 元，其中，原材料 1 200 000 元，直接人工费 300 000 元，制造费用 300 000 元，假设本年度产成品和生产成本科目无年初余额。

借:库存商品 1 800 000

　贷:生产成本 1 800 000

(9)以银行存款偿还长期借款 50 000 元。

借:长期借款 50 000

　贷:银行存款 50 000

(10)本年销售产品收入 3 000 000 元，应收取的增值税为 510 000 元。其中货款 1 500 000 元，增值税 255 000 元为现款结算，余款尚未收取。

借:银行存款 1 755 000

　应收账款 1 755 000

　贷:主营业务收入 3 000 000

　　应交税金——应交增值税(销项税额) 510 000

(11)期末，结转该企业销售产品的生产成本 1 800 000 元。

借:主营业务成本 1 800 000

　贷:库存商品 1 800 000

(12)2003 年度发生长期借款发生利息费用 150 000 元。按借款费用资本化的规定，计算出工程应负担的长期借款利息为 90 000 元，计入财务费用的利息费用 90 000 元，利息尚未支付。

借:在建工程 60 000

　财务费用 90 000

　贷:长期借款 150 000

(13)计算利润总额，计提并交纳所得税。

利润总额 = 主营业务收入 + 其他业务利润 + 投资收益 + 补贴收入 + 营业外收入 -(主营业务成本 + 主营业务税金及附加 + 营业费用 + 管理费用 + 营业外支出) = 3 000 000 + 300 000 -(1 800 000 + 300 000 + 90 000) = 1 110 000(元)

应交所得税 = 1 110 000 × 33% = 366300(元)

借:所得税 366 300

　贷:应交税金——应交所得税 366300

借:应交税金——应交所得税 366 300

　贷:银行存款 366 300

本期净利润 1 110 000 ×(1 - 33%) = 743 700(元)

(14)将各收支科目转入“本年利润”科目。

借:主营业务收入　　3 000 000
　投资收益　　300 000
　贷:本年利润　　3 300 000
借:本年利润　　2 556 300
　贷:主营业务成本　　1200 000
　　营业费用　　600 000
　　管理费用　　300 000
　　财务费用　　90 000
　　所得税　　366 300

(15)提取盈余公积及公益金。

借:利润分配——提取法定盈余公积　　74 370
　　　　——提取法定公益金　　37 185
　贷:盈余公积　　111 555

(16)"本年利润"科目余额和"利润分配"科目中的已分配的利润转入"利润分配——未分配利润"科目。

借:本年利润　　743 700
　贷:利润分配——未分配利润　　743 700
借:利润分配——未分配利润　　111 555
　贷:利润分配——提取法定盈余公积　　74 370
　　　　　——提取法定公益金　　37 185

根据上述的经济业务登记账簿(本书略),编制"资产负债表"、"利润表"、"现金流量表",分别见表10-1、表10-2、表10-3。

表10-1　　资产负债表　　会企01表

编制单位:尚科小企业　　2007年12月31日　　单位:元

资产	行次	年初数	期末数	负债和所有者权益	行次	年初数	期末数
流动资产:				流动负债:			
货币资金		600 000	687 700	短期借款		40 000	40 000
短期投资		300 000	-	应付票据			
应收票据				应付账款		60 000	60 000
应收股利				应付工资			
应收账款		600 000	2 355 000	应付福利费		10 000	10 000
其他应收款				应付利润			
				应交税金		600 000	1 059 000
				其他应交款			
存货		1 200 000	300 000	其他应付款		20 000	20 000
待摊费用				预提费用			

续表

资产	行次	年初数	期末数	负债和所有者权益	行次	年初数	期末数
一年内到期的长期债券投资				预计负债			
其他流动资产				一年内到期的长期负债			
流动资产合计		2 900 000	3 542 700	其他流动负债			
长期投资:							
长期股权投资				流动负债合计		2 100 000	2 200 000
长期债权投资				长期负债:			
长期投资合计				长期借款			
固定资产:				应付债券			
固定资产原价		2 100 000	3 000 000	长期应付款			
减:累计折旧		600 000	1 050 000	专项应付款			
固定资产净值		1 500 000	1 950 000	其他长期负债			
				长期负债合计:		2 100 000	2 200 000
固定资产净额		1 500 000	1 950 000				
工程物资							
在建工程		1 500 000	1 710 000	负债合计		2 900 000	3 459 000
固定资产清理				所有者权益(股东权益):			
固定资产合计		3 000 000	3 660 000	实收资本		1 800 000	1 800 000
无形资产及其他资产:				资本公积			
无形资产				盈余公积		1 200 000	1 311 555
长期待摊费用				其中:法定公益金			
其他长期资产				未分配利润			632 145
无形资产及其他资产合计				所有者权益合计		3 000 000	3 743 700
资产合计		590 000	7 202 700	负债和所有者权益总计		5 900 000	7 202 700

四、资产负债表附表

为了使资产负债表简明易懂，某些明细信息应从主表中分离出来，另外编制资产负债表附表。资产负债表的附表主要为应交增值税明细表。

（一）应交增值税明细表的概念及结构

应交增值税明细表是反映经营企业应交增值税情况的报表，属于月度报表。其格式见表10－2。

表10－2　　应交增值税明细表　　会小企01表附表1

编制单位：　　____年____月　　单位：元

项目	行次	本月数	本年累计数
一、应交增值税			
1. 年初未抵扣数（以“－”填列）	1	×	
2. 销项税额	2		
出口退税	3		
进项税额转出	4		
转出多交增值税	5		
	6		
	7		
3. 进项税额	8		
已交税金	9		
减免税款	10		
出口抵减内销产品应纳税额	11		
转出未交增值税	12		
	13		
	14		
4. 期末未抵扣数（以“－”填列）	15	×	
二、未交增值税			
1. 年初未交数（多交以“－”填列）	16	×	
2. 本期转入数（多交以“－”填列）	17		
3. 本期已交数	18		
4. 期末未交数（多交以“－”填列）	20	×	

（二）应交增值税明细表编制方法

1.“年初未抵扣数”项目，反映小企业年初尚未抵扣的增值税。本项目以“－”号填列。

2.“销项税额”项目，反映小企业销售货物或提供应税劳务应收取的增值税额。本项目已应根据“应交税金——应交增值税”明细科目“销项税额”专栏的记录填列。

3.“出口退税”项目，反映小企业出口货物退回的增值税款。本项目应根据“应交税金——应交增值税”明细科目“出口退税”专栏的记录填列。

4.“进项税额转出”项目，反映小企业购进货物、在产品、产成品等发生非正常损失以及其他原因而不应从销项税额中抵扣，按规定转出的进项税额。本项目应根据“应交税金——应交增值税”明细科目“进项税额转出”专栏的记录填列。

5.“转出多交增值税”项目，反映小企业月度终了转出多交的增值税。本项目应根据“应交税金——应交增值税”明细科目“转出多交增值税”专栏的记录填列。

6.“进项税额”项目，反映小企业购入货物或接受应税劳务而支付的、准予从销项税额中抵扣的增值税。本项目应根据“应交税金——应交增值税”明细科目“进项税额”专栏的记录填列。

7.“已交税金”项目，反映小企业已交纳的增值税额。本项目应根据“应交税金——应交增值税”明细科目“已交税金”专栏的记录填列。

8.“减免税款”项目，反映小企业按规定减免的增值税额。本项目应根据“应交税金——应交增值税”明细科目“减免税款”专栏的记录填列。

9.“出口抵减内销产品应纳税额”项目，反映小企业按照规定计算的出口货物的进项税额抵减内销产品的应纳税额。本项目应根据“应交税金——应交增值税”明细科目“出口抵减内销产品应纳税额”专栏的记录填列。

10.“转出未交增值税”项目，反映小企业月度终了转出未交的增值税。本项目应根据“应交税金——应交增值税”明细科目“转出未交增值税”专栏的记录填列。

11.应交增值税明细表“未交增值税”各项目，应根据“应交税金——未交增值税”明细科目的有关记录填列。

第三节　利润表

一、利润表的作用

利润表又称损溢表，是反映企业一定会计期间经营成果的报表。本表从经营情况和财务成果两方面综合反映了企业一定期间的收入实现情况、费用耗用情况；一定期间实现利润（或发生亏损）的总量、构成、影响利润形成的各项因素等状况。由于它所提供的各项指标是企业一定时期经济活动的过程和结果，因此，它所提供的资料称为动态资料。根据这些资料：(1)了解企业盈利水平，判断企业经营结果；(2)考核企业经营业绩，分析企业获利能力；(3)预测企业未来经营与盈利发展趋势；(4)为编制未来利润预算，做出未来经营决策提供依据。同时，将利润表中的信息与资产负债表中的信息相结合，还可以提供进行财务分析的基本资料。

二、利润表的结构

企业利润表的结构包括表头、基本内容和补充资料三部分。

（一）表头

表头部分反映报表的会计主体、编制期间（某月份或某年度）和货币种类及单位。

（二）基本内容

基本内容是利润表的核心部分，分为“项目”栏和“金额”栏。“项目”栏反映企业全部收支相抵后经营成果各项指标的构成、分类和排列;“金额”栏则反映企业不同时期(月份、年份)各项收支及经营成果达到的水平,见表10-3。为使利润表能清晰反映企业利润的形成过程和构成,便于报表使用者分析、考核企业利润,利润表基本内容的结构有两种形式:一种是单步式,一种是多步式。单步式利润表是将报告期所有收入和所有费用支出加在一起,项目抵减,一次计算出该报告期损溢的报表。如果收大于支,为实现的利润,反之,为发生的亏损。这种利润表,表式简单,易于理解,便于操作,也避免了项目分类填列上的麻烦。但它所提供的资料,无法反映营业与非营业性收益、主营业务与非主营业务性收益对实现利润的影响,所以在满足报表不同使用者需要时,受到一定限制。

多步式利润表,见表10-3,是按照企业净利润的构成要素和不同的构成内容,根据净利润计算层次排列的利润计算表。它将净利润计算过程按以下层次划分:

1. 主营业务利润,是指从事主要经营业务活动所获得的利润,是企业财务成果的主要组成部分,直接体现了经营者的业绩。它以“主营业务收入”减去“主营业务成本”、“主营业务税金及附加”后的净额,确定“主营业务利润”。

2. 营业利润,是以企业“主营业务利润”加上“其他业务利润”、减去“营业费用”、“管理费用”、“财务费用”后所形成的企业全部经营业务利润。

3. 利润总额。是由企业“营业利润”加“投资收益”、“补贴收入”、“营业外收入”减去“营业外支出”后的结果,该指标反映了企业某一特定期间的总体经营成果(如为亏损以“-”号表示)。

4. 净利润,是企业利润总额扣除所得税后的余额,它体现了企业的最终经营成果。

多步式利润表,它将企业收入与费用项目加以归类,设置若干个中间性利润指标,分别反映利润总额计算过程。它可以为报表的使用者提供判断企业营业性收支与非营业性收支对利润影响程度的资料,也便于分析构成损溢各因素增减的变动状况,有助于预测企业盈利趋势。按照企业会计制度的规定,企业利润表一般采用多步式。

不论是单步式利润表还是多步式利润表,都分项列示了企业在一定会计期间所取得的各种收入,以及与各种收入相对应的费用、损失,并将收入与费用、损失加以对比,结出当期的净利润。这一将收入与相关的费用、损失,并将收入与费用、损失进行对比,结出当期的净利润的过程,会计上称为配比。其目的是为了衡量企业在特定时期或特定业务中所取得的成果,以及为取得这些成果所付出的代价,为考核经济效益和效果提供数据。配比是一项重要的会计原则,在利润表中得到了充分体现。

每一会计期间需要编制利润表。月度利润表基本内容的“金额栏”分为“本月数”、“本年累计”两栏。“本月数”栏反映各项目的本月实际净发生数;“本年累计数”栏反映各项目自年初起至本月末止的累计实际净发生数。

年度利润表基本内容的“金额栏”分为“上年数”、“本年累计”两栏;“上年数”栏反映各项目的上年累计实际发生数;“本年累计数”栏反映各项自年初至年末累计实际发生数。

(三)补充资料

补充资料补充提供报表基本内容中未能反映的事项或未包括的事项。利润表采用的是表格形式,而一些情况无法通过表格表达,或以表格形式表达过于复杂,则在正式表格外以补充资料形式对这些情况做单独说明,弥补利润表本身表达方式的不足。利润表补充资料主要是当期分配给投资者的利润。

三、利润表的编制

(一)表头部分的填列

表头部分应填明编制单位、各项指标的会计期间、货币种类与金额单位。

(二)基本内容的填列

利润表基本内容各项的填列方法主要有两种:一是根据损溢类账户的本期发生净额直接填列，如表内项目的"加"项和"减"项。二是根据表内有关项目计算后填列，如利润表中"主营业务利润"项目是以主营业务收入减主营业务成本、主营业务销售税金及附加项目计算求得，还有"利润总额"项目是以主营业务利润加营业利润、投资收益、营业外收入，再减去营业外支出项目计算求得。现将利润表编制方法分述如下:

1."本月数"栏各项目的填列方法。

"本月数"栏反映企业利润形成各项目的本月实际发生数，应当根据收入、成本费用有关科目的本期发生额直接填列或计算分析填列。

(1)"主营业务收入"项目，反映小企业主要经营业务所取得的收入总额。本项目应根据"主营业务收入"科目的发生额分析填列。

(2)"主营业务成本"项目，反映小企业主要经营业务发生的实际成本。本项目应根据"主营业务成本"科目的发生额分析填列。

(3)"主营业务税金及附加"项目，反映小企业主要经营业务应负担的营业税、消费税、城市维护建设税、资源税、土地增值税和教育附加费等。本项目应根据"主营业务税金及附加"科目的发生额分析填列。

(4)"其他业务利润"项目，反映小企业除主营业务以外的其他业务取得的收入，减去所发生的相关成本、费用，以及相关税金及附加等支出后的净额。本项目应根据"其他业务收入"、"其他业务支出"科目的发生额分析填列。

(5)"营业费用"项目，反映小企业在销售商品和商品流通企业在购入商品等过程中发生的费用，商品流通企业如不单独设置"管理费用"科目，发生的管理费用也在本项目中反映。本项目应根据"营业费用"科目的发生额分析填列。

(6)"管理费用"项目，反映小企业发生的管理费用。本项目应根据"管理费用"科目的发生额分析填列。

(7)"财务费用"项目，反映小企业发生的财务费用。本项目应根据"财务费用"科目的发生额分析填列。

(8)"投资收益"项目，反映小企业以各种方式对外投资所取得的收益。本项目应根据"投资收益"科目的发生额分析填列;如为投资损失，以"－"号填列。

(9)"营业外收入"项目和"营业外支出"项目，反映小企业发生的与其生产经营无直接关系的各项收入和支出。这两个项目应分别根据"营业外收入"科目和"营业外支出"科目的发生额分析填列。

(10)"利润总额"项目，反映小企业实现的利润总额。如为亏损总额，以"－"号填列。

(11)"所得税"项目，反映小企业当期发生的所得税费用。本项目应根据"所得税"科目的发生额分析填列。

(12)“净利润”项目，反映小企业实现的净利润。如为净亏损，以“－”号填列。

(13)补充资料中“当期非配给投资者的利润”，反映小企业董事会或类似机构制定并经批准的当年度利润分配方案中分配给投资者的现金股利或利润。

2.“本年累计数”栏各项目的填列方法。

“本年累计数”栏各项目反映企业利润形成各项目年初起至本月止的累计实际发生数，月度的利润表应当根据上月利润表的“本年累计数”栏数字，加上本月利润表的“本月数”栏的数字，计算出各项目的“本年累计数”填列；年度利润表的“本年累计数”就是12月份利润表的“本年累计数”，可以直接转抄。

3.“上年数”栏各项目的填列方法。

“上年数”栏各项目反映企业上年全年累计实际发生数，在编制年度利润表时，目的是便于与“本年累计数”栏各项目进行比较。如果上年度利润表与本年度利润表的各项目的名称和数字一致，可以直接将上年度利润表各项目的数字转抄在本年度利润表的各项目中；反之，应对上年度利润表各项目的名称和数字按本年度的规定进行调整后，填入“上年数”栏。

【例10－2】尚科小企业根据【例10－1】资料编制的利润表，见表10－3。

表10－3　　利润表　　会企02表

编制单位：尚科小企业　　2007年度　　单位：元

项目	行次	上年数	本年累计数
一、主营业务收入	（略）	（略）	3 000 000
减：主营业务成本			1 200 000
主营业务税金及附加			–
二、主营业务利润（亏损以“－”填列）			1 800 000
加：其他业务利润			
减：营业费用			600 000
管理费用			300 000
财务费用			90 000
三、营业利润（亏损以“－”填列）			810 000
加：投资收益（亏损以“－”填列）			300 000
补贴收入			
营业外收入			
减：营业外支出			
四、利润总额（亏损以“－”填列）			1 110 000
减：所得税			386 300
五、净利润（亏损以“－”填列）			743 700

补充资料：

当期分配给投资者的利润。

一般情况，小企业不编制现金流量表，若编制，请参见《中级会计实务》现金流量表编制方法，本书不作赘述。

本章思考题

1. 什么是财务报表？一套完整的财务报表由哪些部分构成？企业是否需要编制利润分配表？

2. 企业编制财务报表主要为谁提供会计信息？

3. 中期财务报表和年度财务报表的区别是什么？两者在对外提供的报表上有何主要区别？

4. 从结构来看，我国企业资产负债表是账户式还是报告式？账户式结构的内在含义是什么？资产和负债应当如何分别列示？

5. 流动资产的划分标准是什么？企业中主要的流动资产项目有哪些？

6. 什么是非流动资产？非流动资产主要有哪些项目？资产负债表中列示的固定资产项目代表什么内涵？

7. 流动负债的划分标准是什么？企业中主要的流动负债项目有哪些？

8. 什么是非流动负债？非流动负债主要有哪些项目？

9. 我国企业利润表是多步式还是单步式？

10. 编制多步式利润表分为哪几个步骤？从利润表能否直接得出营业利润、利润总额和净利润的总额？

11. 利润表各项目的编制方法与资产负债表有什么主要区别？

参考文献

1.《小企业会计实务》，王君彩、刘彩霞，中国财政经济出版社。
2.《小企业会计核算实务》，陈春洁，广东经济出版社。
3.《财务会计》，陈德萍，东北财经大学出版社。
4.《账务处理》，左振龙，北京市供销学校校本教材。
5.《企业会计准则》、《企业会计准则应用指南》。
6. 2007 年度注册会计师全国统一考试教材《会计》，中国财政经济出版社。
7. 梦想成真应试指南《会计》，人民出版社。
8.《小企业会计制度》。
9.《初级会计实务》，中国财政经济出版社。
10.《经济法基础》，经济科学出版社。
11.《小企业会计核算》。
12. 北大东奥《初级会计实务》——轻松过关 1。

读者反馈意见

亲爱的读者：

感谢您对《中小企业会计》的学习和热爱！为了今后能给您提供更优质的服务，请您抽出宝贵时间填写下面意见反馈表，以便我们更好地对本教材做进一步的改进。同时如果您在使用本教材的过程中遇到了什么问题，或者有什么好的建议，也请您来信、来电告诉我们。

地址：北京市丰台区科学城南极星大厦 108 室

电话：010 - 61229894 /83794403

电子邮箱：caikai6223@263. net　　QQ：64939527　　QQ：1694299827

教材名称：《中小企业会计》

个人资料：

姓名：__________ 年龄：__________ 所在院校/专业__________

文化程度：__________ 通讯地址：__________

联系电话：__________ 电子信箱：__________

您使用本书是作为：□指定教材、□选用教材、□辅导教材

您对封面设计的满意度：

□很满意、□满意、□一般、□不满意　改进建议__________

您对本书印刷质量的满意度：

□很满意、□满意、□一般、□不满意　改进建议__________

您对本书的总体满意度：

从语言质量角度看：□很满意、□满意、□一般、□不满意

从科技含量角度看：□很满意、□满意、□一般、□不满意

本书最令您满意的是：

□指导明确 □内容充实 □讲解详尽 □实例丰富

您认为本书在哪些地方应进行修改？（可附页）

____

____

您希望本书在哪些方面需进行改进？（可附页）

____

____